音容宛在

浦薛凤 著

图书在版编目(CIP)数据

音容宛在 / 浦薛凤著. —北京：商务印书馆，2015
(商务·人物)
ISBN 978-7-100-11134-8

Ⅰ.①音… Ⅱ.①浦… Ⅲ.①人物—生平事迹—中国—民国 Ⅳ.①K820.6

中国版本图书馆 CIP 数据核字(2015)第 050003 号

所有权利保留。
未经许可,不得以任何方式使用。

音容宛在
浦薛凤 著

商 务 印 书 馆 出 版
(北京王府井大街 36 号　邮政编码 100710)
商 务 印 书 馆 发 行
北京新华印刷有限公司印刷
ISBN 978 - 7 - 100 - 11134 - 8

2015 年 5 月第 1 版　　开本 787×960　1/16
2015 年 5 月北京第 1 次印刷　印张 18¾
定价：45.00 元

编辑说明

1. 本书编校中对作者所使用的专有名词、外文译名、称谓以及其他民国时期语言文字依其习惯予以保留。
2. 原有注释予以保留,编者所做注释,以"编者注"标明,以示区别。
3. 数字、标点符号的用法,在不损害原文语义的情况下,均从现行规范统一校订。
4. 为方便读者理解与检索,各篇目之前加入传主简介,有部分篇目所涉人物存留资料有限之故,未有详考。正文后附录作者生平简介,主要依据《浦薛凤回忆录》(黄山书社,2009)总结汇编而成。

目录

清华经历竟疑梦——追忆我的父亲浦薛凤（代序） 浦丽琳 1
自序 18

朴实谦虚令人敬仰：回忆吴稚晖（敬恒）元老 1
蔡子民（元培）校长学识渊博性格慈祥 5
追念恩师赵醉侯（玉森）诗人 9
允文允武、和蔼可亲之钮惕生（永建）院长 15
高风亮节、实至名归：记曹埃布尔先生 17
如饮醇醪、如坐春风：回忆郭秉文教育家 22
驰名世界之法学家王宠惠博士 29
典型元老学人王宠惠 36
为李石曾老前辈办理琐事 50
维持传统道德、树立新式教育：清华校长周寄梅（诒春）先生 51
回忆陈百年先生——谦谦君子，恂恂学人 55
得天独厚、驭人有术：记王云老 60
张公权（嘉璈）先生立功立德立言 64
梅故校长精神永在 68
实事求是之陈畏垒（布雷）先生 73

记忆精确、学识广深之陈寅恪教授　　75

黄日光兄生平事略　　80

悼念蒋兄廷黻　　82

十年永别忆廷黻　　86

记何廉兄生平　　93

文章、思想与品格：追念陈通伯兄　　119

悼念查勉仲学长　　123

知己难得、君子可求　　126

忆萧兄公权　　137

梁均默（寒操）先生垂询心灵学要旨　　157

张海平先生小传　　159

怀念宗涑、祝福永贞　　162

览照忆旧：略述王兄国华生平　　170

悼念王兄化成　　172

卓越教授邹景苏（文海）学弟　　176

聪明坚毅之薛光前兄　　179

王右家女士兼具姿容才华与个性　　182

适应境遇享受生活：记沈恩钦女士　　184

追忆黛莉萨：张平群夫人康彰女士　　186

忆张致远（贵永）兄　　190

悼念清华学校辛酉级十位级友　　193

　　（1）张祖荫（海慈）兄　　195

　　（2）罗隆基（努生）兄　　198

　　（3）钱宗堡（冷岩）兄　　200

　　（4）闻一多兄（原名闻多）　　203

（5）时昭涵兄　　209

（6）段茂澜（观海）兄　　211

（7）何浩若（孟吾）兄　　213

（8）孙瑞璜兄　　216

（9）周兹绪（在文）兄　　218

（10）萨本栋（亚栋）兄　　219

寄父蒋韶九（凤梧）先生　　221

翁忍华（慎甫）世伯　　225

言调甫（家骤）世伯　　227

蒋志为老师　　229

忆郑桐荪丈　　231

尽职家庭、服务社会：忆述吾妻陆佩玉（冶余）　　233

不可思议之心灵预感经验：追念长儿大昌　　247

追念英文出版《旅华如居家》之著者美籍海斯女士　　263

美国挚友许明德先生　　268

作者生平简介　　271

清华经历竟疑梦
——追忆我的父亲浦薛凤（代序）

浦丽琳[1]

清华经历竟疑梦，梦里清华自不真。
旧地重游会有日，依稀物我可通神。

这首"回忆清华"的诗，是父亲浦薛凤先生题大学第五级三十五周年纪念册时所写的，印在他《沙里淘金沧桑鸿爪——浦薛凤诌占集》（1984年初版）第167页上。

读史感怀
异域依稀故国家，声声爆竹岁时花。
童年情景况如昨，元旦争尝橄榄茶。

洋溢于诗行间的，是父亲对清华之恋，对故国故土之情。可惜的是，父亲在有生之年，却没能再"旧地重游"回清华，回到深爱的故国土地上。

清华，对父亲而言，是除了他故乡江苏常熟之外，最令他魂牵梦萦的

---

[1] 浦丽琳：笔名心笛，毕业于纽约大学，任职美国南加州大学图书馆。著有诗集、散文、随笔集多部。浦薛凤之女。

地方。清华，是他求学成长的地方。清华，是他任教十年的地方。是清华同学好友的妹妹，他娶为妻子。是在清华，他将妻子的名字陆冶余（野鱼）改取为佩玉。在清华，他生儿育女。在清华，他结交了许多终生的好友。他的政治五因素论，他的历久不衰的著作《西洋近代政治思潮》一书，均是在清华时着手撰述的。在父亲的生命里，清华是一个美丽而不寻常的地方。

在父亲的诗集里，夹有一首《应聘母校准备授课》的诗：

应聘清华喜感恩，宛如鱼跃跳龙门。
课程教法精筹备，标准提高上上论。

再有一首是《考取北京清华学校》的诗，父亲十四岁时作：

考取清华愿竟偿，阖家欢笑喜洋洋。
家君训勉窗楼坐，圆月光辉照满房。

父亲出生于1900年，江苏常熟。他的父亲，浦公光薛，字雪珊，号锡山，是清朝的秀才（又有人说是拔贡），曾应翁相国同龢之后代翁惠甫之聘，担任翁府的家庭教师。父亲自小，先由祖父母教读认字，后随祖父去翁家"之园"读书。七岁时读左传唐诗及通鉴纲目之讲解。父亲在八九岁时的作文，其字之秀、其笔之佳，令我看了吃惊，有数页印在《万里家山一梦中》——父亲的回忆录里。直到辛亥革命以后，父亲才由祖父亲自教读，插班进入县立塔前高等小学，正式接受学校教育。

1914年，父亲考取了清华学校。那时的清华是八年制，学子来自全国，毕了业可以出国留学，并免费读书。秋季入校，复试结果，父亲插入中等科二年级，等于跳了一班。清华学校的教育，注重智德体三方面的发展。除分数严格、师资优秀外，重视道德的培养，强迫运动，鼓励组织、自治民主，并多数以英语教学。校长为受师生尊敬的周诒春（寄梅）先生。暑假父亲回到常熟时，祖父仍亲自指导父亲补读经史子集，并练字作文。

闻一多先生与父亲是清华同窗好友，两人在文艺上都有才华，毕业班那年又曾同住一室，两人均先后当过《清华周刊》的总编辑，并组织了一个美术团体称之为"美丝社"。有一年暑假时，父亲寄怀闻一多级友之诗云：

才华洋溢孰能俦，窃喜同窗益友求。
铁划银钩书法道，金声玉振赋文优。
铅描水彩画图俏，谈笑风生豪气流。
夏夜乘凉星月皎，思君一日如三秋。

闻一多致父亲的诗中有：

葱汤麦饭撑肠食，明月清风放胆眠。
自是读书非习政，不妨避世学逃禅。

父亲译美国诗人长卿氏（H.W.Longfellow）[1]的长诗"Evangeline"为散文，命题《红灯怨史》，先刊《清华周刊》，后载上海之《小说月报》。那时校中的《清华月报》，父亲也任过编辑。

白话文与白话诗流行之后，许多人不屑读古诗。1920年，父亲浏览

---

[1] 今译作朗费罗。——编者注

了全唐诗，选辑了一本《自选唐人七绝百首》由上海中华书局出版，由北大校长蔡元培和清华校长严鹤龄写序。父亲在自序中说："近年来中国底文学革命在文底一方面，已产出一个新的雏形；在诗底一方面，却还不能说有什么成就。现在中国底诗——旧枝萎枯得很快，新的枝叶还没有长——确有饥荒底现象。我怕，我们学生，将来都抱'贫诗病'所以不揣浅陋，拿这最简单，又最短的一百首七绝，介绍给大家。"那时国家局势危殆，父亲选了《述国亡诗》《读勾践传》《从军行》等以警示读者。

五四运动时，父亲和其他北京学生一样，参加示威游行，暑假回乡后，并当选为常熟暑期学生联合会会长，初尝"学生政治"滋味。1921年5月中旬，接近毕业，因同情北京城内大学风潮，清华发生同情罢课，父亲班上有三分之一学生拒绝参加大考，因而留级。晚一年毕业留洋。七载清华，清华的风气，深深的影响了父亲，父亲立志向智德体各方面发展，于1921年赴美留学。

由于父亲是独子，当他游学美国，取得翰墨林与哈佛大学的学士与硕士学位后，祖父母就觉得他们年事已高，希望父亲尽早回国。父亲于1926年返国，先在东陆大学及浙江大学执教，于1928年，回母校清华教书。

在浙江大学时，父亲认识了在杭州教书的母亲，清华高一班的好友陆梅僧的妹妹陆冶余小姐。母亲的簪花小楷、学历见识及端秀等使父亲倾心，父亲的诗可以为证：

小楷簪花文笔优，笙箫琵笛曲歌修；
锦心绣口兼容德，窈窕才华君子逑。

1929年1月28日，父母亲在常熟结婚。婚后，母亲仍回校教书，于

1929年暑假，父亲收到续聘的聘约后，母亲才去清华合住，住于清华园北院四号。

哥哥大昌、弟弟大邦、大祥和我，都出生于清华园。哥哥进过成志小学，我入过附属幼稚园。那时，母亲每星期都和朱自清夫人、俞平伯夫人一道儿拍唱昆曲。母亲对昆曲有浓厚的兴趣与研究，也对中国乐器有研究，能吹笛、奏箫、笙、弹琵琶，并善绘画。母亲婚后改用陆佩玉之名，"佩玉"两字，是由父亲另取的。父亲那时除了教学，并从事研究撰写《西洋近代政治思潮》。当时，日本的侵略行为渐渐明显，但华北一带还算安定。《万里江山一梦中》内"清华弦歌"一章，对父亲任教清华、与冯友兰教授同坐意大利邮轮赴欧休假、主编《清华学报》等，都有追述。

书上记述应父亲清华的老师余日宣先生函邀，父亲接到清华大学校长温应星先生发的聘书，于1928年8月返母校执教。不久北伐成功，全国统一，政府任命罗家伦先生为清华校长。当父亲抵达清华时，余日宣老师已辞职将去上海沪江大学。罗校长于9月中到任，当日就另加发聘书，并将薪水普遍地提高。1928年秋，正值清华开始男女同校。

西洋政治思想史、政治学概论、西洋近代政治思潮及政党政治是父亲在清华十年中所教的课。政治学概论是大一政治与经济两系学生必修课。西洋政治思想史，讲自希腊到18世纪上半的政治哲学。政党政治，专重英法美德瑞诸国。

那时的时势与风气似乎使风潮容易发生。清华在父亲执教的十年中，发生了三次反对校长的风潮。罗家伦校长任内，请了许多位优良教授，对学校有成绩与贡献。但学生所办的《清华周刊》内有文讥评罗校长想用自己写的诗词来代替原有的校歌。后来也不知为了何种原因，校中起了风潮，有人认为牵涉党派对抗。1930年5月30日，罗校长辞职。行政院于1931年3月17日才批准辞呈，于是21日令吴南轩出任清华校长。

有一戏剧性的小插曲，发生于1930年，那时阎锡山到了北平，发表"公平内政，均善外交"的政策，曾试派清华毕业的乔迈选为清华校长。消息传出，学生会组织了众多人把守清华园的铁制大门，当乔氏及随从到达门口时，代表们蜂拥而上，坚决地声明挡驾，劝请回城。这出于乔氏意外的状况，令他知难而退，只得忍气吞声，退回北平。当时的清华教授，没人看见这情况，还是学生后来相告而知的。

吴南轩校长到校后，没经多久，学生会即有反吴的立场。教授中对吴校长聘用的两三位新教授，认为缺乏学术地位，并事前没与系主任或院长商量，发生隔膜。后来教授会也召开大会，一致通过对吴氏不利的决议案。据说当时当局甚怒，都想解散清华，经陈布雷谏劝阻止，而派翁咏霓暂时代理清华。这年9月，准吴南轩辞职，由梅贻琦继任。

梅校长开始进一步将"教授治校"的民主风气于清华大学。凡校中之重要规章是由教授会议决，并有评议会决定重要事项，聘任委员会议决教授之聘留。父亲那时被选为教授委员会秘书，开会之决定，登在铅印《清华大学校刊》上。

在父亲任政治系系主任时，把当时在北京大学及北平大学的兼课辞掉。在课程方面，加重中国政治思想史、中国政治制度、中国地方政府、中国法制史、中国法律学力度。聘请了萧公权教授授中国政治思想史，沈乃正教授授中国地方政府，中国政治制度由陈之迈教授专任等等。邹文海先生为那时系中的助教。

1950年代我住纽约时，遇到多位父亲教过的清华毕业生，都告诉我父亲教书认真，每年课堂的讲义都增加新教材，密密麻麻，将前一班的笔记改新了。又说清华1936年校庆，母亲登台与朱自清、俞平伯两夫人同唱昆曲，并与蔡可选夫人串演《游龙戏凤》。1940年毕业的宋廷琛先生曾在新七十一期台湾出版的《清华校友通讯》中记道："浦夫人饰正德皇帝雍容华贵，不过每句唱腔都把'啊……'拉得很长，听众无不捧腹。"

1933年，父亲赴欧洲休假研究，在德国柏林大学旁听两门政治思想课程，研究康德、黑格尔与费希特三人之政治哲学，并在旧书店中搜买三位的德文著作全集。每天均去柏林城内的普鲁士邦家图书馆借看德国近代唯心主义的政治思想原著，及当代德国学者对这派政治哲学的论述。自带三明治和牛奶用以休息时充饥。后去法国及英伦，也遍搜购研究书籍，并拜访英国驰名于世的政治思想家赖斯基教授（Harold Laski），就讲座上父亲自己发表的政治因素之论请教。因希特勒在1933年1月开始执政，父亲在德国休假研究时，已感觉到诋毁犹太民族之宣传运动，及日耳曼民族显示自己特别优越又受到压迫之气氛。柏林街头每日都有各种排队游行，夜间有集体跑步，练习巷战。使父亲觉得国际局面，将会发生大的变化。

欧洲休假归校后，父亲任《清华学报》的总编辑。这一纯学术性季刊，当时有编辑二十人，包括陈寅恪、蒋廷黻、吴宓、陈岱孙、钱端升、吴景超诸位。父亲那时正撰写西洋近代政治思潮各章，便于每一期中刊出一篇。胡适那时主办《独立评论》，曾当面嘱父亲写稿，父亲因无适当题目与特见，没有写讨论时事的文章。

我家住清华园北院四号。那时家住北院的有陈岱孙、王化成、朱自清、叶公超、蒋廷黻、刘崇鋐、蔡可选等教授。父亲与母亲与这些教授夫妇常相来往。父亲常在下午四时后，和蒋廷黻、陈岱孙、王化成、萧叔玉诸教授打网球。周末晚上喜与朱自清、蒋廷黻、陈岱孙诸教授打桥牌，只计分数，有胜负而无输赢。母亲常和蒋廷黻夫人唐玉瑞（住北院十六号）及王文显夫人（住北院五号）三位并坐，边织毛线衣边话家常。母亲并与吴正之（有训）夫人吴王立芬及燕京之冰心（吴文藻夫人，即我的干妈）结识熟悉。父母都喜食河蟹，上市时节，北院四号后门口，常有蟹壳堆积于垃圾桶里。由于我们年幼，清华园的一切，都已模糊。记得深刻的，是日本飞机轰轰而过，有一炮弹落在图书馆附近，大家挤躲在图书馆底下过夜的情景。

日本的侵略，打断了清华弦歌，清华处在火线之中，教职员们纷纷先后撤离。父亲和几位教授自庐山谈话会回到清华，在1937年7月29日下午3时，雇大汽车一辆，载全家大小及行李七件，疾驰北平城。我和哥哥大昌，究系雏儿，"见搬家非常高兴，到新地方尤其得意"，觉得好玩，却转使父母感觉难受。父亲检视新住处之书报公文稿件，凡足以构成莫须有之文字狱者，均付之一炬。哥哥无知，以为玩火，和我及大邦弟都争着来帮忙取乐，真使父母亲感到心烦。国难当头，烽火边缘，年幼的孩童不知何为战争，何为危险，仍嬉笑追逐如故，怎不教父母亲心中苦痛悲伤！

在《太虚空里一游尘——八年抗战生涯随笔》回忆录中，第二章"清华再见"尾，父亲写下："清华！美丽可爱的清华！如今暂别。他年定当重返此乐园！清华再见！"谁想到八年苦苦的抗战得胜后，中国内部却仍然混乱不定，弄得千万人家妻离子散，生离死别。清华的暂别，对父母而言，却变成永远的别离！

我家入城后先住东四牌楼报房胡同廿一号吴俊升教授家中。吴正之夫人家原住隔壁，嫌拥挤，故搬来同住，住在楼上，那时小弟出生才一个月，原本取名大翔，后因战事之故，改为大祥。父亲后来又回清华搬运些书籍入城，并与熊迪之太太全家另租东城遂安胡同五十一号安置我们居住。哥哥辍学，由母亲每天授以字算。家中有时吃窝窝头，以难民自居。

那时清华教授在城内住的，渐渐南迁赴临时大学教书。北平城内风声时紧时松，每隔数日，可听到隐约炮声。日本人在东交民巷升放气球，上面写着占领了中国何城何地。父亲决定与一些清华教授化装同去后方，于10月14日启行。行前将我们家大小迁往受壁胡同九号居住。母亲带着我们四个孩子随校南迁，父亲只身逃难至长沙、蒙自而昆明，在北大、清华、南开三校联合组成的西南联大任教。后受当局征召，在国难严重的情况下，学人从政，任重庆最高委员会参事，协助研究讨论政治、外交、国际有关问题等要案。兼任《中央日报》主笔，撰写社论，发扬抗战精神。我们与母亲住在沦陷区，先在北平，后至常熟，胜利后才全家团聚。

第二次世界大战末期，胜利在望，父亲奉派参与由美国发起召开的中央美苏四国顿巴敦橡园会议（Dumbanton Oak Conference），起草联合国宪章建议案，及旧金山制宪会议（San Francisco Conference），为国际安全机构建立方针。母校翰墨林大学在这时授荣誉法学博士学位予父亲。

抗战胜利，还都南京，父亲曾出任善后救济总署副署长、中央大学教授、行政院副秘书长，1948年5月，应台湾省政府主席魏道明之邀出任台湾省政府秘书长之职。在离开南京乘火车赴上海的车站上，母亲不时拭泪，盖她不愿父亲重返政治舞台，而宁愿父亲任教职。父亲自身亦不喜仕途，但那时国内外局势迅速转变，父亲思虑再三，决定远赴台湾。飞台前夕，百感交集，不能入睡，遂占一绝："六朝如梦感飘零，夜不成眠月照棂。见别俱难心味苦，不知何日再归宁。"（归宁意指归南京）。后来省主席更易，经陈诚、吴国桢、俞鸿钧，而父亲则皆获留任。至1954年6月，前后共历四位省主席，新闻界赠以"不倒翁""四朝元老"之名。究其实，为父亲奉公守法，认真负责，清廉公正，不论从政教学，都"保持学以致用之信念，努力以赴，衷心无愧"。1954—1958年父亲出任政治大学教授，先后兼任教务长及政治研究所所长。1958年8月，为协助清华校长梅贻琦出任台湾"教育部长"，父亲转任"教育部"政务次长。是年，以"首席代表"出席法国巴黎举行的联合国第十届教育科学及文化组织大会。父亲在大会中的演讲，后来被列入美国国会记录。

1962年，父亲应聘美国，在桥港大学（University of Bridgeport）以及纽约圣若望大学执教共十二年，才退休加州。退休期间，勤于撰著。1977

年秋，母亲故世，次年父亲曾应台北商务印书馆王云五先生之聘，赴台北任该馆总编辑一年。

我替父亲算算：他在国内教学约二十一年，在国外大学执教十二年，共计三十三年学界生涯，加上学以致用的学者从政时期十九年，总共辛劳工作，自强不息，计五十年有三左右；在海外教学居住，共三十四年余。

父亲不论是教书或从政，都认真、尽力、守原则、讲信义、清廉、公正、不辞辛劳、澹泊名利。父亲深信奉曾文正公家书中之训诫："天道有三忌，一忌满，二忌巧，三忌贰。"父亲觉得，满招损、谦受益，守拙胜于使巧，并力求一心一德，绝避辜负携贰，是为立身处世的天经地义。

每次父亲从公家辞去职位后，必是立刻搬离公家分配的住屋，绝不拖迟多住半日。在南京时，全家曾挤住到表侄宿舍的一间房间暂住；在台湾时，也曾挤住于一亲戚家。

父母亲敬业的精神，不时以言行表达。任公职时期，一一公事，父亲必亲自批阅。繁忙时，午饭晚饭迟迟不归，星期日仍赶看公文。当父亲母亲年迈有病痛时，也都对我们说"工作第一"，不要我们请假，催我们上班。

父亲在桥港大学执教时，常常用功到深夜。一晚，母亲半夜醒来，灯光犹亮，父亲仍持卷疾书，母亲唤了父亲名字后问："你还要不要命了？"父亲大笑，才放下笔卷去休息。那时父亲已六十几岁了，清华的自强不息的精神，深植在他心中。父亲主授研究所课程为中国政治思想史、中国朝代与政制，除了参加学术会议，应邀演讲，更发表英文学术研究论文。

父亲在美执教十二年中，台湾政治大学政治研究所的门生，每年均寄一大纸箱台湾食品作为父亲生日的贺礼。父亲退休后，每年仍是不断。父亲逝世后，他们又出钱出力，为父亲在台北开追思礼拜，这三十几年的情谊建于深深的爱与尊敬！

"政治五因素"是父亲发明的基本学说，父亲认为，一切政治，必包含"现象""人物""观念""制度"以及"势力"。这五项因素之间，永有彼此连带与相互变化与前后影响的密切关系。父亲认为我国二千年来历朝的兴盛衰亡，循环起伏，可于其中寻求所含的铁律。这种复杂的铁律，能帮助了解一切政权、一切民族国家的治乱兴亡。

由于自己觉得缺乏演讲与辩论的天分，父亲在清华求学时，学一位希腊演讲政治家，把小白光滑的石子，放在口中，天天去西院溪旁练习演讲，果然进步了许多，而选上清华学校的辩论队。在美翰墨林大学求学时，竟还得到全校演讲比赛第一名。父亲以勤补拙，刻苦努力的精神，不但年青时如此，后来也一直如此。

前些时候，翻读父亲遗著，读知父亲在芝加哥留学时期，曾与闻一多、罗隆基、何浩若等同学商讨，并组织了一个爱国会社"大江会"，曾出版刊物，写过文章。父亲有一首诗："天崩地坼运非穷，故国新胎转变中。卅载贪私随劫火，万方肉血抗顽戎。求苏百代汉家好，忍痛今朝玉瓦同。走马昆仑东向望，波翻黑海夕阳红。"不知是何时写的。

动荡的时代，搬来搬去的家，我们在成长时期，和父亲真正相处的时间并不多，全家的人，离多聚少。先是抗日时期的八年离难，后是求学时的住读与飘游海外，而父亲全心全意地为工作付出，能与我们子女相谈或教教我们英文的时间十分少。母亲一直是我们家的大栋梁，严父慈母的角色全在她肩上。母亲教导我们，从母亲那儿，我们试着了解父亲，认识父亲，敬爱父亲，对父亲那种"上无愧于天，下无愧于人"的做人方式及清高傲骨引以为傲。

母亲真是上苍赐给父亲的最大福气，没有母亲全心无我对父亲的爱与奉献，父亲恐怕就不能尽全力来从事学术研究，及对社会和世界有所贡献。母亲自己没能充分发展才华与兴趣，她将智慧和精力，全花在照顾父亲、协助父亲、保护父亲、支持父亲的千千万万生活细节中。

一般来说，父亲思考周密、谨慎小心，母亲明智果断，英勇有魄力。父亲严肃耿直，母亲慈祥婉转。父亲热心诚恳，母亲也如此，但情感与理智并重。父亲勤学苦练，才成为有力的演讲者，而母亲谈笑风生，是个天生的演讲人才。他俩都乐于助人，勤于公益，为社会做出贡献。母亲自小读古书，后来学教育，当过三年如皋师范的校长，在台湾时，为争取妇女与老百姓的利益而服务，1951年曾当选为台湾首位外省籍的女性省参议员。后来任复兴小学董事长，曾奔走捐募，济助军眷与贫穷的人。但母亲总是谦虚地站在父亲的背后，予以精神与实际上的支持。父亲视诏媚奉迎为可鄙，凡事实事求是，不敷衍塞责，不谋私利，破除情面，奉公守法。有时不肖之徒因所求不遂，怀恨造谣中伤。父亲依然坚守做人的正直与磊落。父母亲因此更喜教学生涯。

父亲的兴趣是多方面的，桥牌、围棋、象棋等，父亲都精。音乐、京戏、昆曲等也都欢喜。儿童乐园、动物园、公园，父亲都爱去。清华校庆的聚会，校友的茶会，父亲起劲地参加。父亲的兴趣是多方面的，他能和学者畅谈不倦，和学生亲如家人，和孙辈一道儿放风筝、游戏而童心不泯，也能成天看书写作而自得其乐。

能和父亲多相处的时间，可惜不在我们少年成长和大学求学的那重要时期，而在母亲病弱父亲年迈，休养加州后。虽然父亲热爱生命、热爱生活，仍勤于著述写作，仍偕母亲搭公共汽车四处出游，但他心中有一种寂寞，是我们子女们无法弥补的。父亲清华时代的朋友，不是远隔海的另一岸或是渐渐凋零，就是在美国东岸纽约一带居住。

有一年暑假，我滥竽充数在南加州大学教一门有关中国书法绘画文化的课，父亲不弃，应邀来到我课室，为学生们讲书法及提笔示范。并也曾去我义务服务的亚太艺术馆，当场挥毫，为中国文化海外交流作出一点一滴的贡献。每次出门，父亲总不忘打领带，穿外套，手持手杖，保持着他一贯的清华作风。

1975年，父母去小弟大祥宾州费城郊外家中小住，一日出外散步，看见有似柳树之枝在阳春中摇动，母亲脱口而出两句诗句，父亲加了首尾二句而得下面这首合写之诗：

> 春风摇荡绿丝丝，此似江南杨柳枝；
> 鱼米家乡归未得，天涯常忆稚年时。

这首父母合写思乡之作，是父亲和我后来最爱共同哼吟的诗。

父亲承继着中国儒家气质，却也有西方独立的精神。研读和倦累时，父亲就偕母亲搭乘公共汽车去迪斯尼园游玩，去那儿得辗转换车，单程费时至少两三小时，父亲也不在乎。有时下班我去他们公寓不见人在，就驾车到各处车站找寻，如果运气好，在暮色中见他们自公共汽车上下来，才松口气。母亲故世后，父亲仍然一个人搭车外出，不愿等周末再麻烦子女。记得一个星期六的早晨，我驾车经过湖街大道，只见父亲手提一个箱子在等红绿灯过街。原来父亲写好多篇文作，安放在箱中，乘公共汽车来到邻城一所大的文具复印店去复印。又有多次，我下班去他寓所，不见人影，四处打电话寻找无着落。干着急中，远见他手中拿着几只螃蟹，正自中国城驶回的公共汽车上下来。

五六年前，我们同去藏书闻名全球的亨廷顿图书馆。时值初夏，玫瑰丛开。父亲坐在图书馆公园石椅上，心旷神怡，一时忘其所在，咏起诗来，一首接一首，愈吟愈响，用常熟抑扬顿挫的唱调。经过的黄发碧眼游客，见一白发东方老翁，唱声响亮，怡然自得，虽不解诗词之意，却也能分享其咏唱之乐情，均微笑点首而过。我提醒父亲，此非中国，似可停吟，然父亲不理，仍兴高采烈地哼唱下去。盖阳光、绿草、花香，已使父亲感生命之乐趣，忘却身在何处，亦不可知何处是他乡了。那时父亲约九十三岁。

父亲自幼就喜欢诗，曾以诗记载一生的事物、时代、感触。我曾建议请父亲教我如何写旧诗，父亲答应了在我有空时他就教我，并写了平仄的律在纸上给我。每天上班与家务琐事等，将我的时间嚼碎成丁，竟始终没能向父亲学做古诗。年少时，我有时间而父亲无法来教我，年长后，父亲有时间来教我时，我却无能，真是悲哀！这是我引以为憾的事。

父亲出生于清朝末世，国政不纲，又经义和团之乱，丧师失地，中国蒙受了奇耻大辱，国几不国。幼年时，父亲身经这些，感受定深，因此发奋读书努力，期望为国效力。辛亥革命，五四运动，抗日战争，内忧外患，20世纪中国所经历的，是一个长期纷争混乱的大动荡时代。父亲的一生，与这时代息息相关。父亲所受的教育，集中国传统与西洋正规教育的精华。父亲和他清华那一代的人，受时代的熏陶，似都全有抱负、有学识、有极重道德心与时代感。

我有时想，父亲有深厚的国学根底，文笔优美，思路透彻，与闻一多同窗时，情趣相投，又是好友，怎么父亲没有走上文艺之路？怎么去研究政治思想？如果父亲研究文学，又合自己兴趣，又因根底厚实而易于入门并有成就。政治思想与历史和哲学都有关系，父亲怎么选择了这么难的一门学术园地？我想，一定是父亲有志于报国救民才舍易而取其难的吧！而当时政坛上以党为国的风气定使父亲痛心。

昔日与父亲往来相知的朋友，多数是清华的同窗或同事，或政大研究所的门生，全是在学界相识起的。这些往来的人，差不多个个后来都是在学术界、教育界、政界、社会上极有才华，卓然有成的人士，而且品德超优。在世风日下的今日，恐怕再也少见父亲与他朋友们的那一代与那一群了。

原在加州大学河滨校区任教的大弟浦大邦及现在天普大学任教的小弟浦大祥，曾先后利用教授休假时期，赴台北新竹的清华大学担任客座教授及研究，想也是一半因为从小就知道"清华"两字的情深意长。父母亲曾多次对我们说，虽然那时国家正处风雨来临前夕，而父亲在清华执教的十年生涯，是他们共同生活中的黄金时代！

飘泊在海外的知识分子，不论生活过得如何充实，如果心中思念故土故国，总会感到一种特异的寂寞感。这种感觉，连我都有，更何况年纪更长的父亲。我相信，父亲一定曾感到寂寞，一种莫奈何的寂寞。父亲是坚强的，他从没说什么。

父亲待人，礼貌有加，晚年总是拱手谢谢照顾他的人，和母亲以前一般，和颜悦色，不出厉言。诗卷，是父亲晚年茶几上放的读物。一本唐诗与千家诗的合订本，被父亲翻阅再三，好的字句旁用红笔圈点，页角常有彩色笔写的赞语，如"妙妙妙""绝妙""千古绝唱""妙哉"等。

哥伦布发现新大陆的喜悦，我体会到一次，那是当我发现父亲——长年写旧诗的父亲——在中国新诗的历史里，竟是最早先第二位写十四行诗体的人！据大陆学者的研究，郑伯奇是中国十四行体诗写作的第一位，父亲浦薛凤是第二位，闻一多是第三位，其次是徐志摩。

父亲在世时，从没有和我谈过新诗，也没见他写新诗。他谈到闻一多和他先后任过《清华周刊》主编时，也从没说起自己曾写过白话新诗。也许，学生时代的写作，已经记不清了，或许他认为不值一提。

音容宛在

　　我只知道父亲酷爱古诗，自十一岁起，到八十多岁，常以旧诗咏怀，他曾于一九八四年，由台北正中书局出版了《沙里淘金沧桑鸿爪》，收集了能保留下来自写的旧体诗。他在清华念书时，选辑了一册《白话唐人七绝百首》（上海中华书局，一九二〇年版），册中蔡元培的序中道："浦君瑞堂因为现代青年，抱了新体诗的迷信，把古诗一笔抹杀；特地选了唐人的白话七绝一百首。"父亲在其自序中，对中国"文学革命"时期流行的白话诗，嫌它无韵无律，似不欣赏，因而选白话唐诗以供新诗写作者参考借镜，加以说明。

　　由于这些，我推测父亲不怎么喜欢新诗，但有时也曾纳闷，一些新文学的领导者，如冰心、闻一多、朱自清、梁实秋等，都是父亲同一时代的友好，父亲怎会没参与新文学运动呢？

　　父亲于一九九七年故世美国南加州，他的诗卷书物，在他原住的屋中摊放着，一若往昔，两三年后，我陆续将书与文件的一部分，搬回家中，但又没空整理。直至二〇〇一年的一天，无意中，翻看到一封由顾毓琇伯伯转，由江苏常熟高等专科学校一位许霆教师致父亲的信。信中说许君与同事合编一书，收入父亲一九二一年发表的《给玳姨娜》一诗，据他们所知："这是中国第二首十四行诗……在十四行移植中国的历史上占据重要地位。"因出版社要求，作者需同意，因不知父亲地址，而托顾毓琇先生转，恳请父亲作覆同意。信上有日、月之注，但没注年份。

　　晚年的父亲，虽思路灵敏，但有时记忆差，往往会忘了回信。我不知父亲回了这信没有，并急于想看《给玳姨娜》这首诗，于是急不可待地写信去常熟许霆先生处相询。许先生没回我信，但依我的要求，寄来一份影印的《给玳姨娜》，写明选自他与鲁德俊所编《中国十四行体诗选》，北京人民文学出版社，一九九六年版。同时许先生还寄来一份他在南京师范大学《文教资料》，一九九三年第三期，发表的文章《浦薛凤与中国第二首十四行诗》。我真是如获至宝，万分感激，万分高兴，有发现新大陆般的喜悦！

最后两年，父亲甚少说话。我们以诗代语言。我常哼咏贺知章的《回乡偶书》，只要哼出"少小离家老大回"，父亲就会"乡音无改鬓毛衰，儿童相见不相识，笑问客从何处来"接咏下去。有时我一句，父亲一句，你起我和地合哼着。每当我吟起他和母亲合写的那一首"春风摇荡绿丝丝"诗句时，父亲就特别高兴，马上会高声接吟下去。当父亲在医院中，疗养院里，我也是以诗句测量他的情况。情况好时，他会相应而吟，继之是睁开眼点点头；不好的情况下，父亲就不会对诗句作出任何反应的表示，而静静地不出声。父亲在世的最后几天，医院紧急室的病床旁，我和大祥弟找不出话语安慰父亲，只能轻轻地哼着父亲的诗和"少小离家老大回"那诗，希望能安慰父亲安慰自己。

父亲去世前一天的下午，竟有两位八十高龄父亲清华的学生，万庚年与王之珍先生，一道儿突到医院探望父亲。当晚，大风骤起，我家庭院中的一棵大树被吹倒，全区停电。半夜时，雷声与闪电交加，一声雷后，医院电灯熄灭漆黑，然后亮起。父亲突张开紧闭数日的双目，看了一看。大祥弟忙说："爹爹，我们在这里，姐姐也在这里。"第二天晚上，1997年1月7日，父亲弃世长眠。

岁月匆匆，父亲逝世至今已十六年了。父亲旧居街头的一长排淡紫花树，如今又盛开着，千万朵小小的淡紫丽花被天际的白云衬托着，有着清华校旗的色彩。父亲八十多岁时曾吟曰："晴空拂晓白云斜，又见长衢丽紫花。紫白交辉校帜色，看来更念吾清华。"清华园，是父亲魂牵梦萦的地方。看到了淡紫花开，父亲就思念起清华。每当淡紫花树盛开的季节，我就会更思念起父亲。

自　序

本集所辑，系数十年来撰写积稿，分别忆念素所敬仰之尊长与导师以及长期熟识之友好或晚辈。部分篇章已曾先后登载于纪念专册或定期刊物；此则或由编者恳切索文，或由本人自动投稿。

笔者深信：古今中外，一人之生平，无论事业成就，境况顺逆，寿龄修短，莫不受制于三项因素。此即一，先天之体格、性情与智慧；二，后天之教育、修养与习惯；以及三，时地环境与交游遭遇。上述三项因素，当然彼此相互影响而产生错综复杂之结果。

抑有进者。吾人在所遭遇接触之人们中，多多少少，总有几位特别地相互间敬仰或喜爱之尊长与友好。此种现象，此种关系，与其谓为全出于偶然，或只得诸选择，毋宁归根于相互缘分，亦即所谓彼此有缘。"缘分"或"缘"，在西方现代语文中，纵有类似或接近之名词或单字，殊无绝对相同之配对含义。正因有缘，故每一回忆，恍如重闻謦欬谈吐，再见笑貌容颜！

关于本集各位之排列次序，颇费推敲。初拟依照撰稿时期之先后，继欲分别各位之事业或专长。思维再四，决定依据各位诞生之年份[1]。笔者敬将此集，献致于先父先母。家君讳光薛，字雪珊，家慈华氏，讳爱贞。

逖生浦薛凤　一九八四年四月序于美国加州，时年八十有五

---

[1] 此处指书中前36篇文章，后数篇为作者追记亲人及晚年好友，未以诞生年份为序。——编者注

吴稚晖
(1865—1953)

原名脁，后改名敬恒，字稚晖，江苏武进人。近现代著名思想家、教育家、书法家。曾参与《苏报》工作，1905年与孙中山见面并加入同盟会。提倡汉字注音、世界语。1919年与李石曾发起组织勤工俭学会，任法国里昂中法大学校长。1924年起任国民党中央监察委员、中央评议委员、国民政府委员，1946年担任制宪国民大会主席团主席。1948年当选中央研究院院士，1953年病逝于台北。

朴实谦虚令人敬仰：回忆吴稚晖（敬恒）元老

"山经绎古义，国史纪大功。"此是吴稚老写赠我的篆书对联，迄今还是挂在旅美寓所客厅里。上款是："遜生先生方家正篆。"下款是"己丑九月弟吴敬恒，集秦刻石字，时年八十有五。"时在一九四九年，到台不久。吴老前辈落款称呼，如此客气，十足表示其谦虚风格，而以八十五高龄，写得每个篆文笔力遒劲，字体整齐，上下行书落款，则挺直如矢，韵味隽深，见者无不赞美，称为杰作。其时吴老先生住台北市中山北路五条通七号日式房屋。

予初次进谒稚老，曾请一位乡丈代为先容，时在抗战时期之重庆。当时稚老独自住在上清寺一间楼房上斗室之中，种切简单朴素，而怡然自得，体健神旺。予见此元老前辈，立即感觉和蔼可亲，谦虚诚恳，深为感动，仰佩其风格高雅。

进谒机会较多，并有服务效劳机会，乃在台北。特别是因为稚老之亲戚友好来台，需要入境证，曾先后开示名单，另加亲笔小笺，嘱为办理；先后大概有二十多次。每张亲笔信笺，迄今宝藏；此因尊重稚老而且喜欢其墨宝。一九六八年予偕佩玉回台访问亲友，即曾携此一袋手札，装潢成册。稚老之所以嘱办入境证，因予亲自批准，转交警备司令部办护，特别迅速。彭明熙（孟缉）兄时任警备总司令，副总司令则为李立柏兄；他们两位，对于予所批送之入境申请，无不立即办理，大约两天后即可取得。

兹照录稚老托办入境证一函为例。"逖生先生勋右：不侍教者兼旬。弟蒙款待优渥，静居不事事。先生政务繁忙，故未敢琐琐谒候，反滋俶扰。侧闻康愉有加，常用欣慰。兹敬启者：上海大同大学校长胡先生敦复，过去严拒所谓职业学生，故大同学潮较少。然共方嫉之滋甚。倘上海有事，而胡先生之生命堪虞，故其夫妇将于廿七八号乘轮来台。昨寄照相四纸，随带身份证（在照相上写明身份证号数），嘱弟请求陈主席赐签入境证，俾船抵基隆，由弟等送往，凭之登陆。弟昨作函恳求陈主席钧察。后见报，主席已公赴澎湖，且有数日停留，因将胡先生来函并照相等送呈左右。倘蒙将弟致主席书赐阅能饬所司签发彼夫妇入境证掷下者，无任企祷，伏祈荃察。肃叩勋安。弟敬恒顿首，四月廿六晨"。此次入境证当天即曾代为办就。胡敦复先生夫妇，曾否来台，此刻已不复记忆。自兹以后，每有亲友来台需要入境证，稚老即径函致予。

有两次予曾略送菜席，一则因听说是他寿辰，另一则为过节。其处笺有如下列。"逖生先生勋右：前日有国语会友人恶作剧，诡称生辰，扰乱空气，致尊处亦为扰动，加以注存。赐以珍馈，殊感惶悚，敬叩头肃谢并叩勋安。弟敬恒顿首。三月二日"。另有一笺如下。"逖生先生勋右：顷奉珍赐，既旨且多，只以尊者所赐，义不敢辞。正席拜嘉，悚感莫名。客中急切，无可报李，尤负佳节。敬先沥诚肃谢，只叩勋安不偭。弟敬恒顿首。十月七早"。

是年夏月稚老曾往阿里山短期避暑，其原函有如下述。"逖生先生

朴实谦虚令人敬仰：回忆吴稚晖（敬恒）元老

勋右：具笺恳求，又有一事。弟在九十度本不能动弹。今则已至九十度，蒙友人有阿里山之约。闻山中有林场俱乐部，可以借住其所设贵宾室等等招待。弟本不能游山，蒙携有一甥及妇。合弟为四人。能得太太米三四席，自炊爨其中，配合可知。能仗大力借得此小室等。救灾如救火。倘蒙愈允，感且不朽。如得请介绍书来，弟即行。有生之日，皆公所赐。山中另有熟人，可地道一切。饮食起居，亦已饬悉，可无忧也。敬叩道安。拜求拜求。弟敬恒顿首。"予得此手笺，立即打长途电话，接洽妥当是晚一方面笺复，同时先用电话告知吴寓，请可随时前往。

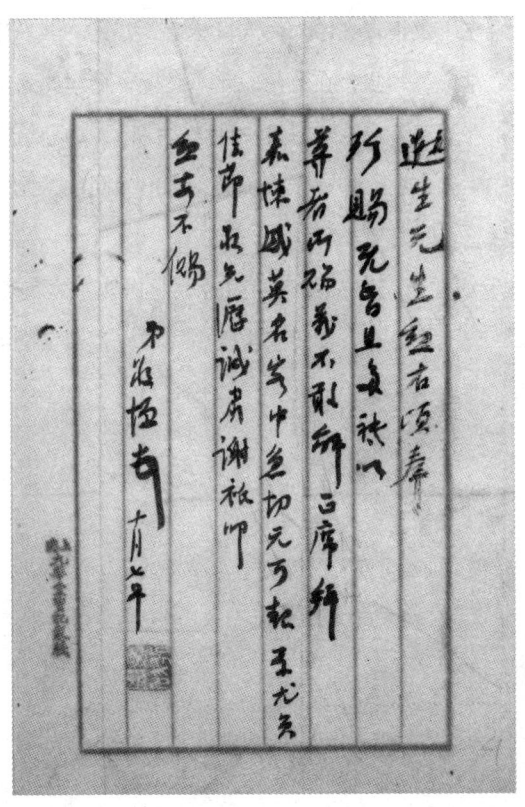

吴稚晖墨迹

3

稚老确曾前往阿里山招待所小住。下山之后，曾亲写一笺，示知经过，并嘱为其堂弟吴和叔办理来台入境证。其原信如下。"逖生先生勋右：前因酷热，理想去阿里山。承蒙主席赞同，先生惠爱，介绍于林场主持者。极蒙林场山上山下，均予以优待，不但阿里山实极优秀。无如弟患腹疾，虽并不严重，无如随行者日夜照呼，几乎共毙数人。于是不得不下山。蒙总统以为大病，派医及亲属来山，遂不得不下山。回台仍荷总统派居草山一月。现虽旧疾支离，已平安回蛰八十三巷七号矣。虽因右手似乎类中，未能笺候先生及报告主席，而人事丛杂，亦其一因。想蒙鉴照。今又有累世同居之堂弟吴和叔，在英伦脱险，已抵香港。此人前在苏省建设厅服务，后随弟在重庆者七八年，又一度曾去昆明，助理筑路。彼既无家可归前来，乞先生告主席，如赐予入境证，来弟处同住，无任感祷。肃叩勋安。弟敬恒顿首。十月十二日"。

稚晖老先生功在国家以及其谦冲耐苦，蜗居斗室之美德乃是众所周知，临终遗嘱，要火化海葬，其骨灰宝匣由经国先生亲自携带自飞机上投掷于大小金门之海峡中。

蔡元培
(1868—1940)

字鹤卿，又字子民，浙江绍兴人，原籍诸暨。近代著名教育家。前清进士，后加入同盟会，赴德国留学。归国后任南京临时政府首任教育总长，1916年至1927年任北京大学校长，提倡"兼容并包"，教授治校；1920年至1930年，兼任中法大学校长。后曾主持教育行政委员会、筹设中华民国大学院及中央研究院，主导教育及学术体制改革。1928年至1940年专任中央研究院院长。曾任中国国民党中央监察委员会委员。1940年病逝于香港。

蔡孑民（元培）校长学识渊博性格慈祥

予在北京清华学校（即所谓留美预备学堂）读书时（已由中等科升入高等科），喜读唐诗，尤其是词句浅近而意义深长之七绝。在毕业以前两年有半之中，曾乘余暇，将整部全唐诗中，陆续择抄约两百首。当时因胡适之先生提倡新型白话诗，予一方面喜欢白话诗崇尚新型意境，同时却嫌其无音韵（除掉连续使用"了""罢""啊""呢""吗"等字押底外）与无规律（指句子字数之多寡）。因此之故，在一九二〇年五月初，予选出一百首，命名"白话唐人七绝百首"，除小题大做，向本校代理校长严鹤龄先生乞序外，并不知天高地厚，写信请北京大学蔡校长孑民先生，请赐序言。不料蔡校长竟然允诺，且于赐写之序言外，又复亲笔复一长函。序中及信内均称我为"瑞堂"——此系在家乡常熟自童年起所惯用之称号，到清华高等科毕业时，始自另取逖生两字为号。信中末段，谓所选均是好诗，惟最末一首高适"九曲词"文意平凡，殆因希望国家局势由纷乱而归太平，故将此诗列末，俾与第一首花蕊夫人"述国亡诗"相呼应而对比。予读此几行，深觉蔡校长心细眼明，如见予之肺腑。

兹录两诗原文如下。花蕊夫人之"述国亡诗"："君王城上竖降旗，妾在深宫那得知！十四万人齐解甲，宁无一个是男儿？"高适之"九曲词"："万骑争歌杨柳春，千场对舞绣麒麟；到处尽逢欢洽事，相看总是太平人。"

蔡校长亲笔所写之序言与复信，予一向宝存。一九三三年新秋，予往德国休假研究之前，曾挈眷自北京清华大学回到江苏常熟故里小住，尚数度取出阅读，并让予妻佩玉欣赏。但日寇侵占常熟，双亲暂时避难乡间，及回寓居住，则据家君所记载"室中碎瓦堆积，乱纸遍地"。测是铁箱显被破坏。抗战胜利还都后，予返常熟，确曾发现旧时珍藏之书箱文物，一无所有。

予曾见到蔡校长两次。一为得到序言后，曾亲自入城，拜谒致谢；其谦和诚挚之风度，迄今不忘。第二次为留学回国，曾到南京，时友好钱端升兄担任大学院（当时之教育部）之中等教育司司长。由伊介谒蔡院长（等于教育部长），并初次遇见张奚若兄（时任高等教育司司长，后在清华大学同系执教）。

蔡先生为我小册所撰短序，不出所料，未经列入一千七百余页之"蔡元培先生全集"（台北商务印书馆一九六八年三月出版）。兹特抄录原文如下。

  浦君瑞堂因为现代青年，抱了新体诗的迷信，把古诗一笔抹杀，特地选了唐人的白话七绝一百首。自己做的序，很透澈的了，还要我写几句话；我现在把我所推想的写出来。

  为什么单选白话诗呢？因为这是给喜欢白话诗的人读的；若不

是白话的，怕他们不肯读了。他们或者疑古诗没有不用词藻的，所以不肯读。现在提出许多白话来举个例，或者可以引起他们读古诗的兴会。为什么单选七绝呢？诗句的长短，与时代有点关系。周以前的诗，除少数例外的，全是四言。到了汉魏，觉得四言不够发舒了，就盛行五言。从此后四言诗就少了，偶然作的，也没有什么大趣味了。到了南北朝，又觉得五言还不够发舒，渐渐地有七言。（汉时虽然有柏梁体，急就章等，但很少。）到唐代，七言就盛行了。那时候还有王、孟、韦、柳几家擅长五言；以后就没有了。所以现在觉得七言比五言是有趣一点儿。七言诗还有七古七律等体，七律要讲究对句，不免拘束一点，又大半是用典的。七古长篇居多，也大半免不了用典。七绝是比较的自由；比较的白话体多一点；所以单选七绝。

　　为什么单选唐人的七绝呢？因为诗是唐人的长技；七绝又是唐时始盛行的。宋（朝）洪迈曾经集了"唐人万首绝句"；后来林清之删存一千二百八十首，作"唐绝句选"；清（朝）王士桢删存八百九十五首，名"唐人万首绝句选"：这都是单选唐诗的先例。要是这百首唐诗，读的人果然欢迎，我想宋以后的白话七绝，浦君一定也要选出来。不过先把这一百首来尝试尝试呵！

　　这些都是我的推想，不知道与浦君的本意对不对？也不知道读这本诗的人觉得我的话对不对？

九年，五月，二十六日蔡元培

　　"白话唐人七绝百首"小册出版（上海中华书局）之后，居然风行一时。一九二六年秋予自美绕欧返国，在沪发现此册已是第十五版，而且看到许多类似选集，"白话宋人七绝百首"，"白话元人七绝百首"等，均由中华书局出版；何人所选编，则不复记忆。

另有一项意外发现，值得附记于此。曩在台北多年，每值星期天上午，辄偕佩玉前往士林教堂，参加礼拜。蒋先总统与夫人准时必到。经常参加者计有王亮老，张岳公，吴铁老，俞鸿钧，董显光几对夫妇，总数约廿余人。讲道者初为陈维屏老牧师，后来改由周联华牧师担任。今兹所欲记述者乃为下列一项意外。某次，讲道完毕，参加者鱼贯步出教堂，恰遇董大使显光为予及佩玉向其身旁之张学良先生介绍。遂开始认识。后来张先生曾经向予言道："记得我曾看过你所选的'白话唐人七绝百首'。我的想象，以为你是一位身穿长袍马褂的老年人，而今面前却是一位穿着西装的中年人。"大家不免笑起来。"白话唐人七绝百首"一册，那时候关外前"少帅"居然也曾看到读过，殊出意外。

拙编"白话唐人七绝百首"，予初到台湾后曾向台北中华书局试购，无有；嗣往香港亲友搜寻，亦无着落。一九七四年自美东岸迁居西岸后，曾承友好陈硕颐教授将其所藏一册割爱见赠，而滕健耀（保罗）兄且代复印一份。一九八一年七月予将此小册寄请台北中华书局熊总编辑钝生先生考虑刊行台北新版，蒙即应允，今已重行问世。

赵醉侯
(1868—1945)

原名赵玉森，字瑞侯，因嗜酒豪饮，遂号"醉侯"。祖籍江苏丹徒，后定居镇江。1910年入上海复旦大学担任历史教授。1912年，受王云五之聘，为商务印书馆编辑，编写中国历史的大学教材。1916年，到北京清华学校执教，兼授文史两课。1925年，因年老回乡，从此诗酒自娱。赵醉侯酷爱古典文学，作诗甚多。有《清华草》《寄奴草》《北门草》《月华草》等，现存遗稿32册。

追念恩师赵醉侯（玉森）诗人[1]

将近七十年前（亦即一九一四年新秋），予经考取，入北京西郊清华学校。在中等科肄业时，有关国文各课（如选读，作文，札记，习字）教师，有赵醉侯，叶醴雯，戴梦松，李寿先，左雨泉及苏少禾各位知名学者。其中最令我敬佩者，当推赵醉侯老师；而其所以然者，乃基于下段所述原因。

一九一六年冬季寒假之中，予自图书馆借得韩昌黎文集，晨夕手不释卷，高声诵读。寒假后，赵醉侯老师首次作文命题，乃是"读史记孔子世家书后"。前此予所有作文，至少总有文格纸四张（亦即八页）左右。此次所写"读史记孔子世家书后"一篇，则只一张又两三行。拙文主旨，乃是所谓"翻案"，即认为孔子具有伟大之人格与遗教，正不必视为素王而列入世家。赵老师对予此文，极表欣赏，密加圈点，几处眉批之外，总

---

[1] 原题：读赵醉侯老师"醉人为瑞"遗史集稿书后——代序。

批末句为："其佳处自昌黎文得来"。予不免私讶：勤读韩文，未曾向我师提及半句，何以竟能道破？遂向赵老师面请教益。伊笑谓造句转折之中，往往流露宗派，此可意会而难形容。自此而后，予始深信：学问经验渊博卓越者，对于画家及文人，就其用笔、设色与布置，或造句、声调及意境，确能分别道出其宗派。

上述将近七十年前往事，迄今记忆犹新。不意今年五月初旬，赵醉侯老师之哲孙赵同，大概因见国内报纸，屡载予短期回国从事学术讲演情形，乃探得予之住址，来信叙述缘由，希望面谈。予立即电话答复，除约定日期外，并告以当年何故最敬佩其祖父之情节。赵同君偕其贤内助，如期来寓，携带其所选编之祖父遗诗一册复印稿，恳予撰序，并商量代为接洽出版，畅谈甚久。予素敬佩赵老师，今见其哲孙贤孝，自然欣加允诺。

出我意外，使我感激，而愧难报恩者，乃是赵老师对我之夸誉。据赵同君所撰"醉人为瑞——记我的祖父"一文中所载："他告诉我说：'我一生教过的学生，不下万人，但真正让我得意的门生，只有四人'。"赵醉侯老师反复所指之得意门生四人，乃是我辛酉级（本级毕业留美，应在一九二一年夏，在毕业前后，概称一九二一年级，或即辛酉级）罗隆基（字努生），闻多（后来改名一多），何浩若（字孟吾）及浦薛凤（字逖生）。

兹请以赵师之诗为证。其一，题为"梦与清华高第弟子共论文"，计有两首如下：

又拥皋比上讲堂，几多桃李吐清芳。笔端花发瑶台现，口角春风锦幕张。蛱蝶翩飞饶逸趣，龙鸾夭矫入仙乡。事关宿业应非妄，我欲因之证法王。

清华甲第首推罗（隆基，江西人），其次雍雍闻（多，湖南人），浦（薛凤，常熟人），何（浩若，湖南人）。风雨鸡鸣交谊切，朝阳凤翔颂声和。任公对酒深倾倒（梁启超任清华史学师，于席次极口推赞），而我吟诗悟切磋（四人并余一手所造成）。太息离群忘岁月，岂期嘉会在南柯。

其二，以"梦何浩若（湖南人，清华学生）"为题，共两首，兹录第二首：

十许年前我赴杭，车上逢君喜过望。抵掌畅说罗（隆基）闻（多）浦（薛凤），并时游夏扬清芳。学成连轸游海国，自尔音问遂阻隔。而君供职在首都，左桑右孔纡筹策。合离离合均渺茫（君旋长河南财政，又移湖南），东西劳燕从凤翔。河清海晏知何日，真个熙怡共一堂。华胥万里绝恍惚，将诗作谶期不忒：愿君报国展长才，手挽狂澜垂世则。

由上遗诗，可见赵老师生前对我侪四位门弟子称誉之甚，爱护之挚，关切之深，暨期望之殷。笔者自离开清华学校，留学美邦，初则执教上庠，继遭八年抗战，旋赴台瀛任职，讲学从政，生涯栗六，其后又应聘来美，讲授中华文化，哲学与历史，未曾设法与畴昔清华学校各位国文教师，分别联络叩谒。此刻思及，愧歉奚如：辛酉级同仁努生，一多与孟吾，早已先后离世，今盖幽明路隔，怅触万端。

赵同君所撰其祖父身世经历一文，其开始与末尾，均有此几句："有道是：'醉人为瑞'；他这样说，却忘了告诉我这四个字出自何典。"

关于"醉人为瑞"，予固熟知其出典，但一时记不清楚哪一朝代，哪一年月。赵同君伉俪告辞离去后，予立即忆起许多书架之中，置有一部使用数十年之铅印纲鉴易知录三厚册，每册首尾之几页空白纸上，曾先后亲笔标写史迹掌故，分别注明卷页数目，以便随时查证。时适邢君周鼎来坐客厅中，乃告以即将查证"醉人为瑞"之出典。果然，仅仅四五分钟内，查出典故，在易知录第二册，卷五，页一六〇，唐德宗贞元丁卯二年十一月："时禁中不酿，命于坊市取酒为乐。……时此岁饥馑，兵民率皆瘦黑；及麦熟，市有醉者，人以为瑞。然人乍饱食，死者甚众；数月，人肤色乃复故。"此段文字之上，铅印眉批，有"醉人为瑞"四字。邢君见此，不免惊奇，甚佩予记忆力之强。予遂摇电话，告知赵同君。

赵醉侯老师，江苏镇江人，名玉森，字瑞侯，因嗜酒豪饮（每天喝两斤米酒），自号醉侯。身体殊魁伟，面色红润，声音洪亮，语气肯定。坐讲堂前排者，均得沾闻赵师之酒气味。赵师廿九岁，就读南京南菁书院。虽系秀才出身，却无意仕途。先后曾在上海南洋公学，南京方言学堂，上海复旦大学执教历史与国文课程。民二年，应王云五先生聘，担任商务印书馆编辑；民五年，到清华学校授课，有八九年之久。一生游历，既多且广，盖北达奉天，南至两广。五十七岁即告老还乡，居住镇江城内月华山脚下之月华楼中。对日抗战胜利前一个月辞世，享年七十有七（一八六八至一九四五）。生平经历，详见赵同君记述文中，兹不多赘。惟尚有一点，值得强调提出：赵老师对于儒释道三家之人生哲学与处世规范，可谓分别则有独到见解，综合则能融会贯通：此可于其生活及诗文中证实。

据赵同君估计，其祖父一生所写之诗，当达一万首左右，但均散失。今所遗存者，乃八年抗战时期中在月华楼上吟咏之六千多首。本集所载，系择尤选编，大抵为：忆旧游，写胜景；怀友好，表情感；吟花木，寓寄托；以及伤时世，含讽刺。兹分别略举数例。

关于忆旧游，写胜景，择录几首。"梦到清华园"一律如下："梦边仿佛入清华，风景依稀云路赊。万国图书群玉府，一园花木九天霞。燕王台圮思龙马，古月堂深滞凤车。毕竟玄都饶乐趣，那知尘世闹虫沙。""想黄鹤楼"一首："黄鹤仙人逝不回，茫茫江汉自天来。鼍鼋梁上涛千仞，鹦鹉洲前酒一杯。崔颢题诗聊复尔，醉侯纵笔思悠哉。龙蛇历乱从挥写，笑煞青莲去凤台。""忆珠江"五绝："云梯不可攀，都轿是仙寰。南望情何极，珠江两岸山。"写"月华山"情景："月华楼枕月华山，料得山灵知我还。六度蟾圆嗟远道，几回蝶梦绕仙关。舟车疲顿三千里，花木低徊十二阑。重整芳园良不易，权从佛祖吁平安！"

以下几首，是关怀友好，表情感。"有怀马湘伯"云："矍铄吾乡九九翁，仓皇避地怨飘风。红羊浩劫何时了，引领长谣望赤松。"题为"梦叔远介绍予于吴稚晖谋讲席"："稚晖与我夙同材（南菁同学南洋同事），劳燕分飞无限情。君已大名垂宇宙，我仍小隐寄沧溟（在北京南京相逢一笑而已，绝未过访）。人间天上知何许，虎啸龙吟绝可惊。但祝升平能早现，相逢一叹各扬旌。""梦与王云五（商务同事）杨冠伦（清华同事）大啖"一首："须分燕尾王云五，明察秋毫杨冠伦（近视）。俯仰人天嗟久别，刹那萍水忽成群。虫沙劫后期哀乐，庚癸声中举大烹。想入非非惊复善，是真是幻总休论。"

复次，属于吟花木，寓寄托之诗甚多；兹略举两题三律。其一，"见红梅"："劫后河山万象差，今朝忽喜见梅花。水晶帘卷惊红雪，云母屏张拥绛霞。合是天公悯幽独，特从意外显青葩。招摇不识谁家帜，几度观瞻深惋嗟。"其二，"想牡丹"："颐和园里国花台，万寿山光迤逦开。十五年前从仿佛，三千里外尽徘徊。春深谁抚清平曲，梦醒聊撑欢喜杯。空色色空全不管，美人缥缈倘归来。""浪迹清华八九年，年年春好认婵娟。神交真与鹓鸾并，醉舞多于蛱蝶先。时挹琼霞期供佛，偶沾珠舞恍游仙。茫茫此会何时再？除却乘云上彩船。"

至于伤时世，含讽刺，此类诗篇较少。例如"飞蝗"一题，可录两绝："无数飞蝗下海东，予怀为尔剧惺忪。传闻徐福童男女，不少遗黎在此中。""本来四海皆兄弟，语甚华戎只一家。人祸天灾齐共弭，夕阳满地怨悲茄。"又如"有感史阁部"一首："冯道能为长乐叙，扬雄巧掇美杂文。予怀却寄梅花岭，朗月高悬照紫宸。""读史问答"为题，亦值欣赏："有客熙熙鸣玉珂，问予读史顷如何？老来炳烛浑无那，雾里看花能几多。北海峥嵘苏武节，西山忼慨伯夷歌。国魂合遣巫阳召，倘共灵均质大罗。"

最后，有关赋诗付梓，赵醉侯老师确曾赋诗明志。题为"为诗解嘲"一首："寒山拾得莫我嗤！道是非诗恰是诗。是是非非全不管，天花错落凤凰池。"另有"拟托季坚检吾稿"四首，兹录其二："病危不敢告君知，恐惹君愁动远思。幻海茫茫谁是岸，此行大好证菩提。""烦君代检百余诗，文献无多可附之（东山师竹艮齐蔡守愚及吾兄星杉五传，可附入）。素不能词词亦伙，非苏非李任人嗤。（词亦可选二三十首，俟吾子孙有兴者自梓之。）"

综上以观，吾师赵醉侯先生，品格高超，学识渊博；虽处思潮体制递嬗之际，内忧外患交迫之中，而能卓然不拔，讲学南北，知交众多，游览广阔；既享多采多姿之生活，复垂立身处世之风范。凡此种切，均可于此诗集中窥见。古今中外，或则诗以人传，或则人以诗传。赵老师此一诗集，可谓两者兼备。

受业弟子遯生浦薛凤序于美西，时年八十有四。
一九八三年七月

钮永建
(1870—1965)

字惕生，一作铁生，又字孝直，号天心，出生于上海县马桥镇。书法造诣很深，与吴稚晖、沈尹默鼎足而三，但是传世作品不多。1927年任国民政府秘书长兼江苏省政府委员主席。1930年后，历任内政部长、立法院军事委员会委员长、考试院副院长及代理院长等职。1949年去台，1965年病逝于美国纽约。

允文允武、和蔼可亲之钮惕生（永建）院长

人与人之间，不论男女老少，其认识之深浅以及交谊之厚淡，与其相处之久暂，殆无比例之关系。予与佩玉对江苏同乡前辈钮惕老及钮夫人之认识，在台北才开始，虽甚处短暂，而尊敬极深。惕老夫妇对吾俩亦另加青眼。当然，在辛亥革命之际，民国成立之初，予看到报纸上有关钮永建先生之报导，知其在清朝中过举人而又弃文就武，入日本士官学校；辛亥起义曾任军政府都督，南京临时政府之代理参谋总长。予早认惕老为允文允武之特殊人才——特别是江苏人极少能带兵作战。因此之故，予对惕老早存钦慕之忱。记得在陪都重庆期间，予因级友沈宗濂兄之关系，得认识其嫂嫂钮纤华女士，知为钮惕生先生之长女，曾以此久慕惕老之意奉告。

大陆局势逆转，中央各院郡会首长陆续飞台北。予辄随陈主席辞公，往松山机场迎接。时惕老以考试院副院长兼代院长，率领高级参事秘书到达台北。临时始知钮氏夫妇暨高级随员尚未预订居所或旅馆。此次恰好陈夫人与佩玉亦前往机场。予乃临时商得佩玉之欣然同意，坚邀钮院长

与夫人以及其他几位参事秘书，同到官邸暂时安身，并说明除可腾出卧房一间外，尚有两大客厅，不妨暂时委曲，利用地铺。辞公及陈夫人亦极赞同此一安排。惕老遂强而后可，坐车同到南京西路十二号。其高级幕僚亦陆续前来。小住两三日，即先后离去。惟惕老与夫人则屈住约半月有余。

在此半月短短时期，予得亲炙机会，获益良多。其一，予深刻领会惕老何以身体康健。予每日清晨即起，总发现惕老亦早已起身，并在廊下作健身体操，能不弯双膝而以双手下垂，触及两脚之足尖。伊并嘱予不妨试试。予却屡试不能。惕老之所以体力强健，享寿九十有六，绝非偶然。其二，偶尔谈到历史掌故，偶尔询及逊清考试制度，知其学问渊博，记忆清新，极佩其智识之精深。其三，另有一项，最属重要，即惕老品德之高超。以允文允武之一位国家元老，而仍是书生本色，虚怀若谷，丝毫无有官僚习气，终生公正清廉，如钮惕老其人者，真是难能而可贵。钮夫人之谦虚和蔼，亦是难能而可贵。钮惕老曾应所请，写赠我对联一副，裱就悬挂，只因迁徙频繁，今已不知所在。

曹埃布尔
(1875—1937)

原名茂瑞，字庆云，因信奉基督教，礼名亚伯，又称埃布尔，大冶市人。辛亥革命元勋，同盟会评议部评议员，1910年毕业于牛津大学。在辛亥革命、讨袁战争中，多次赴海外从事外联、筹款等活动，支持革命。抗战爆发，他以本人名义向上海商界储蓄银行两次借款筹措抗日军饷，并赴前线抢救抗战伤病员，因积劳过度染疫而去世。

高风亮节、实至名归：记曹埃布尔先生
——序曹志鹏兄所著"曹埃布尔先生年谱"

"君子疾没世而名不称焉。"《论语》此句，非谓君子应当求名；倘指求名，无异鼓励沽名钓誉。其要旨盖在君子应当务实：即在言行方面，以身作则，不特立业树范，而且具有高风亮节。苟能如是，则经过传述周知，自然实至名归。明乎此义，吾人始能由衷敬佩曹埃布尔先生之高风亮节，并亦始能欣赏著者积年累月撰写此册年谱之苦心孤诣。

两年来经与曹志鹏兄多次通信面谈，并细读其发表之专文与影印之初稿，予自信对于曹埃布尔先生之生平行谊，已有深刻之认识。论辈分，年谱主人是与年谱著者之高祖同辈，故相隔五代。论年龄，则相差仅约四十岁；因而志鹏兄得及时拜谒埃布尔老前辈于江苏昆山，承留住三日，领教甚多。至于撰写此年谱之主要动机，可于惠函中下列数行见之。"伏思我埃布尔前辈，早岁献身革命，遗大投艰，功成不居，甘心隐遁；生前既落落寡合，没后复寂寂无闻。""我埃布尔前辈虽建赫赫之功，却无昭昭之明，独惜其冥冥惛惛，踽踽凉凉，穷志落寞以死。昔年每过台北敦化

音容宛在

路吴稚老巍峨铜像下，辄叹人生显晦有幸有不幸，而油然生不平之感。"

　　年谱著者坚嘱予写一序文，义不容辞。但多少年来萦绕胸怀而反复推敲之有关疑难问题，又复引发：此即古今中外，对于人物之价值评估，有何定型标准？而此种定型标准究属客观抑系主观。兹愿乘此机会，略抒所见，以就正于高明，特别是因为此与拙序之命题有关。

　　首先，试问"客观"与"主观"之区别何在？举凡一切事物，包括形形色色的发生经过，亦即包括任何一人之言行，均是客观而绝对；此属科学范围。种种价值评估，包括是非、善恶、褒贬、毁誉等等，乃是主观而相对；此系哲学境域。复次，客观事物与主观价值，实际上乃是形影相随，相互关联而不可分离。例如连旬大雨，固是客观事实；但或喜为"久旱逢甘雨"，或病为导致荒年水灾。死亡只是客观事实，或认作"地下修文"，或称为"天国永生"，自与主观价值连带。更有进者，一人所持之价值评估标准，或属主观；但整个社会所长久流行之价值评估标准——无论其有关伦理或法令——则是相当客观而等于绝对，率直言之，必须视为客观而绝对；否则，不足以维持社会之巩固安宁，不足以培植难能可贵之美德。例如："以牙还牙"，"杀人者死"，乃所以维持治安；"隐居山林"，"辞谢征召"，乃所以鼓励澹泊。上述三项，对于古今中外评估人物之定型标准，或亦不无启发。当然，在流行思潮递嬗之际，在社会形态过渡期间，自必歧异矛盾而发生困扰。例如民主政治，选举竞争，大家势必自吹自夸而不复自谦自卑。关于评估人物之定型标准，容俟话归正传，再行提及。

　　曹埃布尔先生在当时革命阵营中地位之崇高与人格之卓越，可于下列数端中见之。一九〇五年秋，同盟会在东京成立，是日为首第一位演说者，自然是国父孙中山先生。继之而起者即为曹埃布尔先生，第三位乃是黄克强（兴）先生。民元（一九一二年）四月六日，张謇与章炳麟等在上海爱俪园欢宴国父（时已辞去临时大总统职位），曾摄影纪念。国父坐前排正中；右六人为唐绍仪，陈英士，熊希龄，黄郛，于右任，胡汉民；左六人为程德全，谭人凤，蔡元培，张謇，汪兆铭，曹埃布尔。黄克强先生曾书赠埃布尔先生一联："天下引以为己任，我事皆可对人言。"上款为"埃布尔正字"，下款为"克强"。但植之（燊）先生曾撰刊"辛亥革命闲话"附录感旧诗十首，怀念国父，黄兴，林森，章太炎，曹埃布尔，张继，居觉生等十位，每首七绝均有附注。其怀念埃布尔先生之诗如下："推贤让赏功难并，护法辞荣节不挠；净业精参人我泯，五湖烟水暮云高。"此诗之下，另有附注："君在伦敦介绍吴稚晖先生加盟。身预开国及护法诸役，口不言功，隐于昆山。晚年修净业，抗战前夕坐化。著有'武昌革命真史'，'欧游记'等。"

关于埃布尔先生之行谊，功绩与品格，年谱本册中自有详细记载，兹就荦荦大者四项，扼要指陈。

其一，秉性聪慧，自幼怀抱大志。七八岁时，由于观看黄龙袍皇帝戏剧以及聆听故老提述洪杨轶事，顿然触发民族思想与取代志趣。可见天赋质量有异于平常儿童。无怪阅读新书，入校求学，即渐酝酿家庭革命与社会革命之思想。

其二，从事革命，迭次冒险犯难。先则奔走宣传革命要义，同时加入（长沙）而又组织（武昌）日知会，并与科学补习所发生关系。尽力筹款，与国父财帛不分家。护卫黄克强脱险，资助宋教仁避祸。自己幸免于难，不只一次。当年国父在东京组织同盟会，曹埃布尔先生实为签名加入之第一名。其有功于辛亥革命以及开国护国诸役，事绩俱可覆按。

其三，功绩显明，而不谋求权位。年谱著者在另一专文中曾云："可以登廊庙而不登廊庙，不应退山林而竟遁山林。"此种情形自足令人慨叹。究竟是否因有旧日同志，或胸怀狭小，或妒才忌能，而从中作梗，似可不必深究。唯有一项铁般事实，值得大书特书。此即国父所提出做大事而不做大官之训示，埃布尔先生殆可谓躬行实践之一人。

其四，遭遇挫折，而不怨天尤人。一九二七年国民革命军北伐，进抵江苏，隐居昆山寓所（自题为"山高水长处"）之埃布尔先生号召乡民起义响应，并避免直鲁军队蹂躏地方，竟为白总指挥部所缚禁于上海司令部；旋由郭泰祺呈报，由蒋总司令下令释放。埃布尔先生怅触发愤撰写"武昌革命真史"。不料问世不久，又被没收禁止。两项挫折接踵而至，实乃不幸。然而埃布尔先生处变不惊，而且未曾怨天尤人，此实不可企及！不宁惟是，一九三一年日本强占吾沈阳后，埃布尔先生即曾奔走南北，呼吁共御外侮。一九三七年夏，又曾奉命北上泰山与冯玉祥洽商团结御侮。爱国热忱，处世大节，即此可见。

综上以观，曹埃布尔先生革命报国，建树确切功绩，而立身处世，具有高风亮节。确切功绩固属不可多得，而高风亮节尤为难能可贵。其实，高风亮节乃是吾中华民族传统文化中评估人物之一项定型标准。试申言之，视富贵如浮云，弃高位若敝屣；一向作为难能可贵之风节。推究其故，当因世人多为权位而争夺篡弑，残杀流血，虽父子兄弟之间犹所不免。古籍所载许由与务光，先后不受帝位而分别隐沉，是否神话，不得而知；而其受到后世崇拜，则是客观事实。余如：泰伯、仲雍之南奔荆蛮，断发文身，以便其幼弟季历得以继位；介子推之隐避绵山，宁愿焚死而不出；严光之不肯屈事其原来友好汉光武，而受到尊敬；烦此事实之所以得享盛名，盖因合于高风亮节之标准。

不佞深信每人自生至死受着三大因素支配：即先天性格（性情与体格），后天教养（教育与修养），以及关键遭遇（无从预知与莫能控制之状况，亦即所谓命运或偶然）。三者相互牵连，彼此影响。例如身体本健壮，可受恶习惯之斲丧；资质虽愚钝，而立志发奋，人一己十，人百己千，亦可出人头地；原本六亲无靠，或因自己奋勉而意外得到"贵人"提携，遂亦飞黄腾达。曹埃布尔先生之一生，正如任何人之一生，亦必受着此三项因素之所错综复杂地支配。古今来一般高风亮节，实亦上述三大因素之配合表演，此中意义值得思索体会。例如埃布尔先生之心直口快，嫉恶如仇，不求名位，适足以助成其高风亮节。

年谱著者曹志鹏兄，多年尽心竭力搜集有关材料，其坚强意志，勇毅精神，以生花妙笔成此不朽之作，值得钦佩。早在一九五八年十二月六日，台府已曾明令褒扬："曹埃布尔早岁加入同盟，经历险阻，……为国驰驱，不求荣利。晚年昆山隐处，益励清操。抗战军兴，擐怀国难，忧愤成疾，赍志以终。追念遗型，长深轸惜。应予明令褒扬，以彰潜德。"此即高风亮节实至名归之一确证。今兹刊此年谱，记述详确，更能使当代及后世读者，益知曹埃布尔先生其人其事。不特曹埃布尔先生个人之高风亮节，更必实至名归，抑且可使难能可贵的一般高风亮节之传统定型评估标准，继续保留而发扬光大！

郭秉文
(1880—1969)

字鸿声，江苏省南京市浦口区人。1908年赴美留学，1914年获哥伦比亚大学教育学博士学位，回国即参与创办南京高等师范学校，并历任教务主任、校长和国立东南大学校长。1920年代连续三次作为中国首席代表出席世界教育会议，并连续三次被推举为世界教育会副会长，是国际舞台上最为活跃的中国教育家。他主持的国立东南大学，被教育界称为"中国第一所现代国立高等大学"，奠定了现代南京大学的基础。

如饮醇醪、如坐春风：回忆郭秉文教育家

秉文先生对于教育事业，财经建设，国民外交，以及沟通中美文化之交流合作，自有其卓越贡献与不可磨灭之功绩。但此非本篇所述及之范围。兹所回忆追记者，只是秉文先生在其对于笔者交谊之中所流露之伟大人格。此项伟大人格无他，即是和蔼可亲，关怀鼓励之"对人"态度，与夫不矜不伐，谦虚诚挚之"无我"精神。

就年龄资历而论，秉文先生是前辈。盖伊任东南大学校长之时，予尚在美留学，故予一向以尊敬长辈之礼相加，但伊则从未以长辈自居，适得其反，正因彼此同属一个兄弟会社，伊之对予，完全是一种忘年交，亦即以平辈兄弟相待，故在予而言，彼此间之关系可谓为谊兼师友，情同手足。计自相互认识，近五十年之久，惟实际上交游接触，多承教益，则先后断续，约分三期。其一，予在哈佛大学研读之际（一九二三至一九二六年），伊到剑桥多次，因而认识并曾先后晤谈。其二，抗战末年（一九四四年八月至一九四五年十一月），予奉派来美，先后参加数项国

际会议，因住美京，故得与秉文先生时相来往。其三，自予应聘来美执教（一九六二）以后，每偕佩玉赴华盛顿参加中美文化会议，必与秉文先生及其夫人夏瑜女士欢聚畅谈。

如上所述，予之初次得识秉文先生，乃在剑桥：时已半纪，事如昨日。盖当时情景心理，此刻犹历历在心目之中。乍闻东南大学郭校长即将来临，满意大学校长定有大学校长之一套神情与训话，不料在欢迎会中一见之下，即发现其活泼自然亲切诚恳，不啻光风霁月，令人轻松愉快。伊与哈佛大学及麻省理工学院中国同学随便分别攀谈，总是问及专修科目，研读情况，处处关心青年后辈之学业与前途，而其最难能可贵者，不用"教训"而取"鼓励"。犹忆伊得悉予姓名以后，坐下交谈不久，即脱口而出，夸奖予在翰墨林大学演说比赛获得第一，并代表该校对外比赛获奖。当时予即感谢其嘉勉之意，并谓此区区不足计道之经过先生缘何得知。秉文先生报以微笑，谓曾在中国留美学生英文季刊之中，见到予获奖演说文篇"海约翰"（倡门户开放政策之美国国务卿）。予甚钦佩其记忆力之强与鼓励心之重。在伊一句"口角春风"，在予则得此意外鼓励，长期受益。

此第一期之交谊，形似平淡而实属灿烂，虽时间短暂而性质永久。盖予对于秉文先生之风度与精神，已具有深刻之认识与由衷之钦敬。自一九二六年夏，绕游欧洲返国任教，十余年中虽时驰企慕，却未通音问。直至一九四四年八月至一九四五年十一月，计一年又三月之中，始得久别重逢，备承教益。

一九四四年八月予与张子缨兄奉派参加美英苏中"四强"举行之橡树园会议，由重庆搭乘美国军用飞机，每遇大站，必须停留换机或住宿一晚，计经过印度、非洲、南美，而后抵达美京华盛顿。行装甫卸，除因公必须尽早进谒者，如孔庸之先生（因陈布雷先生嘱带文件，叮嘱面呈）魏

音容宛在

道明先生（时任驻美大使）及顾维钧先生（此次吾方代表团团长）而外，其首先拜访请益者，则为秉文先生。犹忆此次访谒，乃由李芭均兄亲自开车带领。多年阔别一朝重聚，欢欣可知。按此次橡树园会议乃所以通过联合国宪章之草案。吾方代表团团员共约二十人；其中由重庆飞美参加者，只予及子缨；其余大抵均系本在美国，另有两三位则由英国飞来。会议完竣，子缨兄先行飞返重庆。予则临时接获国防最高委员会王秘书长亮畴先生电，嘱留在美京继续研究战后国际和平机构。职此之故，予与秉文先生晤谈之机会更多，时间更长。

秉文先生对于橡树园会议之内幕以及国内当时各种"政治行情"，绝不提询一句。某晚，在伊公寓中闲谈，座无别客，伊忽顺便对予嘉许，其大旨如下。"逖生，你本来不在外交部任职，而此次却奉派参加一项极重要外交性质之国际会议，且今又继续留在美国研究，此非容易。想必你对此素有心得"。予当即以实况奉告：两年多前，蒋委员长曾下手谕，成立国际问题研究会，其宗旨在研讨吾国对于战后国际和平机构应采之立场及应有之方案；并以王秘书长亮畴先生为研究会主席，所派之研究委员计约二十人（包括外交部两位次长），子缨与予，均在其列，每两星期开会一次，在王秘书长官邸举行，自晨至午，按照预定节目分别详细讨论，并有秘书两位担任记录，予与子缨得奉派飞美参加，端在于是。秉文先生笑谓：当初固料想此中必有其所以然，今晚始知实情；无论如何，汝对此项问题之研讨必有相当成就。于此可见秉文先生关怀与鼓励之精神，前后一贯。

另一项经过，亦是秉文先生此种奖植精神之表现。兹不惮累赘，略加叙述。是年十二月中旬太平洋学会在马利兰邦之银泉（Silver Spring）举行。吾国代表团团长为蒋梦麟先生，予亦为团员之一，曾用英文撰写"免于恐惧之自由"一文陈述国际和平机构应当采取之原则与方案，由中国分会印成专册，作为太平洋学会是届大会论文之一。予此次参加，身经目击，始知学会之主持人若干位确系左倾左袒。美国外交政策委员会乘此会议，先期约定若干代表主讲，于十二月廿七日中午，在纽约之华尔道夫大旅馆之餐厅中，举行一项聚餐讨论会，其题目为战后日本之处置（What Future for Japan？）。是日参加者约有千余人。主席为美国外交政策会社之会长麦考（Frank McCoy），约定之主讲人三位，依次为英国之麦克樊掌（Sir Andrew Mcfadyean，英国参加太平洋学会大会代表团团长，英国皇家国际关系协会理事）、奥地利亚之培娄（Prof.K.H.Bailey，墨尔钵大学教授）及笔者本人（时任国防最高委员会参事）。予之演说主旨，在处置战败之日本，宜本中国传统文化之儒家哲学，采取宽容恕道，并特别提出天皇职位，宜予保留，整个目的应为建立持久和平之基础。每一主讲人陈述以后，由参加者提出询问，再由主讲人分别答复。此项聚餐讨论会，予之美籍教授华尔考德（G.D.Walcott，曾到清华学校教授西洋历史，予在翰墨林大学时曾选读其所授哲学两门）及其夫人，曾往参加，事后并对予所作论点，加以首肯，会毕回到华盛顿，遇见秉文先生时，伊即伸手致贺，谓予在华尔道夫之讲词甚为成功。予讶以从何得知。伊谓大会情形及予之立论要点，早在报端披露。是则秉文先生对于时事之注意，对于友好之关切，可见一斑。

翌年春季，予随吾国代表团前往旧金山，参加产生联合国宪章之国际会议（世称金山会议）故与秉文先生小别数月。会毕返抵美京，迄十一月随亮畴先生搭机飞返重庆止，则又不时访谒秉文先生畅谈，引以为乐。总而言之，此第二期之接触友谊，最为密切。从此以后，则不论在大陆或在台湾，每逢新年佳节，必互寄贺卡藉通消息。在予飞返国内之时，秉文先生早已担任联合国善后救济总署（UNRRA）之副署长。返国之后，予奉政府命令，担任吾国善后救济总署（英文简称CNRRA）副署长，协助署长蒋廷黻兄。无意之中,同任第二次世界大战以后国际国内均属首屈一指之重要工作,私觉欣慰。

一九五八年予接读秉文先生一信,嘱为所属兄弟会社五十周年纪念专册撰稿。当即于公务栗六之中,勉强应命,追叙本人参加经过,并就几项真实经验,略抒感想。因念此一兄弟会社,其最早发轫乃在一九〇七年,时秉文先生留学美国,同王正廷先生创办。按中国留美青年先后组织此种会社约有三四个。外界对之因不甚明了内情,往往发生误会。实则此类会社,论性质等于金兰结义,言宗旨均属正大光明。盖形式上虽模仿美国大学中同类会社,实质上则自有中国文化之优美传统;即以立身处世之道,各自准绳,切磋互助精神,相互勖勉,并期大家学以致用,为社会国家,多所尽力。在上述五十年史略小册中,秉文先生曾撰短篇,将友好同仁在各界努力服务而有显著成绩者分类列居。秉文先生对此友团,高瞻远瞩于先,热心维持于后,综其生平,贡献特大;此殆为会社同仁之所公认。

一九五八年秋,联合国文教科学组织在其巴黎新落成之大厦总部,举行大会,予担任代表团团长,对于苏联领导之共产集团国家企图打击吾方之代表权问题,唇枪舌剑奋战一番。会后飞美一行。时予任"教育部政务次长",故愿与在美各地学人略事联系。经华盛顿时,首即访谒秉文先生。美京景象一切如旧,而世局沧桑,不堪回首。相见之下彼此不禁慨然。予对秉文先生多年来为"教育部"指导吾国留美学生表示感谢。伊则对予在台曾经一连串担任四任省主席之秘书长,认为难能。

一九六二年夏,予应美国辉德纳基金会(The John Hay Whitney Foundation)及国务院之邀聘,来美担任交换教授。第一学期系在印第安纳邦之汉诺佛(Hanover)大学,第二学期则在康乃迭克邦之桥港大学(University of Bridgeport)。是以一九六三年一月中旬,由次男大邦驱车送抵东岸。时廷黻兄任驻美大使，先期承其夫妇邀予偕佩玉及大邦到其双橡园官邸小住数日。是为予与佩玉每到美京必向秉文先生夫妇致敬欢谈之开始，亦即第三期交谊之开始。

秉文先生自一九二六年起即致力于中美文化之交流，华美协进社即其在此时创办与主持。其后，每年五月初旬，在马利兰大学，由华美协进社领导主持之中美文化关系圆桌会议，到者辄数百人。每年有专题，每届请若干中美学者主讲再加讨论。其间擘划经营，努力推进者，自为程稚秋学长，但其原始之号召力量，当归功于秉文先生。自一九六三年起，分次圆桌会议予必偕佩玉参加，而到达美京亦即开会前夕，秉文先生夫妇总假北宫中国馆请客。

关于予之在美继续执教一节，何淬廉兄与萧公权兄最为关切。在于心理上之疑难，曾向秉文先生当面请教。予之来美讲授中国及远东之文化、历史、政治课程，乃是"交换"教授身份。依照美国法律，凡以"交换"身份来美任职或读书者，一俟其"交换"期满必须离美，且必须离美两年以后，方得再行入境。予偕佩玉来美时原定一年后即返台北，故曾预购环球旅游之来回飞机票。但抵美以后，一则因诸儿女婿媳之恳切希望，颐吾俩多住相当时间，俾容易团聚；再则因桥港大学坚决挽留，礼聘为"卓越教授"（Distinguished Professor），并由大学方面由文理学院院长迈尔斯博士（Dr. Leland Miles）向美国政府申请所谓"豁免"（Waiver），即不受离美两年方得再来法律规定之拘束。申请豁免，绝非容易，但桥港大学为予申请，只在三十天内，即得确讯，已由豁免委员会通过，解决之迅速殊出意外。

然而予对继续留美任教一节，总怀疑难，倒不是忧谗畏讥，惧人责难，而是有违初衷，于心不安。某次，在秉文先生寓所中，将此项心理上之困惑坦白向伊陈述。伊沉思更久，以轻松而诚挚之语句答解如下：申请

音容宛在

豁免乃亦法律之所规定，就吾所知，绝难邀准。汝之迅速顺利得此豁免，固在桥港大学之恳切申请，要亦在汝之资历声望；汝对教育与政治，已作多项努力，今兹在中美文化交流合作益有需要之际，继续任教，直接发扬中国文化，计亦良得；困惑不安，似无必要。予静听此项慰勉之余，心头似释重负。实则秉文先生此种慰勉，盖亦一本其对于友好后辈所具之关怀鼓励精神。

一九六七年五月五日又值中美文化圆桌会议之期。予因授课时间关系，于四日晚间始抵马利兰大学附近之旅舍。翌晨开会，则秉文先生之欢迎词乃由崔存璘兄代为宣读。询问之余，始知前者出外旅游，故身体健康稍逊。是日午后会议即将结束，予偕佩玉乘坐曾宪镕兄之汽车，专诚往谒。欢谈约一小时。秉文先生当时面色甚好，惟行动言语究不如往年之轻松开朗。临行之际，秉文先生坚持偕其夫人夏瑜女士乘坐电梯亲送至公寓门外，依依话别，初不料此一话别竟成永诀。盖此项圆桌会议事实上适成为最后一次。惟一九六八年夏吾俩往台访问亲友仍寄航卡报告行踪。

秉文先生生平一无嗜好：不着围棋，不打麻将，不玩桥牌。与人交接总是娓娓而谈侧耳而听，使人乐与之游，久而不倦。当初予对伊之敬爱逾悟，殆知其然而不知其所以然。此次执笔略抒回忆，细加思索，始能倾悟其伟大人格，亦即其在交友之中充分表示关怀鼓励与谦虚诚挚之精神。因念长辈与同侪之中，其有不知不觉骄傲自尊，或则默然无语，一若拒人于千里之外，或则独开话匣，滔滔不绝，好像不让别人开口，或则动辄月旦人物，放论时事，或则一味恭维，流于做作——类似此者正不乏其人。秉文先生则心有他人而无小我，性本仁厚，而又谦虚，故能使交游者感觉如饮醇醪，如坐春风。秉文先生此种卓越风范与伟大人格，实在永值钦敬。

王宠惠
(1881—1958)

字亮畴,广东东莞人,近现代中国法学的奠基者之一;民国时期著名法学家、政治家、外交家,著有《宪法评议》《宪法刍言》《比较宪法》等。他是第一个将《德国民法典》翻译成英文的人,其译本一直到20世纪70年代都被公认为最好的英译本,在很多美国大学被当作教科书。曾参与起草《联合国宪章》,被聘为国立复旦大学法学院教授,曾任国民政府外交部长、代总理、国务总理。

驰名世界之法学家王宠惠博士

推崇王亮畴(宠惠)博士为驰名世界法学权威之一,实非过誉。此其所以然者,因素殊多。其一,早在一九〇七年(时为前清光绪三十三年,亦即为民国纪元前五年),亮畴先生年方二十有七,其所著英译"德国民法"一书,曾由英国伦敦著名之斯蒂芬斯书店予以出版。问世之后,立即博得称赞,风行一时,卒成为英美各大学法律学院所指定之参考必读课本。此盖奠定王氏国际上之法学声誉之坚固基础。其二,伊曾当选为海牙国际法庭法官。此一职位,非法学精深,经验丰富而资历崇高者,莫由当选充任。在职期间虽短(自一九三〇至一九三五年),屡曾参加重要判案,其法学见解与贡献,得到同侪法官(共有九位)之尊重。(在当选之八年以前,亦即在一九二二年二月,王氏即曾被举为海牙国际法庭之候补法官。)其三,亮畴先生对于吾民国各项法典,自其民元发表宪法刍议起关于训政时期约法,现行宪法,以及现行民刑法之立法原则,直接间接,原则条文,贡献甚多。其四,王氏屡任外交部长(民国元年之首任外交部

音容宛在

长即系王氏），司法总长，司法院长，国防最高委员会秘书长，及代理行政院院长等职，身居显要数十载之久。此种不可多得之纪录，益使其法学与高位，彼此相得益彰。

笔者兹愿就所知，写此短文，将亮畴先生之英译"德国民法"一书，扼要介绍。计愚与此书之亲切接触，先后共有三次。

回忆五十七年前，予在哈佛大学进修研究，选读名教授威尔逊（Prof. G.G.Wilson）之国际法一门课程，每两周需要撰缴一篇假设之判决词。此盖就所指定之某项假设国际私法争端一项——每项假定之争端，各有其正反两方面之立论理由与实际判例——撰写一篇判决词，包括下列三段：（一）结论（即判决，只须寥寥数行）；（二）事由（即争端所在）；以及（三）理由（即判决之所依据，此则甚占篇幅，尤其必须引用实际判例）。威尔逊教授对于班上研究生如何着手寻找理论与判例之材料，总是绝对只字不提，并曾含笑说明，"我是推人下水，让你们自己学习游泳，浮沉不管！"因为国际私法（所谓private international law），有别于国际公法（public international law），必然涉及各国不同之民法商法等等。因此之故，予在选读此门课程一年之中，屡曾仔细翻阅王氏之英译"德国民法"，是为第一次接触。

第二次再翻阅王译，乃在廿一年以后，亦即在一九四四年秋至一九四五年春。一九四四年八月，笔者由重庆乘坐美国军用飞机，前往美国，参加橡树园会议，亦即拟订战后国际安全机构之宪章草案。会议之后，旋又奉命留居美京，继续研究，遂有需要与机会，在国会图书馆中再度与此译著晤面。

最近因老友郑彦棻兄再三雅嘱，欲予撰写一篇关于王亮老之法学文章，思维良久，决定将亮老早年所用英文翻译之"德国民法"一书，扼要加以介绍。但此则必需重阅译本。但先后在住市及邻市三处公立图书馆中，遍觅不可得，几经探询，已临失望而放弃之边缘，始知洛杉矶市加利福尼亚州立"法律图书馆"（全美国最大最有名的"法律图书馆"之一）有此译本，遂亲往就地阅读竟日，是为第三次接触，虽似旧友重逢，却深今昔之感。

语有之"踏破铁鞋无觅处，得来全不费工夫"。此次前往加州州立法律图书馆借阅王译，同时却有意外收获！此即看到相同时期出版之另一译本，得资比较。回忆抗战期间在重庆时，亮老屡曾语我：另有一位美国学者从事英译德国民法，较伊早两年着手，所幸各国法学杂志之书评，皆谓王译较优。不意此次竟然发现此另一译本。此位美籍学者曾在德国攻读法律而得到法学博士，其姓名为鲁韦（Dr. Walter Lowey）。确在王亮畴先生着手翻译前两年，鲁韦先生早已动笔，此时伊正在执行律师职务。由于其波士顿律师事务所忽然遭遇火灾，文稿大部分损毁，故必另行补充，结果则反在王译刊行后两年始能出版。王译书名，称为"德国民法"（*The German Civil Code*），由伦敦斯蒂芬斯有限公司（Stephons and Sons, Limited, 119&120 Chancery Lane, London）于一九〇七年出版。鲁译则称作"德意志帝国之民法"（*The Civil Code of the German Empire*），由美国波士顿书店于一九〇九年刊行。

王译本扉页所载书名下面，附有下列说明："由民法学博士王宠惠翻译及批注，附载历史背景介绍一篇，以及若干附录"。（Translated & Annotated, with an Historical Introduction & Appenduction & Appendices, by Chung Hui Wong, D.C.L.）译者并在首页郑重标志："兹获惠允，谨将此项译著献致于耶鲁大学之法律学院，聊表尊敬与钦崇。"（This work is by permission dedicated as a token of repect and esteem to the Law School of Yale University.），王氏盖在耶鲁大学法律学院获得博士学位，其着手翻译，则在获得博士之后不久。

译者自作之序文仅占两页，简短而精彩。王氏首先指陈：此部德国民法曾经许多法学专家量度情势，斟酌需要，调和歧异，精心研讨，与仔细准备，计达二十二年之久，始完成草案，而由德国联邦之国会郑重讨论通过，卒由德皇威廉二世于一八九六年八月十八日颁布，并指定自一九〇〇年一月一日开始实行。译者继又指出，就其个人所见所知，此部德国民法，当时已有法文译本四种，西班牙文及意大利文译本各一种，另又有日文译本两种，并谓此外或尚有其他语文译本，亦未可知。王氏认为"法律之研究不只是一种职业，而且是名符其实的一种科学"。伊又表示"希望不久以后，另外译成中文"。料想王氏自归国从政以后不复有暇；而国内研究比较民法之兴趣亦不浓厚，故德国民法似无中文译本。

至于"历史背景介绍一篇"计有九页，罗举事实，画龙点睛，极属重要而具价值。全文所强调之要旨，有如下述。德意志远在联邦成立以前，大体本分六个区域，其历史递嬗，风俗习惯，成文法令，均互不相同。虽到后来，接受罗马法之影响，若干部分渐趋接近，但歧异差距仍多而深。迨由"邦联"而进入"联邦"制度以后，民法固有统一之需要，却仍包含统一之困难。民法乃是包括有关家族，土地，婚姻，继承，以及各项权利与义务，各种职务与责任之种切法规，欲求其能适合新统一之德国各邦民情，而方便切实执行，势必需要调和妥协，同时各项规定之所用词句，又必须明白确切。王氏介绍德国民法历史背景，能深入浅出举例说明，十足表示其学问渊博与观察准确。

吾人如舍却译者序文与背景介绍两篇之内容，而专言其文字，亦即专言其英文写作，则不难发现一项结论：句斟字酌，意义明显，气韵平衡，流利自然。易词言之，每句每段，不特毫无洋人执笔之牵强痕迹，而且具有能文老手之高雅风格。此盖天资聪明，加以发奋困学，有以使然。亮老英文程度之精深卓越，亦可于其所译 *China's Destiny*（蒋先"总统"所著"中国之命运")一书中见之。刻又忆及一九五六年十一月，"总统"曾嘱张秘书长岳公转达，请亮老将中华民国宪法，就当时英文年鉴中原稿，澈底加以润色。亮老嘱予前往协助，于是逐条逐款，一字一词，慎重推敲，恢复当年在渝帮忙翻译"中国之命运"情状。十一月廿一日予之日记中，载此一段："今晨发现第四十九条译文，尚有疏忽，应当改进。盖第三十条本有规定，故第四十九条关于国民大会临时会议之召集，其英译宜如下列：'……, and in accordance with Article Thirty of this Constitution, an extraordinary sesssion of the National Assembly shall be convoked for the election……'亮公对此修改，完全同意，并赞许笔者之仔细。"十一月廿三日日记则云，"今日将英译宪法打字修正稿四份，面呈王院长，伊决定将两份送'总统府'，一份自己留存一份由予带回。"

笔者此次翻阅王鲁两译本，又曾选择约五十项条文彼此对照比较，则知王氏之英译确较高明。此因王译文字更属简洁而更为正式，合于法律条款之体裁，而在选字措词，更为确切明白，不容曲解误会。是则书评之所以分别抑扬，王译之所以被选为参考必读课本，自非出于偶然。

不佞对于宪法与国际公法略有研究，对于民刑商等法规，则完全是门外汉。惟对于一般法律之哲学（即其起原，根据，性质，演化，作用等等）则因其属于政治思想之一部分，故亦略窥门径。回忆追随亮老多年，有时不免谈及有关法律哲学之一鳞半爪。下列各项愚见，曾向亮老指陈请教，颇蒙首肯。（一）吾国人士往往提到天理，国法，人情。此中要旨厥在谓法规条文当上合天理（理想中之是非善恶），下适人情（当时当地，民间流行，之所好所恶）。但所谓天理与人情并非永久固定，实随时代环境而有变迁。（二）西方近代揭橥"人权"。吾国自古迄今重视"民心"——此指民之所好好之，民之所恶恶之。实则"人权"与"民心"表里合一。人权之内涵亦随时代环境而有伸缩。（三）宪法固然是"长成"

音容宛在

而不能突然"造成";此盖指长期而言。若就短期论之,尤其在宪法实施之初,在上者之真心,诚意,远见与作风,大有助于"造"宪。例如华盛顿连任一次即不再竞选,实即"造成"此后总统任期不得超过八年之不成文宪法。(其后,只因小罗斯福三度当选故有宪法修正案之限制。)
(四)愚对一般政治与历史,抱持"五因素观点":即每一项目,每一问题包含人物,观念,制度,势力与现象五项基本因素;不实唯是,观念可化成制度,亦可化成势力,而左右局面;五因素彼此之间,彼此永久在发生相互影响,或合作,或抵消。亮老对予上述数项意见颇加赞许。拉杂记此,聊志雪泥鸿爪。

亮畴先生,广东东莞人,少时曾在香港皇仁书院读书;旋往北洋大学法科求学,继往日本研究法政。在日本时曾任国民报之英文部撰述,宣传革命要旨。其后,王氏又转往美国深造;一九〇四年得耶鲁大学法学博士。民国前七年亦即一九〇五年国父孙中山先生在纽约发表对外宣言,题为"革命潮",亦即另名"中国问题之真解决",此篇文章即出自王氏之手。旋王氏又往英、法、德三国,继续研究法学,并将其英译德国民法一稿付印。由于声名鹊起,王氏被选为德都柏林比较法学会之会员。辛亥革命成功,王氏首任民元之外交总长。综其一生,对于吾国先后约法宪法之草拟订定以及当初民法刑法之立法原则,贡献甚多。曾闻友好提及王氏对于当初吾国订定离婚法规,力求融会贯通中外新旧之信仰与习俗,见誉为其精心杰作。笔者希望国内法学专家根据会议记录,搜集有关资料,分析归纳,写一专文,以叙述亮畴先生对于吾国宪法及民刑法之贡献。果尔,则不佞此文,抛砖引玉,自将快慰异常。

驰名世界之法学家王宠惠博士

王宠惠（中）

典型元老学人王宠惠

回忆六十年前（亦即一九二一年）春季，笔者正在北京西直门外清华学校读书（不久即将毕业赴美留学），曾于周末，与六七位级友前往西山所称"八大处"名胜区，作竟日游览。无意之间，吾侪突然在一处悬崖石壁与傍溪石坡之上，看到镌刻着好几位当时名人所题之词句。其中最合予瞻视良久而深加欣赏者，厥为久已闻名，素所钦仰之民元首任外交总长王宠惠（亮畴）先生所题字迹，书法秀劲，色泽鲜明：绿色题词，黑色落款，红色印章，迄今追溯，当时之山溪风景与仰慕心情犹复出现目前而萦绕胸次。

追随领教一十八年

笔者与此位慕名已久之王亮畴先生初次见面，乃于上述情节发生十有九载之后（亦即于一九三九年初夏）在战时陪都四川重庆之"重庆新村"防空洞中。为予介绍者乃是清华级友吴峙之兄。王氏时任外交部长，身穿深褐色香云纱短衫长裤，面容慈祥，谈笑轻松，显然平易随和，毫无官僚气派。身傍一位年轻看护，携有饮料点心，随时照顾服侍。据峙之嫂夫人（黄）卓群语我，王夫人尚未到渝。此一防空洞，设备较好，系供重庆新村各住户使用。是日适值星期天，予恰往峙之寓所盘桓，遇有警报故亦入洞。（其时峙之与予同在国防最高委员会服务。）嗣后，予又曾在重庆新村防空洞中及嘉陵江对岸汪山道上，遇见亮畴先生几次。不久，吾师周校长（清华学校）寄梅（诒春）先生，由筑来渝相见，欲访其至友王氏（后知王氏与朱学勤女士续弦结婚，乃周师介绍玉成），顺便带予进谒。坐谈良久，周师无意中口角春风，提赞不佞之品性与学识。由于谈到当时国际局势，予亦略表意见。（时周校长任贵州财政厅长，前在南京系实业部次长，胜利后先后出长农林与卫生两部。）

一九四一年四月，国防最高委员会秘书长张群岳公调任四川省政府主席；所遗职位，中央决定由外交部长王亮畴先生继续，未到任时，先由副秘书长陈布雷先生代理。王氏因等候新部长郭泰祺到任。故迟至七月一日始到国防最高委员会就职。王秘书长遂成为予之顶头上司。由此时起，先后由重庆而南京、由南京而台北，彼此职务虽各更动，而余得追随服务，或侍陪领教之机会，则继续不断，为时计共十有八载之久（一九四一至一九五八年）。

此亲炙教益之十有八载，约略可分或长或短之四段期间。兹愿不惮繁琐，加以指陈者，只是表示：亮公与予，不只是一般上司与下属之关系，而是彼此之间，相知甚切，交情甚深；予尊伊如师，伊待我如友。亮公不特是予之上司，而确是亦师亦友。所谓四段期间盖指在渝、在美、在京与在台。

渝京美国台北交游

其一，在重庆追随服务，约有六年（一九四一至一九四六）。其中半年，却系同在美国。予在国防委员会担任参事，计约七年。（前后参事同仁，有（黄）少谷、（邱）大年、（徐）道邻、（邓）汉祥、（郑）振文、（朱）紫阳、（沈）宗濂、（王）化成、（吴）景超、（吴）文藻、（张）梁任、（章）力生、（翟）毅夫与（徐）元奉。）照一般通例，任何部会之参事，虽论资历职位，只在次长以下，但照例都是闲职，盖除特别项目审查或研究外，并无日常例行公事。但王秘书长经常得到蒋委员长之密谕手令，研拟方案，或整理要件，而伊依照一向习惯（后来闻诸曾任其下属之友好），喜欢专嘱一位拟办，予遂忙碌异常。协助英译"中国之命运"时，曾住王府五十天，每天自晨至暮相对工作。

其二，同在美国，追随出席金山会议（产生联合国之会议），同住马格霍布金斯大旅馆将及三月，每天晨夕相见，时共进餐；每开小组审查会，必相伴参加。遇有应酬，往往随车往返。在金山会议前后，伊住华府双橡园魏道明大使官邸，离予所租之教殿街寓所，相距极近，步行可到，魏大使及夫人嘱予每日前往奉陪。（予固早在一九四四年八月即偕张子缨（忠绂）兄飞美参加橡树园会议，故予个人在美一年有余，与亮公同时在美，则约六个月。）一九四五年九月二日，予随同王秘书长乘坐美国军用飞机回抵重庆。十月中旬，予转任善后救济总署副署长，但仍不时访谒亮公。予妻佩玉飞渝小住，曾数度偕往王府访谒，每次均蒙亮公及王夫人盛情招待。

其三，胜利还都，就予而言恰在一九四六年五月之初，正好及时参加首都各界举行之庆祝大会以及中央之还都典礼。亮公暨夫人则稍后始由重庆乘舰至南京，曾偕佩玉到下关码头，迎接者亲友甚多。先于某菜馆简单公宴后大家欢送，前往北平路五十八号王公馆。（离予颐和园五号寓所不远）亮公回京，渐次结束国防最高委员会，而担任司法院长。笔者仍任善后救济总署职务。不久总署改组，予就中央大学教职，适逢张群院长组阁，遵命就任副秘书长。在此还都期间，予偕佩玉时常访谒王府。过从之密，不减曩在重庆。

其四，同在台北，此则为期较长。予于一九四八年七月飞抵台北，任台湾省政府秘书长，时主席为魏伯聪（道明）先生。王院长亮公则于一九五〇年由港来台。余曾先期电请下榻南京西路十二号予之寓所，亦即省府官邸，由此晨夕相见，多所领教。王夫人于翌年四月始到台北。五月廿七日亮公与夫人迁至连云街一号，不久，移住新生南路。在亮公居住省府官邸十五阅月之中，予更多得亲领教益之机会至为欣幸。

王宠惠（中）等人便装留影

音容宛在

博学达识修持有方

本篇所欲叙述者，不是有关王氏之为法学家、为政治家、为高官、为元老，而乃有关其所以能精于学识，久于高位，功在国家，而且足以永垂典范之缘故，亦即在其为学、处世、治事之基本道理。易词言之，本篇所欲述者不是王氏对于国家之贡献，而只是王氏之为人，特别是王氏之修养。廿二年前，予尝谓王氏之"所以伟大，不在其有惊世骇俗之奇言特行，而正在其表面上言行似极平凡而实质上修养极端卓越"。此项观点，迄今未改：一则基于长期亲炙，再则经过深思领会。王氏之修养——任何人之有无修养以及修养程度——盖由其性情、习惯、思想、信仰、志气、作风、言词、嗜好与生活方式各项中表现出来。笔者深信：人有修养，则知所选择（例如秉公祛私），而能善自控制（例如绝不任情恣肆，此即所谓"克己"功夫）。亮畴先生由于精深修养，而具有之性情、习惯——此即混合先天与后天之两种因素——以之与当时当地之社会，环境适应，即构成其为人、处世、治事之原则与作风。

以言王氏之为人，亦即所称品性或人格，殆可以下列十项加以形容：此即有志、有识；胆大、心细；真诚、正直；和蔼、谦虚；以及谨慎、勤奋。上指十项乃是中外古今公认之美德。

综观王氏一生之经历，吾人当可推断其所持志向，厥在求学致用，入党从政，努力职务，公忠报国。老实说，就其性习而论，王氏自非热衷名利，干求权位之辈，其所以能早即出人头地，并长久显赫者，当然与家庭及社会环境有密切关系；因此，以其具有学识、才能、品德之故，先则受知于国父孙中山先生，继则见重于北方政府此起彼落之当局，后则为蒋先总统长期尊敬信任。

少年英发出人头地

亮畴先生原籍广东东莞，一八八一年生于香港。少时就皇仁书院读书；在北洋大学法科毕业后，先往日本深造，旋赴美国，得耶鲁大学民法学博士，再转英法德首都作比较研究。其英译"德国民法"一书于一九〇七年在伦敦出版，声誉鹊起，不久成为英、美法律学院之标准参考课本。伊本异常聪慧而又特别用功。例如（掾伊亲自语我）读习拉丁文，氏黎明即起，独往校园静僻之处，将一字之各种变化，高声反复朗诵，必使达到熟记倒背始已。又例如晚年在渝将数十载中所发表之文篇，选刊一册，犹题名为"困学斋文存"。以天资聪慧而犹困学，可见王氏读书治学之成功，不是侥幸而是由于有志与勤奋。王氏不特法学精深，其撰写英文之高明优雅亦罕与伦比。不佞初以为伊只长于英文，及读其民初亲撰之宪法平议一文，则竟是完全古文笔法，佩服无已。

三字经初段有此两句："性相近，习相远。"古语有云："少成若天性，习惯成自然。"王氏修养所以臻于炉火纯青，而能从心所欲不逾规矩，盖在已将其性情与习惯打成一片。兹以其真诚、和蔼、谦虚与谨慎诸项言之，并约略举例。所举之例，类多琐碎，其实往往即小见大。昔人谓下围棋或者象棋，今人谓打麻将或玩扑克，最可流露一人度量之宽狭，脾气之好坏，考虑之精粗，真是名言至理。

论回忆录与赴约会

先言其谨慎。无论家居或外出，无论对亲戚或友朋，无论人多或人少，无论对侪辈或后进，亮公从未月旦人物，绝不评论时事。此固仅仅限于笔者一己之亲自在场，但料想根据其修养所成之习性，时时处处必皆如此，在渝在台，予曾屡次婉劝亮公撰写自传，谓其必有宝贵材料与秘异节目，自可流传永久，启发史家与学者尤其是政治人物之思考。亮公每每微笑不语。迨最后一次，闻其轻松而切实之回答，予即恍然帖服，不复再提。伊云，问题关键就在于此；如欲求有价值，自当信笔记载，直言无隐而巨细不遗，即使我一字不加案语褒贬，其中自必包含人之善恶贤奸，事之是非功罪；何况一己所写之事实，既可令人怀疑，更足引发争论。此种卓越见解，盖实基于宅心谨慎，而亦本于吾国儒家之传统文化。兹再举一例，可以即小见大：在金山会议期间，亮公每次坐车外出（或开会、或应酬），总有二三人随往。伊必超前五分或十分钟启程。某次，随行者一有云：为时尚早，曷不稍待。亮公乃谓吾人坐车，机件或发生故障，路途或车辆拥塞，早些启程，则甚或另换一车，尚可及时到达。闻者均心服其细心谨慎。但谨慎与胆大及正直，并不完全冲突。亮公追随国父从事革命，非不胆大！亮公南避，在沪任中华书局编辑，袁项城嘱安德森（外籍）劝返北京，许以高位，曾当面加以斥责，此即公正。

复次，请述其谦虚。王秘书长在国防最高委员会办公室中，案桌旁边，置一座椅，下属进去，必嘱坐下。予每次面呈所拟之文件（不论其为中文或英文），如有一字、一词、一句之更改，伊必先用商量口气：如此改动，如何？（或）如此调换……你说呢？继则必将文卷移置我面前，嘱即亲自用笔删改。也许（依照一位友好猜想）因为我是教授出身，学者从政，所以特别客气，但予相信，亮公对于其他当面呈稿请批之下属（此专指非教授出身者言），大概也是如此。（平常送批之例行公事料想自必亲加改动，毋须当面商酌。）此种谦虚态度，宦场中当属罕见。予有一清华同学，也曾长期担任大学教授，颇负声誉，抗战时期在经济部任高级幕僚，某次将所拟文件面送，竟为翁部长文灏咏霓阅后掷于地下。（此系确实事情，另有一位高级幕僚当场目睹。）修养作风，两相比较，相去不啻天壤。更有进者，有时偶或向王秘书长商量处理某一案件基本原则之际，发生异见，虽不到面红耳赤程度，而争持殊久，在予固据理力争，在伊更显示雅度，绝不引以为忤。至于留住王府五十天协助翻译"中国之命运"一书，亮公对予之虚怀若谷，迄今不忘。总之，亮公无骄矜之气，无官僚作风，实足垂范！办公尚且如此，家居外出，更可想见。

　　亮公之和蔼，要细味更深体会，可谓似水之清淡，如山之永恒。不知者甚或认为王氏为人，不易接近，实则随和平易。伊固自己不会，也不喜人家，花言巧语，矫揉造作。然而人情味极其浓厚，对于故旧亦多情谊，例如孙丹林先生（在王氏组阁时任内政部长）曾于抗战重庆，只身寄住王府一段时间，暇常对弈象棋，予亦参加数次。此种不忘故旧之情谊自属和蔼成性之表示。犹忆予在重庆郊外中央医院医治伤寒症时，亮公暨夫人曾亲来探视。上司对下属之关爱如此，殊属难能而可贵。又忆王氏随蒋委员长赴印度访问归渝，赠予银色手表（大抵因伊行前——予不知其将前往印度——曾为其赶写若干项历史性之参考材料），并嘱不必告知参事室其他同仁，因只带一只，不克遍赠。此则和蔼而又细心。亮公与夫人对于佩玉以及吾俩子女大昌、丽琳、大邦及大祥，亦极善待；内侄女（陆）丽华与（田）长烨结褵时，亮老应佩玉之邀请欣然前往证婚并致训词。再如予离开台湾省政府后，曾应林鹤年先生之邀，往其台中雾峰乡家中小住，亮公来信（见照相付印）亦嘱代为问候居停主人夫妇，十足证明其为人之和蔼可亲。此信原文如下：

　　　　逖生吾兄大鉴：接读惠书，欣悉贤伉俪安抵雾峰，至以为慰。日来一切布置谅已就绪。纪念品两件承代保藏，至感。此间近日多雨，气候转凉，颇觉适人。惟自兄等离台北，顿感寂寥为怅耳。匆匆布覆，敬颂俪绥。

音容宛在

  弟王宠惠拜启。十、十一。内子附侯各友好暨林鹤年先生、夫人祈代致意。

  （亮公墨宝，今已不可多得。兹将原信，照相付印，亦可略见其秀逸书法。）综述一句，予十八载追随服务与陪侍领教之中，从未闻见王氏之疾言厉色，生气发怒。

王宠惠手迹

三九牌香烟的故事

　　至于亮公之真诚，亦属可爱而伟大。所谓真诚，就是真心诚意而无虚伪做作。孟子有云，"大人者，不失其赤子之心者也。"赤子之心，即最真诚。请略举数例。王秘书长就任约一年，国防最高委员秘书厅全体同仁集合宴聚，诸位参事陪坐首桌。予知其酒量极大，不敢频频敬酒，一时兴到，建议猜拳，伊果含笑答应。从而"三星照""两相好""七七巧"彼此呼叫；傍座同仁，不免侧目以视，倾耳而听，一若大出意外。随而（王）化成兄等亦请参加，愈形热闹，尽欢而散。此虽琐事，实是流露天真。在助译"中国之命运"时，屡次发生空袭警报。随王氏全家，坐车避入附近银行之防空洞，亮公犹曾反复提出书中所引若干论语或诗经之词句，商酌如何译成英文。此盖王氏专心诚意译书有以使然。犹忆王夫人在傍不免时或微笑而摇头。

　　金山会议期间，华侨友好，有请亮公惠赐墨宝者。予因乘机面求。伊即挥毫写赠李白夜思一首："床前明月光，疑是地上霜。举头望明月，低头思故乡。"此亦暴露其忧国思乡之诚挚心情。所惜者，予由京飞渝以后，发现此幅散失。

　　予在另一文中曾记载亮公之真心诚意，言出必信。"亮公有时亦颇喜风趣'而诚意守信'。民国三十五年春胜利还都，亮公系偕夫人由重庆乘舰至南京。时予等已先返都乃相偕至下关码头相迎。时适午刻，先到某菜馆午膳，甫行坐定，亮公即莞尔微笑曰，饭前先举行一个小小典礼，并须有人写成记录。语次，自小箧中取出三九牌香烟一罐。递授传观，乃知罐盖贴有一纸，亮公曾亲书'俟胜利还都时开吸'，旁注年月日，汉口。此盖系抗战初期政府由汉口内迁重庆前夕之事。传观既毕，于全座欢笑声中举行开罐典礼，当场由谢冠生先生作记，并由在座者一一签名。"此情此景，今日在台北之王夫人定能记忆而证明。此亦一项真诚之表现。

亮公在台北，辄喜一周数晚，约集六七位亲友，玩些赌扑克。依照一贯定例，下注有限，为数甚小。盖目的不在赌博赢钱，而只求消遣娱乐。娱乐又果何在？乃在彼此比较技术之高低与手气之好歹。予于此道，亦觉饶有乐趣曾长期略缴"学费"，方始领悟诀窍。（谢）冠生与（马）寿华两兄，自己并不参加，却不时邀请亮公及伴侣前往便饭盘桓。此刻回忆予在纽约执教时期，常偕佩玉约同友好（沈）有乾与（周）湄云，（薛）光前与（童）传全，（刘）聪强与（徐）葆德几对兄嫂，周末从事方城手谈，其规约与目的正复与前相同。光前兄逢人即直言不讳，承认喜打麻将。予曾夸赞其真诚精神不亚于王亮公，彼此大笑。

处世治事三个特点

关于亮公之处世，就大者远者而言，大抵不外三点：为服务而非为权位，为成就而非为勋名，为邦国而非为个人，故能高瞻远瞩，淡泊宁静与功在国家。此皆与其修养性格具有密切联系。（一）因其有志有识，而且胆大心细，故能高瞻远瞩，忠党爱国。（二）因其持躬正直，却又谦虚和蔼，故能淡泊宁静，避免风波。（三）因其才学兼具，加以谨慎勤奋，故能功在国家，垂范后世。语有之，"富贵逼人来。"亮公贵而不富，可谓"贵显逼人来"。盖如前所述，一切高官要职，均系历任当局自愿选择任命，而非出于营谋干求。据亮公在渝屡次语予：伊之留在北方政府任职，系遵照国父之意旨，国父亲笔书信一封，尚在上海某银行之保险箱内。此殆所以袁项城阴谋帝制，潜称洪宪期间，亮公南往上海，就任中华书局英文部总编辑，而未参加南方革命阵营；后在南北对峙之紧张局面中，亮公曾就任海牙国际法庭法官；此系笔者个人之臆测。在北方政府时代，局面动荡，覆雨翻云，不啻朝夕变化，而个人恩怨，播弄是非，所谓宦海风波，无时无之。亮公每每自动辞职，当局则往往坚决慰留。其能长期避免卷入政争风波之中，自必有其缘故；此则全赖于其相互配合之修养美德！

关于亮公之治事，亦有三项原则与作风，令我折服而值得大家效法：即秉公认真，力求迅捷，以及保守机密。亮公曾戏谓：有人将天理国法人情之"人情"作私情解释，殊不知此处所谓人情乃一般大众之人情，亦即大家崇尚公正，所以应当"秉公"而非"徇私"，此语深入浅出，启发甚多。亮公是法学家，所以主张与实践"秉公"，自属天经地义。关于办事"认真"，可以其在渝主持国际问题讨论会一事为证。此一讨论会系蒋委员长密令组织，旨在研讨战后应有之国际安全机构，委员十人，以王秘书长为主委，其余有傅秉常、吴国桢、邵毓麟、张忠绂、王化成诸先生及笔者等。每两周约定晨间开会一次，以三小时为度，会后聚餐。先则议定各项专题，然后分别担任研究，再则定期先后报告，反复加以讨论，而且扼要写成纪录。凡此认真从事之步骤与情况，今日毓麟仁兄与（王）之珍学弟定必记忆犹新。（之珍当时兼任讨论会秘书，后曾出任外交部次长及驻外大使。讨论会记录则由另一兼任秘书陈君际滉担任。）

治公迅捷保守机密

力求迅捷，确是办公要诀。所谓案无留牍，亦即此意。亮公曾反复提及：如遇重要公事，无论提出解决方案或草拟一篇文稿，务必力求迅捷，争取时间；例如某甲能于一天之中拟提可给八十分成绩之方案或文稿，较诸某乙须两天始能提出成绩可得九十分者，其效率与贡献，要多好几倍（超过例举时间之一倍）。乍听之余，不以为意。嗣加思索，始恍然有悟。例如，发觉饥渴，能于十分钟内具有粗茶淡饭，总愈于数小时后得到玉液琼浆山珍海味。又例如身患急病，毋宁当天由一位次等大夫诊视下药，不必等待三天始能前往一位名医请教，盖病状可随时恶化。

保守机密，最难实践。亮公则习惯成性，巨细优为。犹忆一九四三年十一月前半月中，亮公曾嘱予搜集若干项目之历史扼要材料以及拟具各种不同方案，并力嘱保密，予初不知其用意何在。十八及十九两日亮公未曾来到办公室。二十日午忽接王夫人电话，嘱予前往。至则含笑低声相问，"秘书长究竟前往何处？浦参事，我想你必知道，务请见告。"予答以完全不知，伊似将信将疑，承告昨日离家，只云有事暂别数日，不必向人提起。予乃承认最近确曾代搜数据与草拟意见，但不知何用，前往何处更无从猜测。及十二月一日王秘书长随蒋委员长及夫人飞返重庆，当天即有电话，嘱予前往其官邸，单独对予密谈，详述参加开罗会议之详细情形，并嘱一切写成记录，俟伊审阅后再加整理，最后必须由予亲自誊录两份，一份将送呈委员长，一份由伊自己密存。又例如一九四四年八月在美国举行之橡树园会议，予之以专门委员名义，前往参加，实由亮公向蒋委员长推举，但事前未曾明白语我，及最后批定两位，始行见告。另一位张子缨（忠绂）兄，系王雪艇（世杰）先生推举。总而言之，亮公治事之三项作风——即秉公认真，力求迅捷，以及保守机密——实值效法。

服色饮食口袋日记

至于亮公之日常生活习惯或可略提一二。衣服常穿西装，非黑或褐，即属深灰，领带亦选文静朴素；所戴手表与纽扣必属银色。此殆英国绅士典型。平居饮茶而不尚咖啡，喜欢海鲜，兼及广东咸鱼与鱼生粥。在台北时，吴铁城与俞鸿钧两先生不时邀往进食鱼生粥，予与佩玉辄同奉陪享受。娱乐方面，除打扑克外，喜听西方古典音乐，包括钢琴、提琴、交响乐及名曲歌唱；对于国剧及昆曲，兴趣殊不浓厚。有时看电影以资消遣。予偕佩玉多次陪伴亮公及夫人前往西门町一带之电影院。看书亦是亮公习惯之一，对于所谓心灵学（西方现称超心理学——Parapsychology），家藏约百余册，极饶兴趣。伊在巴黎时，曾遇一位印度术士，嘱将所问项目，写在纸上，置于杯底，虽未取视，而竟能知道所问为何，并对所提两问，一一答复而相当准确。据亮公相告，此为其生平独一无二之超心理经验。

亮公久有使用"口袋日记"（殆古人所谓"袖珍"或"怀中"记事册）之习惯。一九四二年年初，见予所持者简陋，乃将其海外友好寄赠而多余之一册相赐，令我喜出望外。盖此系全球著名，由伦敦出版之真皮封面"口袋日记"（普通称为Leathersmith Diary），纸质细薄而坚，印刷装订精良，每日一页，前后均备通信住址电话号码等等空页多张，并装夹红色一条，便作移置标志。抗战末段几年，全由亮公供给。使用既已成习，自觉非此不可，每年必设法购置。美国所出者，册寸或大或小，每每一页划作两日之用，不够记载。上月予新购明年（一九八一）一册，价税竟达美金十元六角。

东方君子西方绅士

就笔者看来，典型元老与学人王亮畴先生乃是吾国传统"君子"、西方标准"绅士"，其事功成就，乃基于其配合调和之性情习惯，亦即基于其为人，且即基于先天，后天与环境之三大因素。就其为人而言，犹如一幅浅淡施色之山水画，虽着笔不多，而含蓄深广，尺幅千里，又好比一颗橄榄，愈加咀嚼，愈有滋味！

李石曾
(1881—1973)

又名李煜瀛，笔名真民、石僧，晚年自号扩武，河北高阳人。1906年加入同盟会，后参加辛亥革命，为国民党四大元老之一。故宫博物院创建人之一。早年曾发起和组织赴法勤工俭学运动，创办中法大学。曾连任国民党中央监察委员，后改任中央评议委员。历任北京大学教授、北平研究院院长等职。1949年赴瑞士，1956年定居台北，1973年病逝。

为李石曾老前辈办理琐事

予之认识李石曾先生，要因王亮老及魏伯聪（道明）先生之关系。几次宴席间相遇后，自然彼此认识。予对其风度朴实，言词恳切，印象殊深。闻伊之习惯，中夜起来看书、写信、构思、撰文。嗣曾亲问其所以然。伊谓夜深人静，尽可长时专心致志，不受任何干扰，继称此亦习惯养成，并非先有计划别开生面。石曾先生曾早在一九〇九年即于巴黎设立豆腐公司，提倡素食。伊并曾以法文撰写"大豆"一书。伊在文化与教育方面曾作各种努力，多彩多姿。予在教育部服务时期，石曾先生曾为琐屑汇款补助，先后到部多次，当时印象殊甚深刻。查阅一九六〇年五月四日之日记页上，写有下列一段。"（李）石曾先生屡次亲来教育部，恳请汇款补助其在国外恢复之世界社图书馆。其实，补助经费仅仅数百元，为数细微。为此区区之数，而竟劳步前来。可见社会所传关于中法庚款事之谣，当不确实。聊志于此。"至于石曾先生与田宝田女士在台北宾馆举行婚礼，予亦曾往参加。（梅）月涵吾师，曾微笑低声语我："这位老先生，好像自己觉得'余勇可贾'。"石曾先生享年九十有四，可称高寿。

周诒春
(1883—1958)

字寄梅，安徽休宁人，生于湖北汉口。1907年毕业于上海圣约翰大学，1912年任南京临时政府外交部秘书。1913年8月至1918年1月出任清华学校校长，其间最先提出把清华由留美预备学校改办成完全大学的计划，并于1916年4月呈文外交部，此举对清华大学影响深远。1958年在上海病逝。

维持传统道德、树立新式教育：清华校长周寄梅（诒春）先生

一人之信仰、见解、习惯与作风，根本受其性格之所支配。所谓性格，半属天生禀赋，半由教育修养。具体言之，一人而能奉公守法，实事求是，黾勉努力，累积建树，则不论其从何事业，任何职位，终必有其成就与贡献，亦必能作后辈之典型。此一观察，求之于吾师周寄梅先生一生事迹，盖属信而有征。

先言周师寄梅对于办理教育之辉煌成果。予于一九一四年夏，在江苏省分配之九个名额内，第五名考入清华学校。秋季开学，在高等科之礼堂内，全校学生约六百人，听聆周校长之训话，开始声音低微，几难听到，而台下气氛严肃，表示高度尊敬。当初对于学校一切规章制度之宗旨用意，初未思索，亦无说明，历久回味，始悟均合于德、智、体、群四育之目的。易词言之，德、智、体、群四育，均有切实具体之琐细办法，加以施行，使学生日常力行而养成习惯。兹举例言之。

初到清华，有一件事最觉特殊。即自周一至周六，每天下午四时起

至五时止，实行强迫运动。到时钟声连响，所有教室卧室及听堂等房屋，一律由校役锁闭，全体学生，必须走到户外活动。篮球场、网球场可说到处皆是，球网、球拍由学校供应。秋千及杠子均成双树立。足球场上，皮球纷飞。当然，从事各类球戏者类多换穿短衫短裤；大多数同学则依旧长衫在身，成群结队，在园内校外，大路小街，河畔池傍，丘上亭侧，来回蹀躞，边走边谈。一到五时，又是钟声响动，报告各处房室已经开启。再者，每天上午十时（高等科学生）及十一时（中等科学生）先后各有十分钟柔软体操，地点在高等科门外右侧空地，置有小方木桩，打入地面，上书数字（例如58或201），由体育教师舒梅格（Dr. Shoemaker）或马约翰先生领导，一、二、三、四，以身作则，作健身运动，每次有助教点名，亦即录下空位之数字，即知某某学生缺课。此外，间接亦与体健有关，即中等科学生每周强迫洗澡一次。即由浴室工友将前往洗浴学生所亲签之学号名纸收取缴呈斋务处，以备查考。一到高等科即无此规定，大抵已养成习惯，会自动按时洗身。最后一关，即毕业之年必须考验百码、跳远、跳高三项之个别最低限度（例如跳高须越三尺六寸）及格；此外在体育馆内必能爬绳升高十尺，以及在游泳池中横泳来回一次。此五项体育考试，称作敏捷考验（agility test）。庚申级之徐笃恭君即因游泳不及格而真正留级一年。以上所述原则与制度，皆周校长首创其端而切实推行。

次言群育。清华重视会社组织与级际比赛。所谓组织，各班自己出班长；各级有级长及书记；学生可自动组织宗教或文艺会社（例如孔教会，读经班等等）。每星期出一铅字排印之清华周刊，由学生自选总编辑、助理编辑、总经理、襄理。至于高中两科之分别级际比赛或全校比赛，可以下列为例。每年双十节或年底各级比赛自编而扮演之短剧。至于级际择题辩论，以及举行全校中文演说、英文演说，任何学生可自由报名，先经预赛，后加决赛，均由学校指聘教师三人为评判，评定名次。另有一门必修功课，称为议事规程（Parliamentary Law）。当时吾辈在校学生即深知此门功课之收益甚大。盖从此始知辩论须有礼貌，发言必照次序，表决皆有规定。凡此种种，均是于不知不觉之中灌输而实践群育。

以言德育，可略指正反两方面。消极方面，学校对于不端行为，处罚极重。例如在我入学之前一年，辛酉级中一位同学，因窃取同学一本英文字典，曾被学校开除。在我升入高等科后，有一次，某一同学报告失窃，学校斋务员封闭各宿舍进出口，进行细密检查，获得证据，卒将犯规学生开除。以故，关于此种严格风气，可谓建立成功。至于积极方面，学校当局，每年就中等科各级学生中，选认若干名品行特优学生赠予铜墨匣一具，以示奖励。至于智育之灌输，自以所定各种教程，所聘各位教师，以及每年所邀请校外名人硕儒来校演讲中求得。凡每年有两门功课不及格者，即须留级。连续留级两年，则受开除之处分。据个人记忆所及，中等科（四年）各级，留级或退学者，为数不少，升入高等科（又四年）后，因年龄较大，习惯已久，故留级或退学较少。在中等科时，周一至周六，每晚八时至十时，有两个钟头之自修课业，按时摇铃，各自排队，进入座位编号之固定课堂，温习课本或预备考试。以上各节所述，旨在表示清华教育，确曾有其专一目的以及特殊要旨与精神，谓为由周校长奠定其方向与基础，当非过甚之词。

一九一七年，周氏辞职离校。直到一九二八年予返母校（时已改为大学）执教，始有重复谒晤周师之机会。抗战军兴，在陪都从政，周师每由贵州来渝，大抵聚谈一次。比及胜利以迄还都之初，周氏任农林部长，予在善后救济总署任副署长，在此时期，访谒来回，较前最为频繁。予对周师之认识益深，钦敬更重。盖一则察觉周氏实在威而不猛，严而可亲，再则发现周师忠于职责，公正清廉。简言之，据友好历年之相告，深知周师离开清华以后，初任美国洛氏基金会中华医学理事会理事，协助北京协和医学院之成立，旋就华洋义振会总干事，为华北旱灾，由以工代赈，筑路开渠，改任中孚银行董事兼北京总行经理，对华北工商业，多所协助，嗣后代理燕京大学校长，担任实业部政务次长；抗战期间贵州省委兼财政厅长，中央农林部长而卫生部长，无不一本其个人性格，实事求是，黾勉努力，有其确切之贡献而可作后辈之典型。

王亮畴先生与周师寄梅，可称至交。周师为人处世之美德，予承亮老告知不少。亮老之娶朱学勤女士为继室，实由周师为媒而促成。予在清华执教时，佩玉与周师之女丹凤（李刚大夫之太太）时常来往，可称知交。据王亮老在台北时屡曾语我：滞留香港期间，寄梅先生曾多次萌厌世之念，意欲自尽，经力加劝慰而未果。吾友姚仲年（崧龄）兄曾为传记文学社出版之民国人物小传第二册撰写周师小传，其中数行，值得引录。

"周氏为人和达诚挚、精干稳练。非国民党员，未尝隶属何派系。虽由教会学校出身，并非基督教徒。其服务社团，供职政府，主持学务，咸以国家民族为对象……操守严正，以禄为养，家无积蓄。……出处光明，未尝随人俯仰。"

陈百年
(1886—1983)

原名大齐,字百年,浙江海盐人。心理学家。曾任浙江高等学校校长,北京大学教授、系主任、代理校长,并于1917年在北京大学创建了我国第一个心理学实验室,对我国早期心理学工作具有开创性的影响。1949年去台后,任台湾大学校长、国民党"中央评议委员"。著有《心理学大纲》《现代心理学》等。

回忆陈百年先生——谦谦君子,恂恂学人

予对于陈百年(大齐)先生,素所敬仰;认为当今之世,以言执教从政之谨严,品德学识之高超,实在罕有其匹。前日展阅美版世界日报,惊悉百年先生仙逝,初固不胜悲悼;转念享寿九十有七,真是福寿全归,夫复何憾。越日,得吕春沂自台北长途电话知已定期出殡,立即草写挽联一副,寄请代送。挽词如下:"品德卓越,政教典范,福寿堪称百岁。理则精深,儒学渊博,文章自足千秋!"

据百年先生自述:"在日本东京帝国大学哲学门肄业时,原以心理学为主科,以理则学等为辅科。回国任教(北京大学),初期亦讲授心理学,兼授理则学与哲学概论。其后研究兴趣逐渐集中于理则学,遂与心理学日渐疏远。后期任课,亦以理则学为中心,傍及与理则学有密切关系之学科,如知识论与陈述心理学。"上录数行系取自其九十岁时所著印小册,仅九千八百余字之"耕耘小获"。

笔者承百年先生自台北寄赠此册,乃在一九七六年九月九日晚间,自旅游归寓收到。当即"循读数过,深佩思维之透澈,见解之高超,殆可

称为治学之结晶"（当晚日记）。著者在短序中指出："依照国俗，今岁（一九七六年）正届九十，爱我者对我六十年耕耘的有无收获，不免关注。爱取此文（约六年前初稿），略事整理，称为耕耘小获，以充报告之用。所获既欢且陋，不足以言学术，聊足见其尚知努力不甘虚掷光阴而已。"兹将《耕耘小获》中最精彩数段录下。

"思维对象虽千头万绪，就其大别言之，不外事实与价值二类。事实是客观的，有其自身独立的存在与性能，不是人们心理作用所能左右。在人们思及或见及时，其事其物，固然存在，到了人们不思及或不见及，依然存在，不会遽归消失。自然物体在空间内所占的面积，历史事件在时间内所经的历程，不会因人们的好恶而忽广忽狭或忽久忽暂。价值是主观的，不是客观事实所固具，而是人们所赋予的。人们对于客观事实，各有所要求，遂以为衡量的标准。事实而能满足其标准所要求，则赋以积极的价值，谓之为好为善，不能满足其要求甚或足以阻碍的，则赋以消极的价值，谓之为坏为恶。事实固具的性能，其足以满足此一要求的，很可能足以阻碍别一要求。故者主观的标准，一旦变更，则同此事实，原属有价值的，便会一变而为无价值。价值是不固定的，随着主观所持标准的转变而转变。"

"思维对象有此二类，思维亦随着对象而形成二类。以事实为对象的，称为认识。其所得为事实判断，如言日日东方。以价值为对象的，称为衡量，其所得为价值判断，如言冬日可爱。因而学问亦可分为事实科学与价值科学二大类。"

"真伪与善恶，是两对不同类的概念，故真与善，伪与恶不定一致。……真中有善有恶，如和风与台风……前者善而后者恶。伪中亦有善有恶，如说谎话，用以欺诈他人，则为恶，用以安慰他人，则为善。倒过来，就善恶而言，亦各有真有伪。如和风丽日，既善且真，谎言安慰，虽善却伪。台风地震，虽恶却真，谎言欺诈，亦恶亦伪。故真伪与善恶，异其领域，不可据真伪以论定善恶，亦不可据善恶以论定真伪。……例如法天主义，即犯有混同真伪与善恶之弊。"

《耕耘小获》一册中另有荀子、孔子、孟子、告子四位"思想的探求"，均简要而精辟。

按百年先生所以于一九七六年秋将此《耕耘小获》大文惠赐，自亦有其原因。前此约六个月，予曾将拙著《老子与孔子之"道"：类别根源性质与作用》一篇（抽印单行本）寄呈请正。（原文有中英文对照，载清华学报新十一卷一及二两期合刊本，一九七五年十二月出版；最近列入拙著《政治文集》一九八一年八月台北商务印书馆出版。）其中主要立论，恰与百年先生所见略同。

予曾谓："道有三种，即自然之道，天之道及人之道。'天之道'（或'天道'）与'人之道'（或'人道'）两种名词，老子与孔子均曾使用。至于'自然之道'，两哲虽未明白指陈却曾意会与暗示，不啻间接承认。盖有时所称'天之道'或'天地之道'实指自然之道而言。其认为人道应本天道则一。笔者探讨结果，认为孔子正犹老子，实际上，将人之道本诸自然之道。"但天之道或自然之道，性质有异。"吾人须知人有本能亦有理性。若干行为乃系弗学而能，不教而知者，此盖基于本能（亦即自然）。至于分善恶，辨是非，尚价值，此则基于理性。人之正道，盖即根据理性在长期生活经验中渐次形成而继续演化。兹以食色为例。'食色性也。'假若食色本能生活，尽情放肆而漫无制裁，则岂只所谓'绐兄之臂而夺之食'及'踰东家墙而搂其处子！'种种流弊祸害，不堪设想。"

予曾反复强调：将"善恶、是非，应当不应当，视作抽象原则，可谓绝对，但加诸具体事物，则随时地环境而异，且逐渐改变甚至相反。总而言之，拙文各段，暗合陈百年先生所谓"例如法天主义，即犯有混同真伪与善恶之弊"。伊自理则学心得入手，予从"科学的哲理"（所谓scientific philosophy）出发，观点之角度虽异，而所见之景物则一。

　　百年先生之著作就上述小册所指出，有《心理学大纲》《哲学概论》《辟灵学》《心理与迷信》《名理论丛》《浅见集》《浅见续集》《荀子学说》《孔子学说》《论语臆解》《与青年们谈孔子思想》《孟子的名理思想及其辩说实况》，笔者深信上列各书充满精华，必能启迪后进。

　　予在清华学校读书时，即耳闻北大陈百年教授之声名。抗战胜利还都，晤受级友陈念中兄，承告伊所追随之百年先生（时任考选委员会委员长）学问渊博，性情谦和，品格高尚，而且治事精勤。但予之识荆，乃在台北。其时于甫脱卸台湾省政府秘书长职务，而台湾政治大学正在木栅复校，最初只设几个研究所，由百年先生担任校长。"教育部长"张晓峰兄嘱予襄助，遂欣然允诺，受聘为政治研究所主任兼教务长。予因教务处日常琐事繁忙，不愿兼职。商量结果，乃添设副教务长，聘请予之得意门生邹景苏（文海）教授兼任，并报部备案。景苏早曾先后为上海暨南大学及福建厦门大学之法学院长，今兹屈就副教务长，予甚感激。

　　政大复校伊始，一切因陋就简，尤以办公处所，上课教室为然。至于种切规章，诸需擘划订定。又如适宜课程之增减，优良教师之延聘，亦费心思。陈校长事必躬亲，以身作则，每次会议，总是虚怀若谷，反复推敲。其为同仁所折服，学生所爱戴，绝非偶然。总务长一职，初尚虚悬，陈校长屡曾嘱我物色人选。当初猜想校长当有夹袋人才。某晚在台北宾馆宴客席散，陈雪屏兄（系百年先生之及门弟子）语予，校长亟盼介绍一位总务长。予乃推荐项昌权兄（曾任省府民政厅副厅长，留学法国），越日即行聘定。（数年后项兄改为专任教授，授地方政府课程。）余如马国骥及陈宏振两位英文教授亦由予推介。

政治大学在木栅山麓低洼地区，每遇台风大雨，山洪暴发，辄突积水流冲，埋淹墙根屋脚，甚且冲入屋舍，浸损沙发箱笼。老人幼童，或则出门远离。或则登楼躲避，但平地上往往已有激流旋湍，步履艰难，诸多危险。此盖因低区多石，积水不易宣泄。此种情形发生多次。记得有一次陈校长曾由校中同仁及学生，扶持协助，走避教室楼上。此刻翻阅一九五九年七月十六日记有云："昨夜台风极大，深晚自台中驶至新竹，继返台北，景状声响，迄今犹有余悸。今晨知木栅政大，水淹肩腰，师生房舍损失颇多。午刻偕李振吾（熙谋）兄（时任常次），赶往木栅，慰问陈校长及其他同仁。"约五、六年后统盘筹划，增拨经费，卒将此区水患解除。

一九六八年暑假，予偕佩玉回台访问亲友。陈校长及夫人查漪云女士曾于八月十八日午，宴请吾俩于状元楼，在座均是政大旧同仁。一九七八年予任商务印书馆总编辑，事前先与王云老说明"试工"一年。是年七月廿三晚曾应百年先生邀，趋府餐聚，到有查勉仲、蒋慰堂、陈君毅诸位，并晤及其子绍彭兄夫妇。是为最后一次与百年先生聚会。回忆前尘，予认为得识百年先生前辈，乃有缘分而是幸运。

王云五
(1888—1979)

原名日祥,后改名云五,号岫庐,广东香山县(今中山市)人。出生于上海,早年入上海一五金店学徒,业余在夜校学英文,1906年起,先后在上海同文馆、中国公学等校教授英文。1917年起,在上海从事编译工作,并创办公民书局;1921年经胡适推荐出任商务编译所副所长,1930年任商务印书馆总经理,直到1946年;其任职25年对商务印书馆影响深远。后数年从政,1949年去台,1979年在台北病逝。著作主要有《物理与政治》《中外图书统一分类法》《四角号码检字法》等多部。

得天独厚、驭人有术:记王云老

天赋固然独厚,全靠自己奋发,自壮至老,在商界、学界与政界,多彩多姿,有贡献而享盛名:王云五先生实是当代不可多得的人物。兹所记述,只限于本人与云老由闻名而相见以至互知之经过。

同乡同学刘聪强兄留美回国,即在上海商务印书馆任职,曾屡次向予提及其主管王云五先生,办事精明,眼光远大:是为闻名之始。对日抗战之初,予由湘过港赴滇,将所著《近代西洋政治思想》文稿(已经校中审查通过,列入"国立清华大学丛书"——恐是唯一的此项丛书),寄请香港商务印书馆出版(不久,复由成都商务印书馆再版);曾接到云五先生亲笔复信接受,并蒙立即办理:是为首次通信接触。

胜利还都,时予担任"行总"("行政院善后救济总署"之简称)副署长,驻守南京(署长蒋廷黻则驻上海),曾在国府纪念周及国民参政会中报告"行总"救济物资之数量与分配详情。云老(参政员)在其所著

《岫庐论国是》一书中摘录其在参政会中所作审查报告。开头两句，乃是"审查善后救济工作报告，并听取浦副署长之口头报告"，然后加以按语。即此一端，可见云老之认真仔细，精力过人！

笔者与王氏初次认识而发生关系，是在一九四七年四月张岳公组阁，坚嘱予担任副秘书长（秘书长系甘乃光先生），而云老是行政院副院长。此是上司与下属之关系，但云老自始即待我如朋友，而我则永远待他如上司。关于批阅公文、处理公务，彼此心领神会，互认为谨慎、仔细、公允。有一次（五月十五日）中央大学左倾学生领导所谓"反饥饿"运动，亦即京沪各校之所谓"吃光"运动，向行政院包围请愿。当时由王副院长站在院门石阶上（甘先生与我分立两旁）对着许多学生讲话，深入浅出轻松得体，益佩其口才敏捷，应付适宜。

关于一九四八年八月中旬金圆券之发行，王氏正任财政部长（时予已到台湾），不免遭受抨击，但是另有主动力量，完全归咎财长，则亦难说。

当局迁台后，曾有九人组织之"行政改革委员会"之设置；王氏担任主委。实际考察与研究，另设若干组，聘请具有经验与学识之两项人士为之。笔者忝居其一。云老先后曾自己亲笔推出若干具体改革意见书。其中有关地方政制一项，予认为并不妥当，起立直言，乃交付小组审查。伊曾催促提出审查报告，但予静默处此。伊始发觉小组成员均以本人之意见为是，遂不再提询；此一亲笔提案竟胎死腹中。同仁均夸予之勇敢直言，而予则表示，对于云老之宽容度量，实可佩服。此事发生在一九五八年十月中旬。

予在政治大学主持政治研究所时，云老亦是一位兼任教授，担任中国政制研究等课程，极受诸研究生之爱戴。例如第一位国产博士周道济学弟之博士论文"汉唐宰相制度"，曾由王云五与萨孟武两教授及予三位共

音容宛在

同指导。犹忆某次宴会，美籍教授邵尔德（Dr. John T. Salter）与云老豪兴勃发干杯对饮，结果则邵尔德先生酩酊大醉，而云老则神色自若。云老与我曾亲自车送此位美国学人回到其寓所。

吾俩彼此之相互深知，尤其是关于性情、习惯、作风、思想与嗜好，盖在一九七八整个一年之中。此因予曾应聘担任台北商务印书馆总编辑，并以"试工一年"为条件，纳入合约（意同而词异）。予住入云老住宅对门之"云五图书馆"中，除星期天或假期外，不啻每天见面。

予妻佩玉在一九七七年九月三日辞世。一个月后，云老忽来长信（十月六日所写），唁慰之余，坚邀回台接任其多年来以董事长自兼之总编辑一职并指出予之"门生故旧，遍地皆是"，生活必不寂寞。此后复函电交加，情词殷切，颇受感动；乃复以能否胜任，以及气候、交通、饮食、起居等项能否适应，愿先"试工"一年。故所签合约第二条有云："聘期至少五年，但双方约定应聘之初，以一年为试办时期。乙方（受聘人）如不愿继续，得提前一个月通知，解除本约。"予于一九七七年岁末飞台。一九七八年元月三日午，王董事长在心园酒家设宴多桌，集合全馆同仁为予介绍。予答词时首先说明董事长原是我的上司。席散，回到予之寓所，云老与予密谈两小时之久，尽情道出伊之心事。予亦明了伊所关怀于书馆前途者甚远而切，所期望于予者过大而奢。翌晨，予到馆开始工作，星期六亦仍全日工作。约旬日后即收到赠送予书馆股票廿一份，权且暂时收下，伊曾明言本届董事会，将提名予为董事之一。越数月，此即实现。

予敬佩云老，但彼此之性格与作风有异。先述伊欲予兼任总经理一节。第三者向予透露：云老授意总经理，盼其退任副位而推予兼任。予坚决表示反对。未几总经理果然书面提出，予面告云老：无兴趣，太繁忙，实不愿意。伊遂改"总"为副而由伊董事长自兼总经理。其意一若予不愿

得天独厚、驭人有术：记王云老

取之于总经理，而可接之于云老。予卒不肯。董事长给假一月，嘱总经理休息。最后，经予力劝双方，仍恢复原任总经理。同业与外界自不洞悉此中内幕。复次，是年十一月底，予依照合约第二条，提出工作一年后不再续任。不料云老呜咽流泪，强予考虑改计，谓否则外界将谓我用人不长。必不得已，予从曲意旨，由继任者马起华教授（同是云老与予之政大研究所门人）作为代理总编辑。予回美后，直至一九七九年四月初，云老犹惠函商量。总之，云老自始所期望于予者甚深且重，过大而奢；其坚毅意旨与章法灵活，自非常人所及。同时，予之个性倔强，外柔内刚，亦可略见端倪。至于到台之初，所赠予之廿一股商务印书馆股票，予密托徐副理应文兄俟予离台后亲自奉还云老。然而函札往返多次，予终于接受，由台挂号寄美。此可为予服务一年之永久纪念品。

任职一年之经验，使予对于数十年前在拙著中提到孙中山先生关于"管理众人之事就是政治"之一定义，更深了解。凡是一个大家庭、大团体、大公司，因为各有其"众人之事"与"管理"，即亦必有其含有人物、观念、制度、势力与现象五项因素的"政治"，易词言之，此中治者与被治者上下之间，以及其各自相互之间，举凡权威、奉迎、亲疏、竞争、疑惧、忿怒、毁誉、是非、恩怨，形形色色的各项情事均会发生，均值政治学者仔细观察而深入研思。

一九七九年八月中旬，云老辞世，予曾撰挽联如下。"国家大老，寰宇早扬名，立言立功立德。时代奇人，一生无遗憾，多福多寿多子孙。"

张公权
(1889—1979)

江苏嘉定人,有"金融钜子"之美誉,号称"中国现代银行之父"。早年游学日本学习金融,回国后在上海发起组织立宪团体国民协会及民主党,1913年任参议院秘书长,后历任中国银行副总裁、总裁,国民政府铁道部长、交通部长等职,1943年辞职赴英国考察经济,1949年经香港赴美国,晚年在斯坦福大学从事经济研究,1979年病逝于美国。

张公权(嘉璈)先生立功立德立言[1]

所谓三不朽,出自左传。"太上有立德,其次有立功,其次有立言,虽久不废,此之谓不朽。"三者有一,已属难能可贵,若当代张公权先生者,三者全备,自必永垂矜式。

以言张氏对于社会之贡献与值得后代之尊崇,其彰明显著者,固首在事功。盖张氏主持中国银行廿四年,先后出长铁道、交通二部与中央银行,历时十载,莫不艰苦精勤,努力奋斗,而有其卓越成就。即如其膺命为东北经济委员会主任委员,十八月中,冒险犯难,亦有其不可磨灭之劳绩。此皆史实俱在,可以覆按。试读姚著年谱本书,则详尽确实,更是信而有征。

虽然,一切立功之基础与动力,必是品德。此在张氏,亦非例外。必也一则具有抱负,树立目的,并能明了事理,当机立断;再则人溺己溺,推己及人,存心慈爱,大公无私;三则任劳任怨,受谤受谗,置暂时

---

[1] 原系"张公权先生年谱初稿"序。

之荣辱于不顾，忘一己之危殆而安然，此即是中庸所云："智仁勇三者，天下之达德也。"具有智仁勇，始能建树真正事功。

举例言之。张氏民五拒抗袁世凯停兑钞票乱命。"九·一八"时，赶往沈阳说服本庄繁、土肥原贤二启封中交两银行。"八一三"时，躬冒敌机轰炸，驰往沪苏前线，督励铁路员工维持交通，努力军运。民国三十四年冬初，长春环境恶化，行营奉命撤退。一般职员争先恐后，强搭飞机，慌张狼狈，秩序恶劣。先生则温言安抚，独留坐镇。"至于处脂不润，廉隅自矢，于其旅居海外之生活情况，足资证实。在洛亚拉大学任教时，薪金不丰，曾在南加州大学兼课，经常搭乘学生汽车赶往，时值中午即在车中以三明治果腹。……购置住宅，而苦无力缴纳垫头。迫得向知交十人各贷千元，期能集事。"（以上节录姚仲年先生"敬悼张公权先生"一文，载"传记文学"，总号第二一一号。）基于上述，吾人自可想象张氏之立功，正以其立德为基础与动力。四年以前，笔者早曾写过："大体言之，张氏具备品德、才识与胆量，乃是成功之基础。""张氏最高明最广大之美德，厥在一个"公"字。此即同时为公着想，为公服务。"（见拙文《介绍一本值得阅读之新书》——此指姚著《中国银行二十四年发展史》——载"传记文学"总号第一七八号。）总之，谓张氏之立功，乃基于其智仁勇之立德，实非夸大。

关于张氏之立言，愚意兼及两项。一指其已经刊载之书册文篇，具有学术功用价值。二指其手写之有关立身治事训诫，足资青年人与公务员警惕修养。前者例如出版风行、士林称誉之"中国通货膨胀经验——一九三九至一九五〇"（英文本）等。后者可于其"随笔"、"日记"、函札、演说等文稿中求之。张氏训诫之所以可贵，端在其为自己所曾躬行实践。如能分门别类，汇集贯穿，当可刊行一册宝贵之嘉言录。

张氏不特立德、立功、立言，而且福禄寿兼备。果何以而能致此？

音容宛在

此则牵涉人生哲学。愚一向认为人生遭遇，不外受着三种相互关联而彼此影响之缘由所支配：即个人性格、时代环境，与所谓命运。言个人性格，包括先天之种子遗传（例如躯体之强弱，智慧之高低，性情之良暴）与后天之教养习惯（例如思想、信念、交游）。体健者可能受酒色之戕贼，体弱者可因锻炼而健康。人一己十，人百己千，则愚钝者可远胜聪明而惰学之侪辈。可见先天后天，因素各半，有志竟成，事在人为。以言时代环境，则丰富或贫枯，升平或战乱，专制或自由，在在与个人之思想、信仰、习惯、职业与抱负有关；是否抵牾，能否适应，此自为其得失成败之关键。所谓"命运"（别无适当名词），盖不指命中预定，而指种切莫由自主，不能控制，无法招拒之现象事实而言。例如雷殛、地震、轰炸或则遭殃，或则幸免，又例如或则怀才不遇，生活坎坷，或则忽遇伯乐，蓦地成名。大抵科学家们不顾承认命运（此指命中预定），或称自然、或竟视作偶然。称此项缘由为自然，无甚意义；称作偶然，则偶然即犹诸命运。

归根结底，张氏之所以能兼享福禄寿以及所以能立德、立功、立言，要在其得天独厚，体健智敏，而且幼承家训，早知励志勤学，养成良好性格；及服务社会，又能保持书生本色，遵循君子风度，而适合时代环境之切实需要；至其生平遭遇，所谓"命运"缘由，亦属良好。笔者此种解释，当然默认一项道理：即人生必须尽其在我，要不能求诸命运；此则不言而喻。

吾人今日回顾张氏所处之世代，当知近百年来，由于民族自决、民主宪政、民生改造各大潮流，引起思想冲突。新旧对抗，加之以权力斗争，野心侵略，因而战争迭起，生活剧变。此种空前未有之动荡，迄今尚在继续。语云，"物极必反"，"相反相成"。除非核子武器战争竟将陷人类于绝灭，否则整个世界，由于交通运输之方便，电话电视之灵通，种切生活之互赖，大势所趋，必能渐次折衷调和，逐步设立全球政府。于长期递嬗过程之中，张氏乃为吾中华民族努力复兴之一位具有贡献之卓越斗士，而其谨严立身之修养，认真治事之作风，以及大公无私之精神，既属效法历代先贤，且可启迪世界后进。

本书《张公权先生年谱》乃系姚仲年先生接受公权先生之嘱托，根据其"随笔""日记"等稿件以及一切已曾刊印之有关材料，加以编纂。自动笔以迄完成，计费四足年。姚先生本治会计学，曾任天津南开大学、上海商学院等校教授，嗣应中国银行之聘，服务总管理处，达二十三载之久。公权先生尊敬有加，引为知交。笔者与仲年先生系清华学校同学，订交迄今盖已逾六十有五年，久佩其道德、学问、才识与文章。兹者承嘱为本书作序，展读之余，发现三大特色：此即体例创新、材料丰富与效用广长。所谓体例创新，盖指每年每月列举国内国外及国际之重要时事，俾读者一目了然，更能体会当时之环境情状与人群心理；而逐月逐日记事，益臻细密。所谓材料丰富，举凡有关国家处境、社会需要、内政外交、财经军需、银行业务、学术思想，以及个人之旅行游览、公私酬应、婚丧喜庆，甚而至于饮食起居、医药治疗，莫不摘录记载。读者披阅，一方面可洞悉各时期之迫切问题与努力措施，另一方面则不啻闻见公权先生之音容笑貌。所谓效用广长，因为此一年谱乃是研究中国近百年史之绝好原始资料，不只可认识公权先生之品德事功与生活而已。个人认为世界各大学府与各大都市之图书馆，理宜储藏一部，供人研阅。行见洛阳纸贵，风行一时，抑且世代传流，永垂不朽。

梅贻琦
(1889—1962)

字月涵，生于天津。1904年南开中学第一期学生。1908年留学美国，获电机工程硕士学位，回国后于1916年担任清华大学物理教授，先后任教务长、教育部高等教育司司长，1931年出任国立清华大学校长，直至1948年，是清华大学历史上任期最长的校长，对清华大学贡献巨大。其中抗日战争期间，以校务委员会常委兼主席身份主持西南联大校务。1958年任台湾"教育部"部长，兼台湾"清华大学"校长。1962年病逝于台北。

梅故校长精神永在

"人生自古谁无死，留取丹心照汗青。"此两句诗，实可为吾师梅故校长月涵博士之志节写照。盖以一位谦诚勤朴之学者，毕生致力于教育事业，"但事耕耘，不问收获"，最后两年卧病之中，犹复竭尽可能，指示处理，病榻之上，语不及私，此种"公尔忘私，国尔忘家"之坚毅精神与忠诚努力，较之慷慨从容之志士仁人，当无逊色。而其躬行实践，以身作则之伟大人格，尤足为世代师表！

梅故校长一生与清华发生密切关系。民元前四年美国决定退还庚子赔款，中美双方协议，对此款作为资遣中国学生赴美深造之用。民前三年，梅师月涵即考取第一批留美，入吴士脱工科大学[1]，攻电机工程。学成返国后即于民四年起在清华学校任教，直至十七年秋，由清华赴美担

---

[1] Worcester Polytechnic Institute，今译伍斯特理工学院。——编者注

任留美学生监督。二十年十二月，奉命担任国立清华大学校长。故梅师与清华之关系，自其考取留学算起，计有五十三年；自其任教算起，则有四十七年；自其长校计，则亦十足卅载，此实不可多得之事迹。所谓惟精惟一，此殆近之。

当时清华旧制八年毕业。所招幼年学生，系按各省田赋轻重而配其多寡名额，由各省每年公开考送。惟八年之中，缘死亡、退学、开除或留级而淘汰者，大抵居十之三四。故每级约一百学生最后往往只有六十至七十人，能毕业留美。回忆本人于民国三年夏考入清华后，梅师曾授予数学一课，讲话特别缓慢，解释非常明白，练习认真，而态度和蔼，此一印象至深，迄今犹历历如昨日事。其后数年，予曾参加清华创办之童子军，而梅师恰为吾队之领导，循循善诱，得益良多。此为本人亲承教泽之开始。其后，予留学归国，在母校执教数年，梅师出任校长，乃多追随机会。

清华之发展进步，历任校长均有其贡献。梅师任期最长，故贡献亦最多。梅故校长主持清华之后，对于罗聘教师，充实设备，增添建筑，扩充院系，分别继续努力。而当时清华又复以另一特色见称，即所谓"教授治校"。此一佳话，殊值叙述。当时所谓教授治校，绝非教授干预学校行政，更非校长推诿责任，而是环境、传统、作风、需要，交织形成。举凡校中施教方针，年度预算，规章细则，建筑设计，以及类似重要事项，或则由教授会议决，或则由评议会商定。教授会每年只开两三次，而评议会则至少每周一次。在校长方面，因虚怀若谷，尽量听取同仁意见，在教授方面，正因校长谦虚诚挚，故对其所持意见特别尊重。往往会议中争论甚久，梅师一言不发，及最后归纳结论，片言立决。评议会系由校长主持，由教务长，各院长，秘书长及由教授会选出并有一定任期之若干位教授参加。最难能可贵者，评议会中尽可因公而争得面红耳赤，但绝不影响

音容宛在

私交。此种民主作风，此种对事不对人之雅量，值得大书特书者。正因如此，清华园内，一切协和安定。当时一般学风动荡，华北局势紧张，清华之所以能宁静如恒，自非偶然。

抗战时期清华北大南开三大学，先则在湖南长沙合并上课，称临时大学。半年后，即播迁云南昆明，改称国立西南联合大学，由三校原校长张伯苓、蒋梦麟、梅月涵三位担任校务常务委员，而由梅先生主席。此一段非常时期之教育工作，最为艰苦，最费心力。盖三校各有其特殊个性，各有其校风传统，当时局势动荡，心理紧张，设备简陋，经费支绌，幸赖全体教职员生，精诚合作，乃能一切顺利；而归根结底，则三位常务委员间之推诚相与，不分彼此，实有以致之。

犹忆胜利复员，三校各自迁回原址，斯时予适辞去行政院救济总署副署长职务，梅师曾电邀回校任教，并以路费电汇。当时因先母仍然健在，八十余高龄不便远行，而津浦铁路未能通达，故思维再四，只得婉辞；而梅师知遇爱护之忱迄今拳拳不释。遥想"水木清华"，依稀如昔，方冀恢复旧观，徐图充实；不幸喘息甫定，大陆局势又变。而梅师之能及时脱离，诚属万幸。

清华在台复校，从一九五五年十一月起筹办原子科学研究所开其端。先在新竹洽觅校址，勘察土壤，相度地形，洽办接收，费去许多心血。校址既定，则进行若干校舍建筑设计，以及所需款项之请拨与筹借。当时本人蒙教部聘为复校委员之一，故深知此中经过，煞费周章。至于第一批研究生之招考，第一批教师之洽聘，乃至暂借台湾大学上课等等，均费心思。梅师往往独自一人，深夜犹在考虑计划，或亲书函札。关于原子炉之装置，从蓝图设计，商得美援，草拟协议，订购机器，安排装置，则尤旦夕萦绕于梅师胸怀。美国各大学中装置有原子炉者，闻有三十余所。大抵初装之后，往往发现欠缺，不得立即开动，或则修理或则重建，迟至一二年后，始得告成。此次清华原子炉之装置，完全由梅师及吾国工程师共同研究，指导完成，而一经发动即进行顺利，虽曰事属幸运，但究由于梅故校长之小心谨慎，全力贯注。

吾政府在迁台前，曾定梅师为教育部长，但当时梅师谦辞，此盖澹泊为怀，素性使然。及一九五八年七月，梅师卒勉遵政府乞命，主持教部。当局深知梅师不愿舍离复校甫始之清华，故嘱仍任清华校长，就职之日，向部中同仁致词，勉以"记着'教育'两字，而少注意'部'一字"。意即实事求是，避免推宕拖延之官僚习气。梅故部长嘱予襄助部务，因自觉义不容辞无从推避。关于教育重点，梅师曾以提倡科学教育相告，并承询有无其他意见。本人当即谓贯彻教育法令亦是当前急务，盖法令不能贯彻，即起玩法心理，不仅政府不能树立威信，社会亦将减削其维系力量。梅师深以为然，惟谓对于青年学子宜特加护助。故梅故部长任内，实着重提倡科学教育及贯彻教育法令两项。第梅故部长本"为政不在多言"之旨，不事宣传，不重报导。其后关于提倡科学教育，人所共知；关于贯彻教育法令，则在可能范围以内，尽量实践。

兹略举一二事例。梅故部长到任之初，各方推荐新人不少，只以部中之员额早已超额甚多，故除主任秘书及总务司长外，一律未用新人；不特未添新人，即遇原有额外人员出缺，亦以一律不补为原则。又如预算经费，力求撙节，故两年半任期之内，除补付积欠外，更有剩余，两两相加达数百万元。以言贯彻法令，必须各方合作。但社会之中，有明知故犯造成违犯法令之既成事实，则使主管部会，无论置之不理，任其事态扩大，或斟酌情理，应付解决，反而遭受责难。实则此犹不责纵火者之居心叵测，而使救火者动辄得咎，殊非事理之平。窃以为贯彻一切法令，乃今日民族复兴与国家法治之基本要务。

古人有盖棺论定之语。任何人之风范贡献，社会自有公论。笔者忝列门墙，不敢妄赞一词，特觉际此努力复兴之时会，凡值景仰而足效法之领导人物，尤宜揭橥推崇，使社会知所趋向。梅故校长虽已脱离尘世，而其伟大精神永留霄壤。兹承传记文学杂志社发行人坚嘱撰写短稿，故含泪濡笔草成此篇，惜时间匆促，未暇构思修辞，殊以为憾。

梅贻琦

陈布雷
(1890–1948)

名训恩，字彦及，笔名布雷，畏垒。浙江慈溪人。1911年毕业于浙江高等学校（浙江大学），同年在上海《天铎报》作记者。1912年3月加入同盟会，1920年赴上海，先在商务印书馆编译《韦氏大学字典》，后任《商报》主编。1927年加入国民党。历任浙江省政府秘书长、国民党中央党部秘书长、《时事新报》主编、国民党中央宣传部副部长、最高国防委员会副秘书长等职，长期为蒋介石草拟文件。1948年11月13日在南京自杀。

实事求是之陈畏垒（布雷）先生

陈畏垒（布雷）先生之自杀，当初报纸所载，讳莫如深。倘所传属实则真具古代大臣风节。畏垒先生曾短期担任国防最高委员会副秘书长，是予顶头上司，曾略亲教言。予赴美参加橡树园会议时（一九四四年八月初）伊曾托带专函及密件，面呈当时在美之孔庸之先生，孔先生留予午饭谈话。胜利还都，予离善后救济总署，应张岳公之邀到行政院工作，顺路往谒未遇。嗣接布雷赐笺如下。

"逖生我兄大鉴：承过访，以事外出，失迓为歉。此次政院改组，岳军先生出膺艰巨，内外均深企望。我兄精思远识，熟谙中枢情形，应邀相助，必能与自明先生相得益彰。属在知好，谊切同舟，尤不胜其雀跃。知近日必备极贤劳。稍暇当趋院访谈。专此只颂台绥。弟陈布雷谨启。卅六·四·廿九。"

予在北平清华执教期间，即闻其声名，读其文章，早深钦慕。及到重庆，任国防最高委员会参事，岳公乃此会之秘书长，不久调任四川省政府主席，在王亮畴先生继任以前，畏垒先生曾以副秘书长身份，短期代理秘书长职务，由是更多亲聆教益之机会，弥觉其诚挚和蔼，虚怀若谷，衷心更深敬佩。

陈寅恪
(1890—1969)

江西省义宁州（今修水县）人，生于湖南长沙书香门第。历史学家、古典文学研究家、语言学家；早年留学日本、欧洲、美国等国家长达13年，精通22种语言，回国后曾先后任教于清华大学、西南联大、广西大学、燕京大学、中山大学等学术机构。1920年代，倡导为人治学当有"独立之精神，自由之思想"。著有《柳如是别传》《隋唐制度渊源略论稿》《唐代政治史述论稿》等重要学术著作。

记忆精确、学识广深之陈寅恪教授

予在清华大学执教时期，与寅恪先生仅在教授会中及教员休息室内（上课前后）或同仁宴席或校园散步，彼此见面谈话，实在不太熟悉。但对于他的学问，则素加敬仰。一则因为久闻其名，所谓"如雷贯耳"。再则因为予担任清华学报编辑，不时向伊索稿，而伊所著各篇，无一不是精心结构，见解独特。除学问高深外，伊之品性温良，基于两件琐事，予亦特别钦佩，盖细加推敲，实非常人所能企及。

予寓所在北院四号。寅恪家住校门外之南院。但伊常到北院访友，经常在授课前后，尤其是在中午光景。伊上课时，总挟带好几本参考书籍，但不用现代所用之皮袋或手提书箱，而惯用一块黄色包袱，将一堆书籍围住，夹在胁下。时值冬季。伊穿着藏青长袍黑色背心，头戴一顶皮帽。其时，予之家父家母正从江苏常熟来到北京西直门外清华园小住。北院四号对街，乃是王文显教授住宅。王师母（因予在清华学校读书时，王文显先生已在执教英文并担任教务长）要好，常邀予母前往其门外凉台上并坐椅中，晒晒太阳（此则证明"冬日可爱"），随便闲谈。当寅恪先生慢步走过之时，看到王太太，自然微笑点头。家母突向王太太问道："这是一位裁缝先生罢？"寅恪大概听到此问，回转头来微微一笑。当时笔者并不在场。但事后听王师母见告此一情形，彼此大笑不止。王师母云："我告诉你老太太，这是一位鼎鼎大名的教授。"家母亦大笑一番。其后，佩玉与陈太太提及此事。陈太太坦白承认，他先生回家确曾道及此桩细事，但不以为忤，反而自己连笑带说："我的书包的确真像裁缝师傅的包袱。"

另有一事，更值记载。清华教授会因故开会决议，表示反对校长。当时予任教授会之书记。根据教授会章则，一经若干名教授联署签名之申请，书记应发通知开会。是晚，学生会主席闻到消息，即到予寓所打听。予据实以告。当问及出席教授人数及姓名，予不知如何列举了几位同仁姓名。当时处世经验贫乏，未曾多所考虑。不料翌晨北平各报登载清华教授会决议之新闻中竟将陈寅恪名字列作榜首。予当时见报，心中殊感不安。如来诘问，予将如何解释。亲自前往当面解释，抑或恳托另一同仁，代为解释，正亦不知如何措词。左思右想，决定抱持沉默。一连数日，毫无动静。久之，听友好辗转传说，有人面询寅恪，何以汝列首名。据云，他微笑答称：初见报载，予亦觉得突兀，继而思之，总有一人名字最先排列，最后觉得，以不预闻政治之人列首，此或表示事件之不含政治性质。总之，予由此事，深深佩服寅恪之品性宽大而温良。

此次清华大学教授会之决议，曾引起轩然大波。首都南京方面初认为暴露政治背景与意义。微闻最高潮时，当局竟有解散清华之意。嗣经老成持重者多方劝解，遂由翁咏霓暂代校长。实则某校长到校后之作风仅仅未能适合吾国士大夫之传统自尊自重之心理而已。那次风潮，迄今回想，实属可惜。因为那位校长亦是一位君子。

予与寅恪相互认识而熟悉,乃在抗战时期,西南联大之文法学院暂移云南之蒙自时期开始。到蒙自之初,寅恪、(沈)仲端(乃正)及予三人同住两间房子,一大一小,大者有小者之三倍。寅恪选住小房间。不久,仲端因其子病曾赴香港。最后竟辞教职。予遂与寅恪将里面一小间作为卧室,两床两几,备晚间安寝。外面一间,则置长桌,茶几,座椅多张,备来客坐谈,及自己阅读书籍之用。因此之故,朝夕相处,无语不谈,彼此极为熟悉。寅恪学问,渊博之至,记忆力特强。记得有一次学生沈有鼎来请益,寅恪谓可阅二十四史某代某卷。翌午,有鼎又来,状甚欣喜,谓果在某卷中查到出处。但寅恪身体殊弱,胃不甚健。往往下午三四点钟,要我陪同出去略吃点心,但必需同时进消化药片一粒。起初几次,伊加说明:"逖生,我此刻觉饿,要吃些点心,但如不加消化剂,则晚餐时又不想吃。"

寅恪不以诗名,而所吟诗词,意境卓越。每有新作,辄取纸笔写出相示,经予循诵数过,辄即索回,旋即用手或则撕毁,或作搓团掷入字纸篓中,一若恐予代为保存诗稿然者。虽然如此,偶有几首诗稿,为予保存。兹抄录如下[1]。

三月晦日蒙自湖楼闲眺有作

无端来此送残春,一角湖楼独怆神。读史早知今日事。对花还忆去年人。伧僧义旧饥难救,曹社谋亡梦已真。解识蛮山留我意,赤榴如火绿榕新。

---

1 以下作者所录数首陈寅恪诗或与通常所见题目及个别字句不一致,此处沿用作者当时所保存诗稿的原版。——编者注

感怀

家亡国破此身留，客馆春寒却似秋。雨里却愁花事尽，窗前犹噪雀声啾。群心已惯经离乱，孤注方看博死休。袖手哀吟待天意，可甘空白五分头。

蓝霞

天际蓝霞总不收，蓝霞极目隔神州。楼高雁断怀人远，国破花开溅泪流。甘卖庐龙无善价，警传戏马有新愁。辨亡欲论何人会，此恨绵绵死未休。

翠湖书所见

照影桥边驻小车，新妆依约想京华。短围貂祓称腰细，密卷螺云映额斜。赤县尘昏人换世，翠湖春好燕移家。昆明残劫灰飞尽，聊与胡僧话落花。

庾子山"哀江南赋"云，谈劫尽之灰飞，辨常星之夜落。今日必有南京明星流落昆明者矣。一笑。

末首系在昆明所吟。在昆明时寅恪家眷已来，彼此尚时常见面。此首律诗，系伊到予宿舍，在书桌上取笔录示。

附印寅恪亲笔所写"翠湖书所见"七律一首。

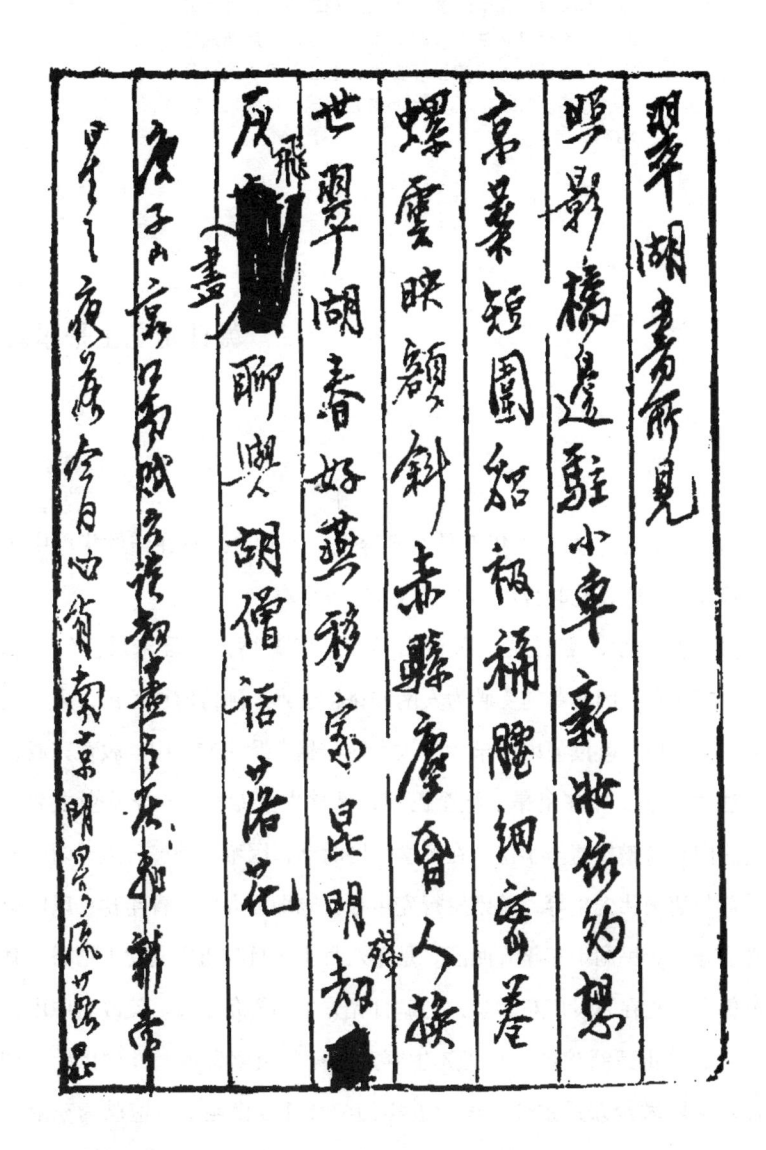

翠湖书所见

晖影桥边驻小车　新妆嫩脸约蛾

京华短园绍叔称腰细窣裙

螺云映额斜赤骡蹇驴昏人换

世翠湖春好莫移家昆明却

反（書）聊兴胡僧话落花

庚子元宵后成長句却畫一新夢

是夕夜深睡自忆前京明晨寻原卅眉起

陈寅恪墨迹

黄日光
(？—1976)

名晃，字日光。广东台山县人。1920年代留学法国，并参与创建中国青年党。1923年回国，协助筹办中山大学并担任农学院教授兼系主任。后转入仕途，历任国民政府建设厅委员会主任委员、农林处处长等职。1949年后由台而转赴美国，修习佛学。1976年病逝。

黄日光兄生平事略

黄日光兄于一九七六年五月八日辞世。五月十二日在纽约华埠中华长生殡仪馆举行丧礼时曾由本人报告其生平事略。

黄日光先生，名晃，广东台山县人。父焖德公，母朱氏。幼入私塾，七岁左右。因其尊翁受聘为安南铁路工程师，随侍前往谅山，入当地小学。毕业后，就读河内中学。以故，熟习越文及法文。中学教育完成，前往法国留学，先在里昂，继至巴黎，选修农业专科。大学毕业之后，曾由法国政府赠授博士学位。在留学法国时期，因鉴于外患日迫，内政腐败，曾与胡国伟先生等，始则发行先声报，嗣即创办中国青年党，以国家主义为号召。民国十三年春回国。是年八月十五日与伍志文女士结婚。其时邹鲁先生正在筹设广东大学，乃邀日光先生为筹备委员。旋改名中山大学，在石碑觅建新校址，日光先生奔走服务，贡献良多。开学伊始，即担任农学院教授兼系主任。民十五年初冬转往云南昆明，应聘为东陆大学（即云南大学之前身）教授。旋转入仕途，初任建设厅设计委员会主任委员，继而担任农林处处长十有余年，曾研究种植金鸡纳霜之广大树园，建树丰富，同时又曾协助建设厅长张西林先生办理公路局事宜。民三十二年，承广东省主席李汉魂先生坚邀，赴粤协助规划省政，嗣后两次担任广东省政府委员。抗战胜利不久，又因内忧外患，国势恶化，先退海南，再由香港而转到台湾。受聘为台湾省政府顾问，实际工作则在林产管理局，不时视察各处林场，多所赞助。一九五八年，日光先生伉俪应其旅美两女两婿之邀，前往美国，初住芝加哥，继迁纽约。两位早已皈依佛教，来美以后，以退休之年，时间较丰，于佛法修持方面，益加勇猛，进勤不息自晨至夕，排好一定功课。日光先生修习密宗兼净土宗，有数十年之久，法号宽日居士，最近受戒为大雨法师。著有《念佛直径》一册，深入浅出，风行传诵。志文女士研修佛教，亦甚精深，法号宽志居士。此次染病，殆始于一九七四年之小便出血。因体力素健，初不以为意。一九七五年正月割去左腰，似已痊愈。六月初黄先生夫妇曾飞芝加哥，参加其外孙女蔡美瑜小姐之婚礼。不意七月回至纽约，发现膀胱癌症。九月飞往明尼苏达州之乐谦斯脱著名医院割治。十月中旬回纽约，不满旬日，又曾飞赴乐谦斯脱，但至此时期，名医亦告束手。十一月仍飞回纽约在寓所疗养两周，迭往路加医院住五十一天，因志文女士晨夕侍疾，路途太远，乃移入较近之十架地区医院。延至五月八日终与尘世长辞，享寿八十有三。黄先生伉俪有三女。长女珏如（故），婿蔡卓垣。次女瑾如，婿翁荣挽（故），三女娟如，婿林继民，旅居新加坡。综观黄日光先生一生，为人忠诚耿介。任职负责清廉，不时见义勇为，嫉恶如仇，而且爱国忧时，拳拳不释，对于社会既已具有切实贡献，对于后代抑且树立良好规范，其精神永在，自不待言。凡属日光先生亲友，此时此际，不论天涯地角，必定悼念日光先生，以及祝福志文女士，甚盼节哀顺变，保摄健康。

蒋廷黻
(1895—1965)

字绥章,笔名清泉。湖南省邵阳县(今邵东县)人,著名历史学家、外交家。1923年于哥伦比亚大学获博士学位,同年回国先后任教于南开大学、清华大学;1935年任国民党国民政府行政院政务处长,1936年至1938年任驻苏联大使,1945年被任命为中国驻联合国常任代表,1961年任台湾"驻美大使"兼"驻联合国代表"。1965年病逝于纽约。

悼念蒋兄廷黻

"人生自古谁无死,留取丹心照汗青。"此两句诗,乃在廷黻兄辞世以后,迄今回旋萦绕于予脑际。盖此所云云,不必仅指壮烈牺牲杀身成仁之义士,抑且可为忠于国家鞠躬尽瘁之标准政治家,尤其是学人政治家的写照。

由上以言,则是哥伦比亚大学在廷黻最后丧礼时,下半旗两天以志哀悼一节,一方面固然是一种难能可贵的表示,另一方面亦足证明中西文化如出一辙。廷黻从哥伦比亚得其博士学位。当何兄淬廉偕同历史系主任韦尔盘教授将其丧耗报告副校长后,当场立即决定两项:其一,全校下半旗两天;其二,由韦尔盘教授代表大学参加丧礼。其敬重廷黻,可以想见。

回忆予与廷黻定交,乃在留美回国同在清华执教之时,而予之知有廷黻其人,远在哈佛研究期间。亡友萧兄叔玉当时早曾屡屡道及廷黻,深佩其见解卓越,抱负不凡,谓将来定可在外交界有所建树。此在叔玉可谓有知人之明,在廷黻则可谓有志竟成。廷黻与予同在清华执教多年,又同住北院，朝夕相见，加之网球场上，桥戏桌边，又复时相过从。抗战期间在重庆同住国府路，相距数十步。一九四四年八月至一九四五年夏，虽各有任务，又在美京华府相聚。胜利来临，廷黻主持善后救济总署，邀予襄助，公务私交，益形密切。嗣后廷黻驻美，担任联合国吾方"首席代表"，每值其返台述职，辄能欢叙畅谈。三年前予由汉诺佛大学启程来桥港大学以前，曾得廷黻来信坚邀前往华府。乃偕佩玉暨次儿大邦在双橡园大使官邸小住数日，畅谈甚欢。大邦对于蒋伯伯之诚挚和蔼，启迪后进，至为折服。

清华教授中首先入政界服务者，当推廷黻。关于学者从政，吾国号称学术界之人士，不免抱有一种成见，即认为不甘寂寞向慕权势，倘由从政而复执教，则往往遭受白眼，一若已曾失节然者。殊不知时值非常正是书生报国之秋，即就学术而言，若干科目，若历史，若政治，若经济等等，实际经验正足以补救空泛理论之偏枯。廷黻若能继续不断一味治学，自必更有其学术上之灿烂贡献。然而廷黻于从政后在政治外交上之建树亦能占历史上之一页。故廷黻舍学而从政不足惜，所足惜者是卸任后甫有数月遽尔逝世，连一本赶写之回忆录，亦未能完成，倘果天假以年，俾将从政心得，学术创见，整理成书，一部分或可立即杀青以飨读者，一部分或宜如古人所云："藏诸名山传诸后世"，可为研究政治历史者之宝贵资料。廷黻而无此机会，乃廷黻之一大遗憾。凡引廷黻为知己者当同声一哭。

廷黻从政，所任皆艰巨职务。专就其担任驻苏俄使节一段而言，即有若干不平凡之经验。据伊相告，日常在使馆官邸与家人谈话，亦不愿放任高声，与友邦大使通电话，辄同时以铅笔频频敲击桌面，以扰乱声浪。此盖深恐苏俄方面早在每个房间藏置窃听录音机。某次，彼与美国驻苏大使相约至郊外林泉间谈话，即曾发现有俄方特务追随，虽然保持若干

音容宛在

距离，不啻亦步亦趋。相隔不久，廷黻在百货公司购置用品时，又值此面熟之特务紧紧相随。廷黻乃出其不意，转身突用英语笑问："予恰忘带皮夹，能暂借若干否？回寓后当立刻派人送还。"此一玩笑，全出对方意外，竟使苏俄特务表情极窘而不知所措。

廷黻天资高而致力深。早岁留美，回国执教后始努力中文从事著述。其中英文字均极简洁有力。每值重要之公文与演讲，辄亲自动笔，因训练有素，先将事实情形与理由结论，在心胸之中排好段落层次，故能手不停挥，文不加点。然类此之事仅属一种才华。更可佩者，乃廷黻大公无私，认真负责，实事求是之精神。当其长善后救济总署时，每周定期数次，先与联合国善后救济总署驻华高级首领若干位开会，提出问题，当场讨论决定，决定后即照记录办理。次则召集我方总署各单位首长同样提出问题，听取报告，讨论决定，亦即依照记录，分别办理。此中省却公文旅行，减少反复签批，因而争取时间，效率迅速，有意想不到者。当时我方善后救济总署所经手物资之多，价款之巨，与夫组织之大（每省有分署，有时且有其运输局）规模之宏，有谓与行政院及各省政府并驾齐驱者，确系事实。但树大招风，谤随誉来，廷黻去职予亦随而引退，此中甜酸苦辣，非过来人不足与语。关于廷黻办事之负责，郑兄通和近在《中央日报》曾发表一文。郑兄此篇实是文情并茂，值得流传。

在予侪辈之中，廷黻实为一位"长友"。其所以然者，廷黻事事认真，此其一。见解卓越，此其二。廷黻不特办公认真，即游戏亦极认真。不论打网球，玩桥牌，乃至打高尔夫球，从不肯敷衍了事。大概此一脾气予亦有之，故在不知不觉中更加欣赏。每遇谈论任何事项，廷黻不言则已，倘有意见发表，定必理直气壮，头头是道，有独到而精辟之见解。决不拾取牙慧，人云亦云；如无意见宁肯默不作声，听人高谈阔论。廷黻又有另一长处，即肯接受他人之合理意见而不事强辩。

予认廷黻为"畏友"，非谓其为人只重理智而不重情感。廷黻固深知人情，爱好热闹者。特只与意味相投者始流露其真情。但亦不作应酬语，不说肉麻话。所谓"君子之交淡如水"，凡与廷黻相处久者当能体会。

廷黻对于中西文化之争，有其特殊见解。彼认为只因时代与环境之不同，所谓文化（不论礼教文物制度）有其表面枝节上之差异，若时代相同环境类似，则根本只有一个文化。廷黻具学识，有操守，怀抱负，其融会贯通学以致用之求知方针，其大公无私，实事求是之办事精神，其知行合一磊落光明之立身态度，其不屈不挠鞠躬尽瘁之报国心怀，谓为亦中亦西既古且今文化之结晶未尝不当。廷黻之躯壳虽捐，廷黻之精神不朽！

十年永别忆廷黻

政府有无明令褒扬？事迹有无宣付史馆？

前昨（十月五日）接读绍唐兄惠翰，承嘱对于此次专题人物蒋廷黻先生之座谈，补送书面意见。谨遵雅命，信手略述数项公私方面之事实与感想。

首先，愿提出一项疑问：即廷黻逝世以后，政府有无明令褒扬，又曾否将其在内政外交事迹交付"国史馆"作传？当时报纸，似未登载，也许本人忽略。足年来屡拟查询，但向谁写信，如何措词，殊费斟酌，因而迄今搁置。倘果遗漏未办，是否尚可弥补？

不喜敷衍应付，厌恶恭维迎合

就性情、习惯与作风而言，对于涉足宦途——任何政体中之宦途，廷黻或不太适宜。但此乃专指事实而不言理想。言理想则多有廷黻其人者长期从政，正可使得政治清明。就我所知，廷黻固自负自信但并非有意骄傲。可是待人接物，往往未能达到"内方外圆"之境界。此盖因为廷黻对人对己，不喜敷衍应付，厌恶恭维迎合；尤其是对于论事办公，鄙视颟顸模棱或依违两可。基此种种，在若干接触人士之中，难免发生拒人于千里之外的印象。可是在一般会议席上或公众场合，廷黻虽率直敢言，同时亦能委婉陈词反驳对方。例如有一次行政院院会，廷黻（时在重庆复任政务处处长）因徐部长可亭屡曾囫囵吞枣，诋斥西洋文物制度，殊觉不耐，乃于讨论时插入几句：西洋文物制度亦犹吾国文物制度，有利有弊，且视时代情况，其有利便者自不妨采用；例如徐部长身穿西装足踏皮鞋即是明证。结果徐氏也跟着大家一笑。

蒋"总统"知人之明

正因上述种种，所以廷黻之并无凭借而能插足政界，担任内政外交重任，历三十载之久，完全是由于蒋"总统"知人之明。记得重庆当日曾流行一项传说：党中人士对廷黻颇有攻击；"总统"却说，如彼才具果有几个？不论此一传说是否事实，而廷黻之不是"做官"，不属"巧宦"，与夫为国服务，展其抱负，全出于最高当局特遇之知，当无疑问。

"救总"的精彩表演

廷黻在外交方面之成就，特别是在其联合国"常任代表"期间之艰苦奋斗，辉煌成就，固为世所周知，而其在内政方面，主持行政院善后救济总署，殊亦有精彩表演。盖"救总"（当时简称）组织大、范围广、财力厚、物资丰、人员众、业务繁、时限促、争执多。廷黻大刀阔斧，树立规模，分层负责，群策群力，故能迅赴事功。今日尚值一提者，廷黻当初所邀请而由政府任命之各省分署正副署长以及若干区域之运输局正副局长，大体上均系一时俊彦，且有操守。江西分署张署长国焘，因公屡与谈商，觉得其外表态度等等，绝不像当年曾与毛泽东争雄之角色。此一深刻印象，正与廷黻之观察相同。"救总"总署指挥业务与办理公文，工作甚为繁剧。盖外则须与"联总"（联合国善后救济总署简称）折冲合作，内则上必随时向行政院报告，旁应与有关部会联络，下宜考虑地方政府之请求。此中艰难曲折，甜酸苦辣，非亲有经验洞悉实况者，实难想象。笔者身为助手，提到廷黻功绩，不无阿私誉友之嫌，但事实俱在，不难覆按。语云：树大招风。中外古今皆然，"救总"自非例外。本人随同廷黻中途卸职。继续主持者乃为（霍）亚民。不料曾几何时，"救总"总署（一部分在沪）若干高级职员竟遭遇曩年农本局在渝高级职员所曾得到之遭遇。亚民无奈，自沪亲打电话到南京，请我转恳亮畴先生设法，旋即保释。宦海风波，令人感喟。

兼有学问与才识

数年以前，一位纽约朋友问我，廷黻除却外交成就，何以值得佩服？当时不假思索，回答数点。其一，廷黻是较早一位（即在抗战以前）从政教授，大有学优则仕之情形。既有学问，也有才识，两者兼具，实不容易。举其小者言之，关于中文、英文讲稿或公文，廷黻均能自己动笔；伊幼年即赴美读书，中文根柢不深，回国执教始开始补进，终能挥写流利有力的文章，足征天份高而志趣坚。其二，居常谈话（不论两人相对，或多友在座）发现廷黻流露两项特点。一则对当时话题，若无兴趣或见解，宁持缄默，苟其发言，必能持之有故，言之成理。此非谓其所持意见全对，但其系经过思索考虑，则无疑问。再则不愿月旦人物，而只谈论事理之当否与主张之高低。此可见其见解高与品格高。其三，假使廷黻当年不入仕途而专心著述，则其在历史学界当必有不朽贡献。即令专就其所辑"近代中国外交史数据辑要"三卷而言，亦足传世。至其在"独立评论"所发表之几篇政论，特别是有关民主独裁之见解，不仅反映时代局势，抑且具有历史眼光。

笔者在北平清华大学执教期中，不知如何，抱定不为报章杂志撰写政论之宗旨。故虽屡承"独立评论"方面朋友嘱写文稿，始终未曾应命。迨在重庆服务国防最高委员会时，却曾写过（一）《治乱和战与民主独裁》及（二）《大战与政体相互之影响》两篇文章。（均收入拙著《政治论丛》中。）廷黻读后曾专诚打来电话，备加赞许，谓为根据历史之客观分析与允当结论。数日之后，彼此见面，予戏谓拙作立论早由在"独立评论"中之尊著加以发挥。尔吾本着"文章自己的好"看法，正可相互标榜一番。彼此遂相与大笑。

清官难断家务事

关于廷黻之家事，予所确知者，早在遇新以前，对旧已露端倪，酝酿颇有多年，故并非突如其来。胜利还都以后，廷黻曾单独与我坦白诚恳，列举琐屑事例，详细说明其态度之所以然。静听之余，予只有略加安慰并劝慎重。盖默察情形，已成定局。率直言之，夫妻关系固然包括理智与情感两因素，但是情感之分量往往重于理智，而且情感与理智不特相互牵连，更是彼此影响。何况观念有新旧之分，法制具中西之异。故就廷黻看，自有其缘由与立场。而就（蒋唐）玉瑞言，则观点相反。俗谚有云："公说公有理，婆说婆有理"，"清官难断家常事"。此皆根据经验与包含哲理。至若法国流行谚语，所谓"一切洞悉，一切原谅"，更属透澈。

音容宛在

水木清华过从甚密

最后，愿略述私人交谊。吾俩交游约四十年，其中十有余载，日常见面，无话不谈。盖在"水木清华"，同校执教；在陪都重庆，同住一街；在战时华京，同驻一年；在善后"救总"，同署供职，且同住官舍，同进三餐。所以彼此知己知心，可说如兄如弟。

留学美国期间，虽然彼此未曾谋面，却曾由共同友好如（萧）叔玉（蘧）与（何）淬廉（廉）辈，不时"缺席"介绍，互知志趣及品性，是为神交之开始。民十七年秋，同到清华执教。予早由余师日宣邀请，原任温校长应星出聘，廷黻则由新任罗校长志希延致，自南开转到清华。彼此相逢，一见如故。不久，梅校长月涵师继任，鼓励所谓"教授治校"，决定重要校务之评议会每周至少开会一次，其余如教授会及聘任委员会等亦定期开会。廷黻与予均系参加分子，彼此更增认识。此外，尚有两项共同嗜好。一为运动，即打网球，每周二三次均在下午四时许举行。偶或预备冰淇淋一桶，置球场傍，吃吃打打。一为消遣，即玩桥牌，每于周末晚饭后开始，只计分数，有胜负而无输赢。经常参加打网球与玩桥牌者，吾俩以外，计有（陈）岱孙（总）、（萧）叔玉、（王）化成、（陈）福田诸位。蒋、浦两家同住清华北院（十六号与四号），相去咫尺。廷黻大嫂（唐）玉瑞与内人（陆）佩玉时相过从，且常与（北院五号）王文显夫人，三位并坐，一面编织毛衣帽，一面细话家常。两家儿女亦常来往，回忆清华生活真是黄金时代。

玩桥戏女主人露真情

抗战时期，佩玉率领儿女，由北平回到常熟，侍奉翁姑。予则只身由长沙而蒙自而昆明而重庆。予与化成及（黄）少谷在国府路上合租房屋一所，分别居住。廷黻恰巧也住国府路。每逢星期假日，常往伊之官邸，玩桥牌以资消遣。经常"桥"伴计有（陈）之迈、（吴）景超、（张）平群（康）黛莉萨（彰）夫妇及（王）化成诸位。每逢桥戏，玉瑞自然出来招待酬应，但主人与主妇之间却甚少讲话。有一次，星期天上午，予应约前往玩桥，廷黻临时有事外出，余客尚未到达。玉瑞走到客厅招待，坐下寒暄谈话，承询及佩玉暨儿女情况。玉瑞曾云：你们虽然暂时分离，但感情要好，不在距离之远近。说此几句时，泪珠一滴已到眼眶边缘，强启抑制。予急改换话题，转头向外。此一次无意中流露潜在久蓄之情绪（时在民廿九年左右），给予极深刻之印象，迄今不忘。其后，玉瑞赴美，廷黻移居。周末之桥牌约会仍时常举行，平群、黛莉萨与予经常为座上客。

小住双橡园　往事历历如昨

民卅三年八月至卅四年九月予奉派至美，参加会议，住在华盛顿京都，又与廷黻相晤聚。周末桥友则为（李）卓敏、（陈）之迈、（崔）存璘诸位。旋廷黻奉命主持"救总"，予亦返国，承邀襄助。曾同住一门出入而分建坡上坡下之两所官舍，三餐则在廷黻处共同进用。胜利还都，予家住南京，主持总署公务，廷黻与卓敏则住上海主持业务。卸职以后，彼此告别。一九六二年秋，予应聘来美，偕佩玉同行，分别在印州之汉诺佛大学与康州之桥港大学，各教一学期，开授中国思想制度课程。廷黻预知吾俩将来东岸，先期邀约，遂偕同开车伴送之邦儿（大邦）前往华京"双橡"大使官邸小住数日，承廷黻与（沈）恩钦热诚款待。往事历历，如同隔昨，回首前尘，却似梦寐。

宦海寡情　人生如寄

廷黻身体素健，不幸竟得不治之症。一九六五年八月廿一日曾偕佩玉由桥港乘火车到纽约，坐出租车往医院访视廷黻。时廷黻正倚高枕平坐，口含雪茄，而形容枯瘦，不禁吃惊。略谈五六分钟，即祝康吉而别。恩钦每日在医院陪视，自甚辛苦。十月九日晨接淬廉电话，知廷黻已于三时左右辞世。十月十二日偕同佩玉往纽约参加丧礼。恩钦由幼子四宝陪侍，玉瑞由两女大宝、二宝陪侍，分坐灵堂前排之左右排座。仪礼肃穆，到中外来宾约二百人。今午翻阅是日日记写有"既感宦海寡情，复觉人生如寄"两句。但此刻仔细思量，廷黻之精神不死，廷黻之成绩永存。

一九七六年十月七日写于罗安琪

何廉
(1895—1975)

湖南邵阳人，著名经济学家。1919年赴美留学，获耶鲁大学博士学位。1926年回国任教于南开大学，并历任经济学院院长、代理校长。1936到1946十年间，历任经济部常务次长、经济部农本局总经理、资源委员会代理主任、国民党中央设计局副秘书长等政府职务，并主持设计战后五年经济建设计划。1949年后赴美，任教于哥伦比亚大学东亚研究所，1975年病逝于美国。

记何廉兄生平
——治学从政树立风范

壹　学以致用

在抗战时期及其前后，大学教授因为报国心切并求学以致用，而抛离书籍，服务公职者，颇不乏其人。仅就北方各大学中笔者所熟知之友好而言，例如北大有胡适、陈大齐、樊际昌，南开有何廉、张纯明、李卓敏、崔书琴，燕京有徐淑希、吴其玉，清华有蒋廷黻、吴景超、王化成、陈之迈，即笔者亦忝与其列。其它地区，如武汉之有张忠绂、陈通伯者，人数亦复不少。

学人从政，一时蔚为风气，此固不独吾国为然。美国值第二次世界大战，其大学教授暂时为国效劳者，人数亦复可观。专就吾国而言，此批教授投身政界，大抵系属短暂性质，及俟服务告一段落，多数仍回大学执教研究与著述。至其从政情况，因为教育背景与思想习惯缘故，究与一般专以"做官"为职业者比较起来，则在抱负、行径与遭遇各方面，有所不同。

窃尝屡与友好谈论，咸认为大凡"教书匠"置身政界，不见显露其共同特性。以言抱负，总觉其所以出仕乃是人求我而非我求人，而其出仕目的固在"做事"而不在"做官"。因此之故，既无患得患失之心，更有可进可退之志；故总愿改进革新，不甘敷衍塞责。以言行径，不事奉迎，不谋私利，破除情面，奉公守法，而且往往直言无隐，据理力争。由此之故，自不能与掌权者左右之核心分子发生密切关系，遂如无源之水或无根之木，孤立无援。以言遭遇，不见引起忌怨谗谤与掣肘排挤，而各界不肖之徒常因所求不遂，利用其各种地位与机会，或则造谣中伤，或竟施诸行动，结果则黑白混淆，是非颠倒，致使整个社会不明真相。此则所谓宦海风波，从古为然，迄今不减。上所云云，绝非每一位从政教授必然如此，但就大体而言，似为一般从政教授之抱负与行径以及可能之遭遇。

笔者与何廉（淬廉）兄订交相知，逾半世纪之久。本文之撰写乃为纪念其一生工作与贡献，特别因为淬廉兄可为治学从政一般双栖人士之优良代表。

贰 童年教育

何兄淬廉籍湖南邵阳，生于一八九五年，累代家居城外小村庄中。其祖与父均系绅士型之农民并为一村领袖。祖父积有稻田良多，死后均分与其四子，各得约二百亩。淬廉之父将其所得，大体租给佃农耕种，所余极小部分则由自己操作，终年雇一长工，值农忙时期则临时添用助手。据淬廉相告：幼时每值插秧及收割之际，亦喜置身其间，凑个热闹，享受些田野乐趣，及其稍长，对于土壤之保持，肥料之存储，以及水源之珍贵，虽不甚了了，但亦略知其重要。淬廉又云：每值秋收以后辄随陪其父到附近各处收租，往往得着佃农之殷勤招待。

淬廉由八岁起开始读书。初入本村何"家"私塾，同学约十人均系男孩。所读如"四书"及"唐诗三百首"等，均须默记背诵。三年之后升入较大之何"族"私塾，又复三载。此一时期系在旅馆中住宿，同窗在十五人左右，居然每人住一房间。每月朔望则各自回家。此时年事稍长，教师亦较高明，肯详细讲解，故开始了解经书之大意，另又阅读"纲鉴"，粗知朝代起伏治乱之轮廓。作文方面曾略习八股之破题承题初段，旋即改学策论。

一九〇九年，时方十四岁，淬廉进入长沙城内之邵阳中学。此一继续读书并加入新式学校之决定，有关一生前途，实得力于其罗姓姑丈之主张及叔父之支持，始得父亲首肯。行前曾蒙族中赠与大洋十五元。邵阳距长沙约三百里，坐轿需五天。到达之日学校已上课一阅月。关说结果，除顶替一位姓何名廉考取而未报到之学生名额外，别无他途。盖每届录取新生名单必须向主管衙门呈报，一经备案万难更改。因而淬廉屡曾大笑说道："我名何廉，原来如此！"淬廉之胞弟，只曾就读家塾，未曾升学，父亲逝世（时淬廉正留学美邦）即由彼主持家务，管理田产。

长沙之邵阳中学不收学费，每学期只收膳宿费八元。但设备简陋，宿舍拥挤，且来自乡村之学生只有淬廉一人，故初到不易相识友朋。幸而因为中文比较优越，不久即受侪辈重视。惟对于英算及科学，根本未曾学习，不啻一窍不通，甚感痛苦。就读三月后，已值学期终结，乃返回故乡，不愿再往长沙。商量结果，决往广西省会桂林，另谋出路，亦即持父执辈之介绍函件，设法在桂林省垣进一中学。桂林距邵阳有七百二十里之遥，需两周路程。翌年二月，由罗姓姑丈陪伴，启程前往桂林，姑丈乘轿，淬廉步行，各雇挑夫一名，肩挑行李。及三月初抵达，始知桂林各校均以每年一月至十二月为一学年，故又已迟到，无法进入任何中学。懊恼之余，只得租房住下，向一位英国传教士专门学习英文，同时向其姑丈补习中文。

九月后，亦即一九一〇年十一月，桂林之陆军小学及陆军干部学校，适均招考新生，前者为童年而设，后者则为成人。两校均不收费用，入学后成绩优良者并得领取每月数元之津贴。在此时期，各省武备学校颇属时髦。大抵淬廉此际报国心切，遂同时向两处报名，结果则考入陆军小学。及正式开学上课，已在一九一一年春天。据其回忆，当时心情亦不甚愉快。一则因着重军操不甚习惯，再则因此校本为广西子弟而设，今以惟一之外省湖南青年参加在内，不见侧目相视。久之，殊亦安之若素。计入学只一学期有余而发生辛亥革命。此陆军小学随亦关闭。当时约有一百名陆军小学学员（包括李宗仁、黄绍竑在内）决定前往武昌参加革命。是年十一月中开始由桂林出发，淬廉竟亦在内。消息传至家中，伊父派人兼程追赶，卒于桂鄂交界地区之黄沙河岸见面，遂强令回家。

回到家乡已值寒冬十二月。当地土匪四起，城乡均不安靖。稍后，革命军过境，迫人剪发。先是，淬廉早已将发辫剪去，其父见而大怒，不与语者旬日。稍后，因为革命军迫令乡人限期剪发，逾期则将强迫从事，其父乃谓与其被人迫剪，毋宁自动先剪，遂嘱长子动手。淬廉为其父剪除发辫时，不禁欲笑而不敢笑。计此次在家休息观望，有十个月之久，总觉光阴虚度可惜，乃重返长沙，复入邵阳中学，中文列高班，英算仍属低班，是在民国二年之初。

同年十二月，淬廉向长沙之雅礼书院报名投考，平地一声雷，竟以第一名录取。雅礼书院所收之学膳宿费四倍于邵阳中学，计逾百元。每年此项费用由何氏家族供给一半。从此按部就班，安心勤读，继续五年之久（民三至民八），乃告毕业。关于宗教信仰，有一段事实值得记述，淬廉就读雅礼时，对于每晨必须参加简短之听道，祈祷与歌唱赞美诗，起初不甯不甚习惯，且有时殊觉厌恶，久而久之，则觉每日一次身神宁静，亦颇心安理得。惟对于信教则距离尚远。某次，一位名布道家Sherwood Eddy到校讲演，讲毕高声宣称：凡愿入教者，请即留座，以便分批行受洗礼，其余不愿信教者可以退席。淬廉闻言，立即举步走出礼堂，约有一半学生鱼贯随行。事后，校长传淬廉前往，询问何故。淬廉坦白回答：讲道先生既云不愿者可以退席，予只照办而已。校长默然颔首，绝未加以责备。几年以后，淬廉因为读经有心得，尤其因为凡所接触之美国基督教徒，不特生活严肃而和蔼慈祥，抑且热心公益与博爱人类，遂受感动而受洗事主。由上种种，可见淬廉在童少时期，禀赋优异，个性倔强，立志坚定，而磨练亦多。

叁　出洋深造

淬廉既在长沙雅礼书院卒业，自无意回家株守，步武其父亲之农田生活。当时考虑者不外三途择一。其一，设法在任何中学谋一教席。此固不难但前途有限。其二，北上投考大学：北大或北洋。此则固所甚愿，但计算四年至少共需一千六百元，非家中所能负担。其三，赴美"工读"，但亦需一次筹集八百元，当可前往。此所谓工读，不指寻常之半工半读而指密州帕克大学（Park College, Missouri）之工读方式，即除全时间读书外，每日抽出些时间及每周抽出些钟头，做些工作，赚些工资，以资维持。雅礼美籍院长曾嘱其中文秘书起草，写信致淬廉之父，称赞伊子成绩优良，前途有望，值得赴美深造。淬廉自己则向父亲陈说：如得八百元，此后决不再向家中索款，自当立志工读，求得学位。结果则伊父割让田地一块，得四百元，余四百元由何氏亲族合赠。可见吾国以往大家族制度与精神固有其优良传统。当时中美币值相近，中国八百银币可以兑换美金四百元有余。雅礼书院掌管出纳之美籍人员，在签换美金支票若干张（总合为四百余美金）时，顾谓淬廉"汝有英文名字否"？淬廉答以"无有"。恰值淬廉手中持一本富兰克林自传。此位美籍出纳员，笑问即用"富兰克林"为英文名字如何。淬廉亦报以一笑而表同意。此为淬廉取名Franklin之由来。

民国八年七月淬廉搭乘"中国号"轮船头等舱前往美国读书。在金山登岸后遇友人陈翰笙及同学邱（昌渭）毅吾等。小住数日，闻赴美较久之友人言，"工读"不必前往帕克大学，相距甚近之普麻那大学(Pomona College, California)亦是一个著名之工读大学，学术水平较高，工作机会亦多，故遂放弃原来计划，申请普麻那大学准许入学及给予奖学金。不久复信允准，淬廉遂偕同毅吾，先坐火车，继搭巴士，前往克雷蒙德镇（Claremont）之普麻那大学。所携带者，除手提箱外复有新购之打字机一座。淬廉抵美之初，所见一切，例如街上汽车之多，电影院中男女之杂坐，大学图书设备以及科学仪器之丰富，校园草地风景之整洁，甚至卧床毡单多层之特别折叠，无不新异。此则在当时二十年代中国留美学生最初数月中之共同经验。

淬廉之进入普麻那读书，曾得见缴学费之"奖学金"，并插入二年级。时值暑假，正可开始寻觅工作。由学校主管单位及热心教授之介绍，先则帮助一个家庭每天洒扫清理，即可免费寄宿，继则为另一邻居洗涤碗盏，由主人供给午晚两餐，因而膳宿问题均告解决。不数日，又在图书馆中找到一项临时工作，数周之后图书馆主管因为淬廉做事勤快，告以开学以后可有永久性之部分时间正常工作。所以一俟秋季选课上班，整个工读计划已经安排妥当。淬廉曾经语吾："最初操作杂务，心中难免蹊跷，因为早已立志工读，故亦安之若素，尤其是因为目击许多美国青年男女亦均在担任类似工作，各自贯彻其工读初衷，更觉精神愉快。"继又笑云："此种经验，对于清华'旧制'官费生，大抵缺乏。"予乃谓"当时清华毕业生所拿官费，每月发给，头几年确是足够，到了后来，因为必须添购西装鞋伞及参考书籍等等，月费就不足够，尤其是在东岸上学者，包括本人在内，往往必须在暑假中做些洗涤碗盏或充当饭厅侍役等工作，以补不足"。乃相与大笑。

民十年夏季某晨，淬廉正在图书馆工作，忽得大学女生训导长电话。及应召前往，始知此位女性教授约请陪往洛杉矶接一中国女生，盖诚恐此新生英语或有问题，需要翻译，并言明代付来回车资并另给每小时五角之酬给。此位女生就是也来自湖南之俞舜芝女士，亦就是八年之后在南开大学与淬廉结婚之何大嫂。是则"打工"对于淬廉，不啻解决读书问题，而且为婚姻牵线。

转瞬三载，淬廉毕业，得学士位。所选读课程系在文科方面，着重经济，兼及哲学、政治、文学，为此后进入研究院树立结广之基础。毕业之前，淬廉早曾向耶鲁大学之研究院申请入学及奖学金，结果得到"学费奖学金"，故暑假开始即自普麻那前往耶鲁。由于两位业师之介绍，一到耶鲁即有继续"工读"机会：一方面为某一教授担任暑期全时间之助理工作，并预定开学后担任部分时间之助理工作，另一方面，又经院中指定，在开学后为其他一位教授担任其所授"经济学概论"一门之阅卷员。依照当时规定，代为批阅考卷之酬给计算如下：每本天天举行（当时耶鲁以此制出名）之小考（约五分或十分钟）考卷，以美金三分计；每本需考一小时之考卷，以二角五分计；每本需考两小时之大考考卷，则以五角计。正因此门必修课程学生甚众，所得酬给自亦积少成多。

回忆予与淬廉初次见面，乃在民十二年冬寒假期中。时值予自翰墨林大学毕业进入哈佛之第一学年，而淬廉之在耶鲁系第二学年。此次会晤地点是新泽西州某镇之海滨旅馆。相遇者除清华学长（陈）可忠、（萧）叔玉、（萧）公权外，尚有（林）旭如、（徐）淑希、（于）焌吉、（李）继侗及（吴）蕴真诸位。相聚虽只二三日，然谈天说地，批古论今，以及各述所志，互吐衷曲，至为欢畅。予对淬廉之诚挚恳切，肝胆照人，深感钦佩，承伊亦青睐相加，意气相投，故一见如故，订交终身。

耶鲁大学当时经济学科教授多国内外知名之士。淬廉所选之重要课程均由名师（如Clive Day，T.S.Adams，Irvine Fisher）主讲。所撰论文，题为"关于所得税征收机构与程序之比较研究"，系由亚当斯教授指导。论文之完成系在民十四年九月，博士学位之正式授予，则在民十五年六月。淬廉在耶鲁时正值费煊教授创办其"引得数字之百科大全"，曾邀淬廉襄助，始以部分时间工作计薪（民十二年春至民十四年九月），继则以全部时间工作给薪（民十四年十月至民十五年六月）。可见耶鲁大学经济学教授对于淬廉之学识与能力早有认识。

肆　回国执教

民十五年六月，淬廉学成归国，搭坐"加拿大皇后号"轮船，自温哥华驶抵上海。离美前曾接岭南大学函，聘任商学院院长，月薪三百元，当曾复书，答应考虑。船抵日本横滨，接读南开大学商学院长信，请其担任财政学及统计学教授，起薪每月一百八十元。淬廉考虑数日，认为平津一带为当时学术中心，大学教育水平较高，虽收入特低但前途殊大，遂毅然发一电报接受邀聘，且改道由日赴韩，经东北而直达天津。此种抉择显明表示淬廉之眼光与抱负。一到天津，淬廉即往谒见南开大学校长张伯苓先生，从此开始数十年之相互交情。是日，张校长曾陪同访谒一位老教育家，出身翰林曾任清末学部侍郎严（修）范孙先生。

计淬廉在南开执教，足足十年（民十五至廿五）。回忆友好同时担任南开教职者如叔玉、公权、继侗及（蒋）廷黻辈，先后相告，综合分析起来，淬廉对于南开积有下列各点贡献：（一）热心教课，（二）改进教材，（三）罗致学人，（四）办研究所，（五）出版刊物及（六）尽力维护。上所云云亦可包括其两度从政以后照旧忠心努力于南开之各种活动。

据公权相告："淬廉初到南开执教时，每感一星期上课时间太促，不能尽情发挥其专门学术之胜义及心得。每逢例假停课，辄叹曰：'又放假了，'此后虽渐不作此表示，而热心讲授则前后如一。"此种热心教课之伟大精神确是难能而可贵。又曾闻诸叔玉与继侗：有一次他们两位往访，自远望去，正见淬廉手提水壶在门前灌溉花草，及其走近，则见壶中发出热气，察知乃系开水而非冷水。此殆因淬廉念念不忘教课，因为心无二用，所以一时错误。予曾面询淬廉是否有此事实，伊但连声大笑只说："此是加油加酱。"

复次，关于改进教材，亦即力求文法各科课程逐渐尽量加入吾国古代及现时材料，淬廉曾竭力提倡并有所贡献。当伊于民十五年六月初抵南开以后，即曾前往北京、南京及上海等地，分别参观北大、燕京、清华、金陵、东南、复旦、交通、暨南、沪江、圣约翰及大夏等大学，仔细考察其各项经济课程及其内容。当时发现两大缺点。一为多数抄袭美国各大学流行之课程，不加增损。例如往往列有"商业循环"一课，却无有关"中国经济组织"或"中国农村经济"课程。二为所讲授者大抵全为欧美各国资料，本国情形反而不提。例如授课者对于西洋所得税及遗产税类能比较分析讲解清楚，独对吾国田赋沿革及现行税制，则茫然无知，避见涉及。此盖因前者书籍众多任凭参考，后者则尚未经人整理，并无方便合用之参考册本。此两缺点，在二十年代乃至三十年代中，不独于经济学系课程为然，其他如政治学系及社会学系等课程，亦复如此。淬廉有鉴及此，锐意

音容宛在

改进，在其民十五年南开首次任教之"经济学概论"，"财政学"，"统计学"，及"公司财政学"四门课程，立即设法加入吾国材料，特别寻求吾国史实或现况，作为经济原理之佐证。此种改进，实非易事，盖首须自己寻觅适当材料——等于自己"再教育"自己，再则势须编著应用课本。经多年苦学，淬廉卒编成一册富有中国材料之"财政学"课本，由上海商务印书馆出版（民二十年）。此不过举例而已。

风声所播以及时代需要，文法科若干课程教材乃至课本本身需要"中国化"，自然日趋明显。笔者自民十七年起回到清华执教，两年后担任政治学系主任，亦曾努力增加有关本国之课程或教材。犹忆民十七年夏，予曾利用整个暑假作成一份"政治学概论"必修课程之详细参考资料单。此项数据包括中文英文，涉及古今中外，乃摘自标准书本或杂志，并且注明每一学生必须阅读及选择阅读之章节，页数及多少。秋季开学上课之第一天，即将预先铅印订册之此项参考数据单，发给学生，嘱将每周必须阅读与札记之中文报告按时呈缴，由系中助教（聘有二位）仔细批阅给分，准时发还。以故，每日晨晚图书馆尚未开门之时即有许多学生拥挤等待。盖予之"政治学概论"与（陈）岱孙之"经济学概论"，同为政治、经济两系学生之必修课程，故班大人多，争先借到指定参考书册俾作札记。后来予曾教请公权自燕京转到清华，特别着重其所教"中国政治思想"一课，上下二千余年，范围广而讲述精。其完成出版之"中国政治思想史"巨著自属不朽之作。此外有讲师程先生所授之"中国法制史"一门，以及先后由（钱）端升、（陈）之迈所授之"中国宪法"及"中国政治制度"。凡此种种殆亦归属改进教材之运动，但较诸淬廉之先知先觉则望尘莫及。总之，一国现代学术之超于独立，颇需时间。

关于罗致学人，淬廉亦尽其最大努力。淬廉忠于南开自不仅为其一系一院着想。关于此项努力，具有"负"与"正"两方之前因后果。南开

102

经济力量有限，因而薪给低，图书少，设备寡。倘如与清华相比则显然见绌。盖清华系国立，且有庚款基金，故薪金高，书籍多，仪器备，而且专任教授首届五年，此后每满七年，得申请休假及出国研究。职是之故，就民十八年而论，南开失去许多位中坚教授。例如叔玉、廷黻与继侗分别应清华之聘，担任经济、历史、生物各系课程，公权则亦转往燕京而继赴清华。张校长曾与淬廉磋商，咸认为南开不克与清华、北大争竞，宜专就商业经济及应用工程等科，发挥其特长。经多年之努力，尤其经淬廉之物色与介绍，南开先后得到一支生力军。例如（方）显庭、（张）纯明、（陈）序经、（李）卓敏、（林）同济诸位，均应南开之聘。此专就笔者亦甚熟悉之友好而言，其他尚有丁、金、袁数位博士相继参加。故南开大学之声誉亦复卓著。

兹略举有关上项之一二琐事。据公权追忆："当时南开之经济不裕，教员之薪金不厚，有家眷如叔玉及弟每感支绌，于月终时每向淬廉借款十元廿元以渡'难关'，至次月发薪时偿还。渠知弟等窘状，故周末常约集四五人，至天津著名之德国茶点馆小吃，由彼作东（时尚未与舜芝嫂结婚）。"予来美执教后曾亲由淬廉语吾："当初廷黻，公权等离去南开，我甚寄予同情，因为南开待遇实太菲薄。"当予民十五年秋回国，在昆明东陆大学任教之翌春，淬廉曾驰函约往南开，而在燕京之淑希，同时亦有信来邀予前去燕京。斯时予已答应东陆之续聘，东陆尚以一月至十二月为一学年，故无从考虑。及民十七年予回清华执教，途经天津，曾专程赴八里台，访问阔别之淬廉、叔玉及公权，相见欢谈甚久。

至于淬廉创办南开经济研究所，及其与同仁陆续出版精彩之专题研究论著，此为学界众所周知之成绩。简单言之，南开经济研究所在民十六年起开始筹备，只有一位所长及两位研究助理员。至民十九年秋，实际进行研究工作。此乃聘请新人，提高待遇，减轻教课时间，以及从事研究国内实际经济情形，所以能有研究结果，专文刊行。不数年后，成绩斐然，声誉甚著。然而关于经费之筹措，真是艰难困苦，惨淡经营。起初幸得地方财绅与银行界首领之支助，继则蒙美国洛氏基金会陆续长期拨赠款项，俾得充实图书设备以及津贴研究人员出国进修。但研究事业愈多，所需款项愈大，每年预算之平衡愈难，而向外界筹募捐赠亦愈形迫切。淬廉在南开大学之学术工作至民廿五夏告一段落。由上种种，已足证明淬廉对于南开如何忠心耿耿，然而其始终关爱与努力维护，日后更形昭著，此则须留待本文后段再加叙述。

伍　初度从政

淬廉之舍学从政系在民国廿五年。是年六月底，淬廉偕其家人正在北戴河避暑，忽接行政院翁秘书长（咏霓）函，转达蒋总司令兼行政院长之意旨，欲伊出任（行政院）政务处处长。原任系廷黻，到职八阅月，新膺命驻苏联大使，尚未出国。淬廉本无意仕途，一年前吴鼎昌先生出长工业部曾邀襄助，未曾答应。但寒暑交更，而北方局势由于日本军阀更暴露其侵略野心，益趋恶化，故淬廉殊觉迁地为良。再则伯苓先生亦有预感，准备万一抗战发生，南开当即移往内地，则淬廉从政，结交较广，对于迁校计划定有协助。更有进者，民廿三年夏，蒋总司令即曾邀约廷黻与淬廉二人前往牯岭谈话。每人曾蒙召见两次。对于淬廉所垂询者，第一次系关于经济建设，第二次则集中于农村建设问题。凡所陈述均蒙注意。此外，学以致用，为国效劳，未始非一动机。因上种种，淬廉考虑约一周后，复函接受。

行政院之秘书处与政务处，在理论上各有职务：前者主管日常工作及经费，后者负责联系各部会与省市，前者有若干简任秘书，后者有若干简任参事。以言实际，则两者之工作并无鸿沟划分，秘书长与政务处长经常当面接洽，共同商量。在此时期，行政院每周举行两次院会。每星期二晨间所举行者乃为正式院会（等于内阁会议），备有印就之议事日程（由两处联合拟就），大抵分三部分，报告，讨论及任免事项，因为重要事项会前早已磋商决定，所以极少讨论，即正式通过。每星期四晚间所举行者，只是一种预备会议，地点在院长或副院长官邸。在此非正式会议中，虽有时发言盈廷毫无结果，但交换意见，争辩得失，殊亦有其重要性。担任秘书与参事者大抵为具有丰富经验，老于办理公文一辈"行家"人物。惟是时亦有新从大学执教转入仕途者，例如（张）平群、（吴）景超与（张）锐是。淬廉到任之初，对于各种办公手续，例如文书辗转迁延时日，会商结果尚待各部会各批，而不肯利用电话立即解决，又如代盖上司图章，不能各自分层负责等项，甚不以为然。但设法改进，增加效率，殊多障碍。此则为一般教授在其从政之初共同具有之经验。

某次，在星期四晚之非正式院会中，蒋兼院长当众面嘱淬廉研究三事，即（一）负责经济建设各项机构，（二）目前经济建设进行情形，及（三）政府财政收支实况，并嘱写成书面报告，且吩咐各部会首长尽量供给材料。淬廉奉命惟勤，亲自办理，但有关部会诚恳合作者有之，敷衍塞责者有之，置之不理者竟亦有之（当时财政部）。可见"人事"因素之重量超过政治"制度"。

是年十月淬廉奉召赴洛阳行营，暂时参加"侍从室"之工作。蒋委员长之侍从室，乃因应需要与便利，实际上随时随地，承上启下，经办一切军政要务而形成，原非法定单位。当时计有军事、政事及人事三组，分别由钱大钧、陈布雷及陈果夫三位先生主持，淬廉报告有关德国四年经济计划，苏联五年经济计划，以及英美两国财政收支制度，且约定每隔一日进谒以面谈一小时为度。中央及地方之文武要员（或则去电召见或则请准始来）往往参与此项报告。在此期间陈辞修将军适亦在洛阳随侍，故亦时常晤谈彼此熟悉。淬廉又陪同布雷先生阅读某几项有关文电，大抵商量加签呈批，偶或相偕当面请示。晚间如无远客，则两陈一何，辄陪同进膳。在此约略一月又半之期间，淬廉不特亲见蒋公之日常生活起居，抑且了解领袖之如何掌握全国治权，日理万机，以及领悟侍从室之如何集中情报与参与密勿。此种机会与经验，实属难得。淬廉知予研究政治，故曾不惮烦细，尽情相告。

淬廉自洛阳回至首都已在十二月初。不久即发生西安事变。当时中枢表面镇静，实颇慌张，在高级军政界人士之间，谣诼纷纭。及蒋公安返南京，全国庆幸，政府旋即局部改组，由王亮畴先生继张岳军先生出任外交部长暂时兼代行政院长，并由魏道明先生继任行政院秘书长。淬廉曾秉蒋公手谕，暂代资源委员会（隶属军事委员会）之秘书长，并清查账目，因而洞悉其中有关经济建设之事业与费用。

廿六年七七卢沟桥事变，引发八年抗战。七月中旬举行之庐山谈话会，笔者曾冒险（平津铁道已断续数次）自清华大学前往参加，当时深信定可会晤淬廉。到达之后始知伊已返回南京。中枢既已决定抗战，遂设置大本营，改组整个行政机构，以树立战时政府。八月中旬以后，战事迫近首都，因敌机每日轰炸，各部会单位不得不在防空洞中开会与办公，情形之混乱，不难想象。当时淬廉竟身兼四职，即政务处长，农本局长，大本营农业调整委员会主任，以及国民经济委员会副主任。旋蒋公又下手谕，调淬廉为其本省湖南省政府秘书长，几经设法始得免调。当此戎马倥偬烽火连天之际，准备及实施四个单位人员之撤退，其中艰难困苦不难想见。淬廉本人于十一月中始坐汽车离开南京，先至长沙，又移汉口，终赴重庆。

民廿七年一月，大本营撤销，仍保留军事委员会。行政院各部会则加改组，翁（咏霓）长经济部，淬廉任次长，仍兼农本局局长，又负责农业调整委员会。抗战期间淬廉最大之贡献乃在农本局之筹划与工作。按吾国以农为本，但一般农民，向得不到合理之农贷。传统方式大抵三分之二农贷来自钱庄、地主、富商，另三分之一则由于典当、钱铺，与小商。自二十年代起，北方始有新式之农村贷款合作社。国民政府为欲便利佃农，减轻其负担，提高其产量，故有农本局之设置。农本局之资金规定为六千万元，半由国库支出，为期五年，每年六百万元，其余一半则由各地商业银行，视其所有储蓄存款总款，分别比例认摊。淬廉小住长沙时，曾邀集"临时大学"（由北大、清华与南开合组而成）各位经济学教授，商讨业务方针，与实施步骤，俾将各项不同意见作为参考，以收集思广益之效。

　　最后，淬廉订定工作计划及其步骤。首为设置农村合作社以及农村合作银行，期在各省各地渐次普遍建立，并定由农本局供给每县十万元作为开办农村合作银行之资本。次为协助推进各项农产物品之存储推销，此则需要多量仓库，而各地村落，庄镇以及城市之关帝庙、观音殿，其他寺院，与私家祠堂，同业公会会所，当可设法借用。凡农民向合作银行贷款，用以购买种子或肥料及改进稻种者，其所付利息，规定为百分之十二，比诸当时乡间流行之利率，要低四分之三。此项计划步骤纲要，曾呈送蒋公，蒙批收到，遂着手实施。淬廉曾分赴后方各省，亲向省主席接洽，请其协助推行，且曾驰赴若干县份，亲与县长说明。至于人事方面，局中有不少留美友好相助，如（蔡）承新、（廖）芸皋、（许）复七诸位是。（三位均系笔者清华级友。）至于派赴各地高级人员均经由大学毕业生中择优选拔，并加以为期一月至三月之训练。训练事宜由显廷经办，局内日常事务，由（副局长）承新主持，因而淬廉自己得经常出发视察督导，得到许多珍贵经验。

音容宛在

农本局各省各地办事处之设置与工作，以及两项业务之次第推行，实在是"平地起炉灶"，一手由淬廉所造成。犹忆民廿八年二月初予与（王）化成初次从政，自昆明飞重庆，任职国防最高委员会时，曾蒙淬廉相邀，前赴其汪山寓所，正值红绿梅花盛开。席间除廷黻（复任行政院政务处长）、景超及纯明等数对伉俪外，并首次结识平群与黛莉萨一对新婚夫妇。当时淬廉酒兴颇豪。回想起来，当系农本局工作业务正在顺利发展之际。可是业务愈是发展，先则遭受嫉忌，引起阻碍，惹起批评，继则因为政府陆续印发钞票而又讳言通货膨胀，尤其是因为粮商囤积居奇，抬高粮价，工作日趋困难。实在问题不是缺乏粮食而在粮食价贵，政府既不肯依照市价收购，却又责成粮食局设法供应。淬廉以经济部次长身兼农本局长又负农业调整委员会责任，对于军粮民食同时兼顾，实感棘手。重庆及其他各地均有农民存储于农业合作仓库之米粮，但淬廉顾及农民主有之粮食，不肯悉数平价抛售以暂时遏抑市价，而大地主与奸商囤积之稻粮，政府亦不肯强迫征购。在如此重重压迫面面抨击之下，农本局卒于民三十年四五月之交突告寿终正寝。此中艰难困苦与曲折危机，淬廉于其回忆录文稿中自有其详细记述。

陆　脱险再仕

先后辞去次长兼局长等职之后，淬廉被任为军事委员会参事，本欲坚决不就，力经友好劝导，勉强报到就职，此后未曾前往办公。此时南开经济研究所早已在重庆沙坪坝南开中学地址重行复校。淬廉决心回到研究所协助服务，整理其在从政时期所得之经济材料，虽亦偶然参加各项高深经济课程由师生合组之研讨会，但并不预备开班讲授。不料在此时期，先后遭遇两次危难。

第一次危难发生于解职后不久。八月三十日正午，淬廉正在汪山寓所书房收听军用电话，知敌机已迫近重庆上空，正思外出避入防空洞，而机声隆隆已到头顶，乃急呼家人群集于楼梯后面，此后经过则一切不复记忆。及警报解除，厨司及女佣于震倒之邻屋中出来，望见整个正房一座炸塌倒地，旋闻幼女保琳啼哭乃发现全家多人，倒卧地上，时尚昏迷不省人事，良久唤醒，始发现一位家庭女教师腿骨折断，继又发现主人之长儿不在身傍。搜寻良久，方在离寓四百码左右，发现长儿尸体。事后始知：淬廉寓所旁地，落有三颗炸弹，一一爆发，而半个月前敌机曾轰炸附近之黄山（蒋委员长山中公馆所在地），此次则兼炸黄山与汪山。淬廉诸位之幸免于难真是间不容发。因忆予在长沙、昆明以及重庆亦曾屡屡遇到敌机轰炸之危险，迄今尚谈虎色变。

淬廉遭此劫难，不啻身无余物，一时不知所措，幸有隔山徐家邀往暂住一月，复觅得山上另一寓所。不料一波甫平，一波又起。淬廉为南开大学经济研究所筹募捐款，原定九月初飞往香港，因寓所遇炸，及长儿丧生，遂告延期，直至十一月始飞抵香港。不料十二月八日，日本开始攻击香港，是月廿五亦即耶稣圣诞节，完全将其占领。淬廉被困香港，潜居市区金城银行之内，既惧身份暴露，又恐无法脱身。久之，约同多位友人，改姓换名，冒险申请出境，获得许可，遂分别扮作商人农民或苦力，在重金佣请之一位向导伴行指点之下，向内地进发。同行之中，有若干位曾受日兵之无端殴辱。其次，据告路途须经过日军与土匪之中间，究宜何所选择。淬廉坚持土匪毕竟是同胞，宁向土匪方面前进，一位罗姓土匪首领，知悉逃难群中若干位真实身份之后，不仅未加干扰抑且派人护卫。及抵桂林，何氏等面向行营主任李济深报告后，李即加以招抚，委罗以较高级军衔，以示报答。抵桂林前，何等身无分文，乃向当地农民银行告贷，并谓其总行总经理徐继庄亦在其中。经徐亲笔签名，核对之下，确与农民银行所发钞票上之签名吻合，借贷始成。既抵桂林，淬廉与同行几位友好，乘飞机安返重庆。其时陪都方面不少谣传或谓淬廉已不在人世，或谓淬廉已迫赴南京。

安返重庆之后，淬廉仍往南开经济研究所继续整理其所搜集之农村经济材料。当时政府曾有两项措施。一为发行美金储蓄券一亿元，另又美金公债一亿元，均以民卅一年美国五亿美金借款为担保。购买者均系豪门富有，工商巨子及与银行有密切关系者。此益使富者益富，贫者益贫。另一为抛售黄金。然而长龙排队，兑购五两十两者，平民及一般公务人员或能为之，至于欲购百两千两者，又非上述特种阶级人物莫办。上述两项措施，动机纯正，然而实施结果弊害甚多，淬廉以经济学者眼光看来，早知其流弊所及。

民卅二年五月，淬廉忽得侍从室通知，蒋委员长约期召见。及往，慰问有加，屡谓此非研究学问之时，理应为国效劳，并嘱往见（贵州）吴主席（鼎昌）谈谈。六月间淬廉偕友赴贵阳，为吴氏六秩诞辰祝寿。吴谓四月间委员长曾莅临贵阳，语次屡嘱推一位博学通达之经济学者。吴仅唯唯而已。临行前一日，共同进膳，蒋公又提此请托。吴乃从容笑道："合格之经济学家倒有一位，但恐怕蒋先生不再要用他。"蒋委员长愕然询问："此是何人？"吴乃提及淬廉。委员长随即表示："不是我不再要用他，是他不肯为我服务。"旋即嘱吴便中约何谈谈。七月淬廉返重庆，又蒙召见。时中美已并肩作战，胜利在望。委员长仅谓战后经济建设甚属重要，可加研究，但未明言任务。

数周之后，熊式辉将军亲访淬廉，告以自己将出任中央设计局秘书长（局长由国防最高委员会蒋委员长兼任），恳请淬廉担任副秘书长一职，并谓此来乃遵照蒋公意旨，而且强调说明希望其专重战后经济建设计划。淬廉坦白回答：早已答应几个银行，前往西北五省实地考察，俾能明了政府方面以及私立银行如何而能分工合作，开发西北，启程在即，请待回来后再加考虑。大概根据熊氏之报告，委员长又召见淬廉一次，谓此行与战后经济建设亦有密切关系，沿途如有需要可随时与熊秘书长电洽。后来一路所需汽油（战时受到定量控制），即曾得特别便利。淬廉此考察西北，路途生活极为辛苦，但游览所见，以及观察所得，殊甚满意。计共到甘肃、青海、宁夏，及陕西省会与重要城市。至于新疆，则虽经数度接洽，未曾得到复电欢迎，故未前往。考察所得之结论殊甚简单：西北各省必须先由政府筹备大量款项，作长时间打算，先行发展交通运输开浚水利，以及展施多种鼓励开发之准备工作，然后谈得到经济建设，然后轮得到私立银行有所作为，否则无异画饼充饥。

一俟淬廉回到重庆，熊秘书长又即往访。淬廉体会最高当局之诚意邀请，只得改变初衷，重入仕途，但言明专事战后经济设计而不及其他日常琐屑行政事务。按抗战时期盛行行政三联制之学说与制度，即所谓设计、执行与考核。提倡此制者似以甘乃光先生为最力。国防最高委员会乃战时统辖党政军之全国最高决策机构，其下先后设置"党政工作考核委员会"及"中央设计局"，两者之首长均由蒋委员长兼任。予当时因任国防委员会参事，故先后亦曾奉谕兼任党政考核委员会之专门委员以及中央设计局之设计委员，惟对此兼任两职，仅仅参加开会，未尽绵薄。淬廉担任设计局副秘书长后，确曾切实研究，努力计划。最初即曾请示：战后经济设计之终究目的何在？蒋委员长迅即给予指示："目的有二，即国防与民生。"淬廉曾先后约集国内经济专家以及执政党内中坚分子，开会商讨。前者意见相当一致，赞成民营，后者虽多数主张国营，但对其范围与程度，立论纷纭。嗣又邀请有关部会首长，拟定经济建设计划之主旨三项：即（一）满足国防之最低需要，（二）树立全国工业化之基础，及（三）提高国民健康与国民教育之标准。

音容宛在

中央设计局之实际设计工作，乃系分门别类，设置下列各组：即有关交通，动力，矿冶，制造工业，农业，水利，分区经济建设，材料搜集，以及全国工业发展国营民营之配合等各个单位，大抵均由实际负责而富有学识经验之各部会高级官员分别主持。淬廉自己则主持上述之最后一组。关于分区经济设计将全国分为九区：即东北、北方、中央、南方、西南、西北、新疆、青（海）（西）康（西）藏，以及内蒙。各组开会商讨，不计其数，草案修改，亦不知凡几。至于战后政治建设，另由另一位副秘书长（邱）毅吾担任，因为顾名思义，所谓政治建设，漫无定义茫无界限，自然不易着手。

淬廉反复推敲，用尽心血，费尽唇舌，而获得完成者，乃是战后经济建设，第一期五年计划中关于国营及民营事业之主要原则七项。其一，中国工业之发展应兼循国营与民营两途。其二，为配合计划而分工合作：（甲）国营事业，大抵限于邮政、电报、军火、造币及主要铁路，大型水电厂等，不应过多；（乙）其它一切经济企业，私人资本均得参加；（丙）凡私人资本无力单独经营，或凡政府认为特殊重要之企业，政府得自动经营，或与民间或外国资本，合作经营；（丁）凡政府与私人或外人资本合作经营之企业，应以公司组织之方式为之。政府对于此项公司，除得依据法规加以行政监督外，其余有关业务，财政以及人员方面，政府之所能参加管理者，只以其股东地位为限。（戊）除国家独营事业外，凡政府所办理之企业，不论其是否具有合作之私人或外人资本，苟其定于商业性质，其权利与义务，在法律上应与同样性质之民营企业相同。其三，任何重要民营企业之设立，应依法定程序，呈请政府核准。（例如设厂地址，出产能量，成品种类及其质量，股票或债券之发行，均应经政府依据经建计划加以核定。）凡民营企业能配合经建计划者，政府应予以特别鼓励（包括财力援助及运输便利），俾得如期完成其计划项目。其四，任何中外合资之企业，其中外资所占之百分比，政府不应加以限制，其总经理人选亦不应硬性规定必须为中国人，惟其董事长则应具有中国国籍。其五，国营或民营事业得经由政府机关举办外债或招募外资，惟必须先经政府核准。其六，凡在中国境内，一切由外籍人士投资办理之企业，均应遵守中国之法令规章。如有某项特别企业，外籍人士愿投资举办者，应先经政府审核特准。其七，凡政府员吏，对于其所属机构具有监督管理权责之任何企业均不得参加其业务与管理。上述各项原则，对于当时法令规章，不见有所抵触出入，故若干项目自应送请立法院将有关条文修改调整。

全部战后第一期五年经济建设计划，曾于日本投降以前早告完成。预拟于胜利之日起足满一年以后始行实施。五年经费，估计约需廿二亿元约合当时美金七亿三千万元。淬廉所主持完成之部分，亦即上述之国营民营企业原则七项，且曾经过（民卅三年十二月廿八日）蒋委员长亲自主持之国防最高委员会常务会议一致通过。淬廉初抱希望，此套原则将由国防最高委员会或国民政府或行政院予以明令公布，但卒未实现。回忆录中记载此整个计划之始末甚详，实为富有历史意义之文献。

民卅三年十月，淬廉再度出任经济部次长，当然仍兼中央设计局副秘书长，直至翌年春季。其时予亦于驻美一载有余（参加橡树园预备会议及金山会议）早已飞回重庆，转任善后救济总署副署长职。佩玉由常熟赴上海飞抵重庆之日，承蒙淬廉与舜芝邀宴，当时欢叙情景宛如昨日。初不料胜利还都以后，国步益趋艰难，大势迅即逆转。

柒　讲学美邦

胜利不久，淬廉曾与俞飞鹏先生飞往南京（时机场尚由日本军警站岗），旋即往上海，办理经济部负责之若干接收敌伪产业。不幸当时已流行"有条有理无法无天"之谚语。"条"指金条,"法"指法币,可见接收期间,一切惟钱是问,惟利是图。丧失人心,莫此为甚。及其返渝,乃知行政院(时院长为宋子文)适已通过组织中国纺织公司,合并原在沦陷区内约二百万锭纺织机。此种措施自与国防最高委员会新近议决之国营民营分工合作之主要原则澈底矛盾。其可能流弊自为助长官僚资本。返渝之后,蒋委员长召见数次,先欲淬廉担任行政院最高经济建设委员会(其委员长由宋兼任)之秘书长,继聘其在国民政府秘书长办公处担任蒋公之经建事务特别助理。淬廉毅然婉辞,认为经济政策既与宋氏背驰,必无顺利同事之可能。

民卅五年夏,淬廉辞去本兼各职后,径赴上海,与家人团聚。不久,由金城银行聘任为常务董事之一,负责设计与发展工作,且供给住宅与汽车。旋又先后受聘为四五个工商公司之"无股"董事。因而每月收入为其生平最丰盛时期。但身居沪上,接近首都,对于当时政府经济措施之失当,以及社会风气之败坏,淬廉身经目击,内心忧伤。及民三十六年暮春,得到外交部通知,选伊出任联合国社会经济及人口两委员会之中国代表,精神为之一振。此项代表职务,联合国只付来回旅费,别无酬报,亦无生活津贴。幸得洛氏基金会驻华代表之代为申请,不及一周,电复准给美金三千元补助费。

是年七月何氏全家自沪乘轮赴美,八月抵金山,前往普麻那母校作客,旋即到达东岸。八月中参加成功湖联合国委员会后,即由洛氏基金会之安排,分赴美国各地参观著名大学及访问经济学界名教授。据淬廉自称,顿觉从政之后,学殖荒落,甚愿用功补习。嗣经美籍友好代为安排,由普林斯顿大学之高深学问研究所邀请淬廉为(一九四七至一九四八)一学年度之访问研究学人,而由洛氏基金会负担薪金。

此一邀聘,甫经接受,而六月中忽接张伯苓先生自国内来信,谓已答应出任监察院长，务盼淬廉尽早回国继任南开大学校长。当抗战初起，日机肆意炸毁天津南开校舍，张校长适在南京，蒋委员长面加安慰时曾云：中国一日存在，亦即南开一日存在。以故胜利之后，政府早有改南开为国立之决心。淬廉得张氏函后，不顾美方友好之劝阻，竟尔改变计划，于八月间偕同全家乘轮归国。在轮船上得到电讯新闻：国内改用所谓金圆券。淬廉不愧是一个经济学家，闻讯之下，初竟不信是事实，继则将信将疑，终则逆料后果不堪设想。在沪安顿眷属后，伊即赴宁，访谒伯苓先生于其监察院官邸。淬廉明白表示，愿以南开经济研究所所长身份，兼代南开大学校长。此项安排曾得伯苓先生默许，且曾面告朱部长骝先先生。九月十八淬廉只身由沪飞津，十月四日正式就任代理校长时，伯苓先生亦曾专程前往参加。不料翌日全国报纸登载国立南开大学张校长辞职，行政院予以照准消息。此一事项，双方各有理由，实亦无关宏旨。所不幸者，乃是整个大局之恶化，而且平津区域之变色，显已迫近。联合国两委员会定于一九四九年春天举行，淬廉无奈只得提早出国。由津抵沪恰与伯苓先生重复相见，盖后者正欲由沪飞返重庆。淬廉携同家人先抵香港，因轮船舱位拥挤，全家分成两批，前后驶抵美国，时为一九四九年二月。

联合国两委员会预定四月中在瑞士日内瓦举行，故尚有两个月光景为此后生活计划，考虑接洽。年前普林斯顿大学高深学问研究所及洛氏基金会之共同安排，可以延期而仍有效。此外，美方两友代为寻觅机会，告以哥伦比亚大学新设之东亚研究所愿请担任为期一年之访问教授，主讲有关中国之经济结构。淬廉当时对此各为一年之学术职务，难定取舍。盖前者可有机会自由研究，增进学问，而后者则多继续任教之可能。考虑结果，应聘哥大之东亚研究所，自是年九月开始。及淬廉前往日内瓦开会后，在巴黎获悉南京已经失守。

在哥大东亚研究所首三年中，淬廉只教一门，即"中国之经济结构"，但同时亦复参加若干有关中国及日本方面数门课程相互关联之研究讨论会，以故，绰有余暇，得读书研究，增加新智识。一九五五年起，淬廉受聘为永久性之经济学正教授。在课程方面，淬廉陆续增加几门。一为"共产中国之经济发展"，二为"中国之田地制度"。两者均为一学期而非一学年之课程，且系轮流开课。此外，又曾开"日本之经济结构"一门。一九五六年东亚研究所创办其所谓现代中国口述历史计划。韦慕庭教授（Prof.Martin Wilbur）曾与淬廉商量，对于前述计划有无添补充实材料之必要。淬廉极端赞成，盖自民初以迄国民政府时之真实历史，必须有当时参加政治经济及社会各方面之人物讲述记载，为后来历史学家参考，否则此段历史一经重写则真相失传。韦慕庭教授大以为然，并邀淬廉襄助其事。

嗣后，淬廉亦被邀请，先则由其陆续分别口述，用录音记载，继则由美籍专员、根据录音带，拟写草稿，反复送请淬廉改正，并加增或删减材料。在开始问答录音以前，淬廉曾费相当时日，查核报章杂志，以佐证其自己记忆所及且确定其切实年月日期。计自一九六五年十月起以迄一九六六年八月底，此口述而撰写之《何廉回忆录》始告完成。原本若干章节，约定非述撰者本人逝世若干年后，不得公开。

当清华大学校长梅师月涵暂居纽约之时，欲恢复"清华学报"，专载研究中国方面之学术论著，文字则不拘，中文或英文均可，当曾邀聘淬廉为总编辑，盖以其执教哥大，与各处中美学人颇多联系。台湾方面则梅师嘱予为集稿人。大凡学术刊物之编辑，困难殊多，稿件之特约撰著，已属不易，而来稿取舍之抉择，尤多顾虑。淬廉毅然答应，任总编辑多年，任劳任怨，旋亦坚辞。由（杨）莲生继任。今则"清华学报"（英文名称为 The Tsing Hua Journal of Chinese Studies）已在国际学术界取得其应得之地位。

捌　典型足式

予于一九六二年夏季，应聘来美，作一年为期而分教两校之访问教授，先在印州之汉诺佛大学，继在康州之桥港大学。到桥港甫一月而蒙校长教请，聘为"卓越教授"。桥港离纽约之火车路程约一时又半，故从此常偕佩玉往访淬廉与舜芝，相见欢谈，必出白兰地或威士忌，浅杯对饮。有时吾俩携带儿女媳婿之来桥港者分别陪同晋谒，故两家来往至为亲切。淬廉向哥大租住之楼房在河畔车道，四季风景甚佳，室中陈列，多名人书画，予所最欣赏者为彭玉麟氏之巨幅墨画梅花。

予在桥港大学之第二年，承淬廉介绍，曾往哥伦比亚大学之现代中国讨论会，讲述孔孟思想力量在清末民初起所以衰微之原因及其恶果。会前曾写短稿，由哥大印发听众。先由主持人韦慕庭教授招待午餐，旋即开会宣讲。予用自己之所谓五因素观点，亦即从现象、观念、制度、人物及势力五因素分析及发挥予之立论，明知此种立论不易得到一般时髦学派之欣赏。予又回忆淬廉曾数度在其寓所招待"清华学报"负责编辑各友，如（杨）莲生、（李）田意、（何）炳棣、（柳）无忌及本人，并商讨编辑事项。

淬廉生平一无嗜好，不打麻将，不玩桥牌，不着围棋，不喜看中外电影，不常开听电视，家居往住手执一卷。予曾屡次劝其学习卫生麻将，不时看些电影，伊却笑而不答。（萧）公权追忆其在南开与淬廉同时执教之际，谓"淬廉为人外端严而内和顺，叔玉及弟等每与之'开玩笑'，渠亦'与人同乐'抚掌轩渠，不以为忤"。此种性格始终未变。淬廉自云，由一九四九年起即患高血压症，故于一九六一年即告退休，惟仍继续指导若干研究生，俾完成其博士论文，另又继续其有关"口述中国历史计划"

之工作。

今年四月底予偕佩玉自洛杉矶（去年八月移居西岸）飞来东岸，暂住宾州费城北郊玫瑰镇祥儿寓所。六月初赴纽约寄住清华级友（沈）有乾（周）湄云兄嫂家中，曾偕佩玉于四日中午照预约午正左右，前往访晤。淬廉病重已四五载，此次尚能起立，徐徐缓步，谈话声低，约十分钟即告辞而别。不料此次与淬廉晤面竟成永诀。七月初吾俩又复住在沈家。六日晚间在（薛）光前（童）传全兄嫂寓所盘桓，忽得（朱谢）文秋电话，知悉淬廉已于是晨辞世。据云，先一晚，其女保琳偕夫婿归省，略有谈话，翌晨（即七月六日星期天）久无动静，入室往视，则已与尘世告别，享年八秩。此种等于无疾而终，不可不谓"福爵全归"。吾俩原拟七日即返费城玫瑰镇，因淬廉丧礼定于九日下午一时在纽约麦生大道之殡仪馆举行，乃又留住沈家。九日之丧礼隆重而简短。吾俩早到，及时瞻仰遗容并得与舜芝及两子一女（保瑾、保山、保琳）晤谈。丧礼中曾由哥大友好韦慕庭教授赞述生平，扼要得体。

淬廉为人，外圆内方，正直无私：不肯为高官位置私人，婉拒显要之不法请托，且不肯为其罗姓姑丈谋一县长职位。类此种种，其回忆录中均有隐名之记述。综合淬廉一生，自童年就学，出国深造，以至执教从政，均见其立志坚定，工作努力，操守清廉，而且办事公正，忠于祖国，至于眼光之远大与夫品格之高超，在在足为书生本色之典型。清华学长刘兄琴五（师舜）所作挽联，意切词工，可录为此文之结束：

博学多能，群伦仰止高山，早卜长留千载誉。
忠肝义胆，一梦魂归极乐，但悲不见九州同。

陈源
(1896—1970)

字通伯，笔名陈西滢，江苏无锡人。文学评论家、翻译家。1912年留学英国读中学，先后在爱丁堡大学、伦敦大学攻读政治经济学，获博士学位。1922年回国后，任教于北京大学外文系。1924年与徐志摩、王世杰等共创《现代评论》杂志，主编该刊《闲话》专栏，发表杂文并翻译屠格涅夫等人的小说。1927年与女作家凌叔华结婚，1929年到武汉大学任教授兼文学院院长，1943年到伦敦中英文化协会工作，1946年出任国民政府驻巴黎联合国教科文组织首任常驻代表。1966年退休侨居伦敦，1970年因病去世。

文章、思想与品格：追念陈通伯兄

梁实秋兄在其《西滢闲话》（一九六四年台版）序文末段有此隽永妙句："西滢闲话的真正价值并不系于这些笔墨官司，其价值究竟在哪里，是要请读者们自己去体认的。"笔者不揣冒昧，愿就管见所及，提供自己所以欣赏通伯兄一般散文作品之理由。

其一，最属显而易见者，厥为文章之优美。此盖指词句之流利，笔调之轻松，以及情趣之幽默；一若脱口而出，信手写来，毫无推敲做作之痕迹。实则炉火纯青已臻上乘，故能由灿烂而归于平淡。

复次，其尤属难能而可贵者端在思想之精卓。通伯兄胸罗万卷，学贯中西，不拾牙慧，不取皮毛，对于任何重大时事或琐细题材，凡所立论均一本唯美真唯善之宗旨，发挥其不新不旧而亦新亦旧，不偏不倚而亦中亦庸之道理。或则画龙点睛，一语道破，或则故意含蓄，引人入胜；却是万流归宗，莫不以尊民族，爱国家，尚正义，崇民主，重科学为依归。试读《东西文化及其冲突》《多数与少数》《智识阶级》《官气与洋气》《中国的精神文明》以及《文化的交流》等篇，在在流露上述的境界与造就；特别是深入浅出，即小见大。此种见解高超而立论公平之优点，自非当时（乃至今日）目光短浅或成见已深或盲从附和知其一而不知其二者所能洞悉与欣赏。

更有进者，通伯兄文章优美，思想精卓，归根结底，要亦与其品格之高雅有关。窃固深信每一作家之文笔格调与夫立论主旨，实于不知不觉之中反映其个人秉性与品格。此不独于通伯兄为然；而通伯兄尤其如此。就予所知，通伯兄品格之高雅可以"书生本色"一词概括形容。所谓"书生本色"盖即天真纯厚，亦即孟子所谓"所贵乎大人者不失其赤子之心者也"。唯其如是，故通伯兄从容不迫，潇洒风流，对人则和蔼可亲，胸无城府，对事则严正不苟，负责认真。此则从其担任教授与院长，以至驻联合国文教组织常任代表，一生立身处世，鞠躬尽瘁，可以一一覆按，简言之，一人而能兼具此优美文章，精卓思想与高雅品格，实在是不可多得。

以言笔者与通伯兄之交谊，可以成语两句描写：即"一见如故"，及"君子之交淡如水"。

予于民国十五年秋自美绕欧回国，先在滇浙两大学执教二年，民十七年秋始返母校清华担任教职。此时通伯兄殆已离开北大而往武汉大学。盖予在清华教书时期（亦曾暂时兼任北大之西洋政治思想课程）未曾与通伯兄遇晤，然固耳慕其名，心仪其人。初次识荆，乃在一九五八年法国之巴黎。是年深秋联合国文教组织按期举行之第十届大会在其巴黎新落成之大厦本部举行。予时任教育部政务次长，奉命为吾方代表团团长，前往出席。通伯兄则早已担任常任代表多年，当然为吾方代表团台柱，此外代表尚有杨兄亮功，吴兄俊升（两位亦自台北前往），薛兄光前（自纽约径飞巴黎），陈兄雄飞（驻法大使）；顾问则有孙兄宕越，秘书则有赵兄克明。飞抵法国首都之当晚即曾与通伯兄畅叙与欢谈，犹忆席次对话互通籍贯以后，伊谓吾"不像江苏常熟人"，予亦报以"兄亦不像江苏无锡人"。彼此会心微笑，此是吾俩订交之开始。

联合国文教组织，其规模仅次于联合国；每值大会包括代表团及旁听人士数以千计。是年大会（犹之每届大会）吾方之艰巨任务即在如何联合美国以及其它友好国家，以对抗苏联及卫星附庸集团打击排斥吾国代表权乃至投票权之动议措施。通伯兄既久于其位，交游甚广，效劳最多。余如光前兄等亦多方努力，无彻不至。（某日午后对方集团出其不意，骤然声请大会轮值主席将不利于吾之某一议案提前表决，幸赖光前兄四处奔走，卒于洗手间中拉得某国代表团长之同情票，终使正反票数相等，卒将议案保留。即此一项，足证情绪与形势之一贯紧张。）故最后投票结果，吾方立场一再胜利。犹忆后来予向大会全体致词时，苏联集团之代表团团员纷纷退席，作为报复。然而会场中数千代表与听众，对予之侃侃而谈却时时报以鼓掌。事后通伯兄紧握予手，称许成功。此篇演词后曾刊入美国第八十六届国会之"国会纪录"（一九五九年第一〇五卷四十三号），其被重视，殊非初料所及。

大会期中吾方曾择日举行酒会，邀请各友好国家之代表团及其眷属，甚形热闹，当场并由予代表"中央图书馆"将在台历年出版之重要中文书籍数百册赠与文教组织总部，由其美籍秘书长接受。是日酒会中吾方并曾邀请费曼丽女士清唱西方歌剧一曲，以娱嘉宾。凡此种种益使吾方与会代表及工作人员晨夕相共而愉快努力。以言通伯兄与笔者之交谊，大概因为气味相投，性格类似，加以彼此之间相互欣赏坦白诚挚与认真负责之精神，故巴黎相处虽仅有五六周之短期，却成知交好友。古人云，"人之相知，贵相知心。"所谓"知心"要必出于共同经验，亦必本于直觉体会。

　　计自巴黎话别以后倏忽十有二载。其间虽通信不多，然而神交驰系，彼此同之。每值耶稣圣诞与新年佳节，辄互寄贺卡藉报平安而通声气。一九六〇年左右通伯兄回台述职，予曾邀伊至临沂街寓所饭叙，同席尚有自美返国之吴兄经熊与薛兄光前；一座欢谈甚为畅快。一九六八年夏予偕佩玉自美回台访问亲友并环游宝岛，辄与一樵兄嫂同行。一樵兄诗兴甚浓，因而予亦略诌几首。嗣后曾将横贯公路口吟七绝录寄通伯兄以博一粲。前年岁暮，曾得通伯兄函笺，谓从报端获悉予在授课以外尚不时参加学术讲述与从事英文著述，对此谬承奖许，末段自称近来步履艰难颇觉老境。予即复函安慰并建议使用"护膝"（美国人称作Knee-warmer），谓或用毛绳或裁绒布，家中自制，固甚方便，即百货店中，或亦有现成货色。满盼通伯兄调养多月可以渐次康复，不料噩耗传来，通伯兄竟尔与世长辞（去年三月廿九晚）。衷心哀悼，自难言喻。

　　近得陈夫人淑华女士自伦敦来笺，略云整理通伯遗笈，检得其友朋信札，内有予之函件，絮絮关怀其健康，不觉感触万分，并承嘱为正在筹印之"陈西滢全集"撰文。因念通伯兄乃一代文宗，其为文章、思想、品格三者结晶之作品，同时反映历史时代精神，自必留传不朽。爰写短篇，聊志敬意与悼怀。

一九七一年，美国康州桥港大学

查良钊
(1897—1982)

字勉仲，祖籍浙江海宁，生于天津。南开中学毕业，1918赴美，留学于芝加哥大学、哥伦比亚大学。1921年"华盛顿会议"召开时，联合留美同学蒋廷黻、罗家伦等，发起组织中国学生华盛顿会议后援会，被推为执行干事长，支援参加会议的中国代表团。1922年回国，历任北京师范大学教授兼教务长、河南大学校长、河南省教育厅长。曾参加蔡元培等领导的中华教育改进社，并与同仁合办《教育评论》，提倡科学教育。

悼念查勉仲学长

"落月照屋梁，犹疑照颜色。"杜少陵此一诗联，恰好描我前晚怀念挚友查勉仲兄之情景。因为前一晚上，我整理自己诗稿，却无意中发现勉仲四年前手写寄来之一篇好诗"赤子吟"及其自己英译。而所吟之赤子就是他自己！勉仲抱病住入台大医院甚久，自然时驰企思。最近予儿大邦飞台开会，曾嘱前往谒探，嗣知神智不甚清醒。（一九八二年）十二月廿日清晨，得吕春沂学弟长途电话，惊悉勉仲学长已于台北时间廿日午后两时与世长辞，计享寿八十七岁。嗣即草就挽联，寄请春沂届时送往查老师开吊之殡仪馆。挽词如下："平生从事青年教育，到老犹存赤子心肠。"

勉仲在一九七八年一月十四日亲写之"赤子吟"四章，有如下列。其一："孩子头，孩子头！有颗赤子心，走遍天涯不知愁！"其二："尽所能，取所需，凭有赤子心，为人服务何所愁！"其三："不怨天，不尤人！发挥赤子心，教教学学何所忧！"其四："既不愁，亦不

音容宛在

忧！保我赤子心，观化乐天何所尤！"现在所流传者，往往不复分章，而作一气呵成。

勉仲所赋"赤子吟"之所以难能而可贵，盖在平淡而清雅，自然而确实，全盘描述其躬行实践之人生哲学。笔者深信此诗当可传世而不朽。予得春沂电话，立即草拟挽联，恳即代写送出。挽联如上所述："平生从事青年教育，到老犹存赤子心肠。"

勉仲任河南教育厅长时，曾陪同朱子桥（庆澜）将军在省境办理赈济灾荒。时在一九三〇年某月。一日，勉仲在山坡上小坐，来一儿童，向彼跪见，口称"查厅长"。询何事故，则只说请安而去。不料片刻之后，即有土匪多名，左右包围，竟将查厅长"绑票"掳去勒索。旋绑匪见此位厅长和蔼诚实，待遇颇优。在被绑掳前，勉仲在附近之诸葛祠与召公庙中，先后求得同一签诀："一纸公文紧急摧，空中霹雳一声雷。目前虽然有惊恐，保尔平安去复回。"（此系根据日记所载。勉仲先后语我多次。）勉仲被掳数周，始告脱险。在同一天中向两庙求签而得同一诗联，真是巧合。至于签示灵验，更属不可思议，诚则灵欤？属偶然欤？此则不得而知。

去年（一九八二）三月下旬美西"世界日报"载有下列消息。"查良钊八六寿辰，西南联大学生为祝寿餐会。席间大雨。台大教授张敬女士即席吟打油诗：'奈何奈何可奈何！奈何今日雨滂沱！滂沱雨祝查师寿，查师寿比雨点多。'"予阅报后，戏步张敬教授韵，认句祝寿勉仲，航空寄出："新旧诞辰差奈何！台瀛宴祝雨滂沱。今从农历贺君寿，寿比南山高得多！"盖就予之记录，勉仲之吉诞乃是阴历三月十八日；予每年依照旧历计算，提前航寄贺卡。

勉仲曾往印度，应聘担任德里大学客座教授。一九四九年十二月底，吾方驻印大使罗志希（家伦）下旗返国后，有关若干藕断丝连善后事宜以及照料侨胞各项杂务，勉仲确曾不声不响，在可能范围内，尽力所及，多方设法。在社交方面，勉仲有时打些太极拳，背些"归去来辞"，博得许多印度朋友称赞，说他能歌善舞！

曩在北京清华学校读书时，予即认识勉仲。伊高予四级，系于一九一七年毕业，赴美深造。在哥伦比亚大学研究教育，得硕士学位。归国后终身从事教育工作，历任河南大学校长，河南及陕西教育厅长，西南联大训导长，考试委员等职。

陈大齐先生（时任政大校长）曾赋诗赠勉仲："毕生所寄唯一事，急公好义东西跑。一言一行一丹心，无怨无尤无牢骚。乐人之乐，忧人之忧。无有犹有何非有，人谋是谋不自谋。"盖勉仲的确急公好义，不辞辛劳，尤其是对于青年学子，照顾爱护，甘心服务。在台北曾为一人狱青年，屡次探监、送食、奔走、营救，而终能如愿。他自己不忧不愁，乐天知命，诚是一位标准君子，恰如其"赤子吟"中所描写。所住金华街清华大学办事处月涵堂后面房屋，宽大而简陋。清晨即外出，夜晚始回去；白天如打电话，总是不在室中。所传联句："自然、自由、自在"、"如云、如海、如山"，有人谓下联乃一位黄先生所诒，上联则无疑为勉仲所题。一方面形容西南联大之优美校风，同时亦为勉仲之人品风格之描述。

一九七八年农历元宵，勉仲曾偕予及春沂到台北市龙山寺看灯。入庙之前，勉仲戏购红绿黄三个气球，各执在手，飘扬头上。龙山寺中，人潮拥挤，前后失散多次，幸赖寻见气球，卒能会合，亦一巧事。写此稿后约旬日偶在一九七八年随身所带"口袋"小日记本扉页上发现勉仲亲笔所写几句，亦是他躬行实践之箴言："人骗我！我骗谁！伊于胡底？说实话，做实事，乐且未央！"

一九八二年十二月下旬

陆梅僧
(1897—1971)

字冶伦，江苏常熟人。1914年入清华学校，1919年参加五四运动，为清华代表之一。1920年赴美留学，于哥伦比亚大学广告学硕士学位。1925年归国后组织联合广告公司，并于中央大学等高校兼任教职。1971年病逝。

知己难得、君子可求
——纪念清华庚申级校友陆梅僧姻兄

以同学而成知己，固已不易，以知己而成姻亲，尤属难能。至若相交五十七年之久，一位知己姻亲而且具有君子风范，堪为矜式，如梅僧其人者，斯则最属可贵，值得赞述。

民国三年秋，予初进清华，除常熟小同乡兼旧同学吴泽霖、钱宗堡、刘聪强三兄外，第一位新朋友当推梅僧。盖梅僧为人，有说有笑，和善活泼，而富吸引力，大家乐与交游。犹忆入校第一年，每值下午"强迫运动"，总有同乡五六人，或散步园中，或试学各项游戏（如打网球、翻铁杠等），大抵惟梅僧之马首是瞻。至于周末与假期，往往结伴出游，时而寻圆明园残迹，时而骑驴逛海甸镇，春秋佳日则常往玉泉山、白云寺、颐和园，农历新正则必到大钟寺，亦多以梅僧之意向为依归。此种情景迄今犹历历在目。

清华考试计分，以及升级或留班，甚为严格，对于日常品行亦非常注意。梅僧以江苏省考取第一名选送清华，复试插班，故在学七年即毕业。就其本性和善，谨守校规言，梅僧应当得到"铜墨匣"奖品（吾级沈有乾兄即曾获此荣誉）。就读书言，梅僧天资聪颖，似乎从容应付而已成绩优良。至于毕业前必须及格之百码（十四秒），跳高（三英尺六寸），跳远（一丈），升杠（连续五次），爬绳（约高丈半）五项所谓"灵活运动"考试以及游泳考试，在梅僧视之固属轻而易举。伊之级友徐笃恭兄则因游泳一项，正试补试，两次均未及格，因此留级一年待至次夏出洋。至于课外活动，例如主办青年会，参加各项级际比赛（如辩论、赛球、游艺、演剧）梅僧参加甚多。就记忆所及，有两项值得一提。

其一，梅僧善演新剧，屡扮女主角，全校闻名，曾有一次因救灾募捐，在北京之某戏院排演。剧本系庚申级罗发祖及吾辛酉级闻一多两兄合编。关于剧情，罗多出主意，关于剧词则由闻主笔。此剧之女主角，由梅僧扮演，予因担任招待员之一，幸得恭与其盛。犹忆是晚全院座满，鸦雀无声，及台上"姑妈"（即梅僧所扮演女主角之称呼）屡次声泪俱下之时，台下阵阵掌声爆起，而座中以手帕频频拭泪者，正不知其有多少！梅僧扮相出色，举止潇洒，口齿清楚，声音悦耳，故能动人如此！

其二，梅僧参加五四运动，为清华代表之一，曾南下上海，为全国学生联合会工作。当年清华方面参加五四运动，在校内校外奔走努力者，当属陈长桐、罗隆基、刘驭万诸兄，而梅僧自亦不落人后。综合上述两项，足证梅僧之多才多艺，热心爱国。

一九一九年夏，亦即梅僧毕业之前一年夏，泽霖、宗堡、聪强及予曾应邀赴宜兴和桥镇游览。黎明先坐轮船由常熟驶无锡，再由无锡换乘轮船，在和桥停靠上岸。时近薄暮，梅僧早在岸边迎接。下榻处所乃系附近之彭城中学（即梅僧之母校）。时虽炎夏，而楼高窗多，周围树密荫浓，分外觉得凉爽。农闲鸟语，晚听蝉唱，远眺则上有白云下有绿野，耳目所及较诸一般城居风味别有格调。每日三餐均由陆府派人送来，并由梅僧伴食，招待之周到，盘桓之尽兴，自可想见。小住数日，和桥附近之风景名胜，游览殆遍。

音容宛在

镇之东梢有一"化成寺"，佛殿高大，神像庄严。梅僧曾在寺中设素席整桌饷客，在座有其胞兄航僧胞弟荷僧暨钱氏兆兰兆和两兄。竟夕谈笑至为欢洽。犹忆初到临别，屡请叩谒梅僧之双亲，但均经谦辞却谢。回程登轮之际梅僧尚携送西瓜数枚以备途中解渴，其好客周到，可见一斑。

梅僧于庚申年（一九二〇），予则于辛酉年（一九二一）先后留美，各有五载。在此留学期间，初则因相距极远，继则虽经移近（伊在哥伦比亚予在哈佛），而课业繁重各自勤忙，故甚少把晤机缘。一九二三年新秋，予于攻读芝加哥大学暑期班后，前往哈佛，经纽约时曾在级友孙瑞璜兄处小住数日，方得与梅僧在餐馆中久别重逢，欢笑畅谈。然而五年中把晤虽少，音信时通，故彼此洞悉状况，交情弥笃。

一九二六年夏季，予自美返国取道欧洲，略游英比法德奥瑞意诸国，历时约两月有余。所遇清华校友，在伦敦有张福佺兄，在巴黎有沈宗濂高元两兄，在柏林有刘世芳兄。世芳与福佺此后尚未重晤，一别盖已十足四十六载。予自意大利之拿坡里港搭轮归国，抵沪之翌晨即回常熟省亲。约一旬后赴沪，首与梅僧晤谈，伊盖先予一年回来。据告校友华秀升兄正为云南昆明之东陆大学物色教授，明知滇处边境不易罗致学人，故愿重金礼聘并负担川资，询予愿就与否。予以一则适值漫游欧洲之后，对于取道香港海防经滇越铁路而达昆明殊不觉其曲折遥远，再则沪上各大学均已开课而且专任待遇不及东陆，故即毅然答应。经数日之电报来往遂接受聘约。是则予一生教授生涯之开始，寅由梅僧巧作介绍。东陆大学囿于当地习惯，以每年之一月至十二月为一学年，且暑假甚短而寒假甚长，予因此利用一九二七年之寒假回家省亲。不料滇省旋即发生内战，滇越铁道久阻不通，不得已临时改就浙江大学，执教一学期。由常熟至杭州，往返必经上海，每经上海亦必与梅僧晤叙，彼此间继续大哥与小弟之关系，仿佛如在清华！

予在浙大授课时梅僧之胞妹佩玉适在杭州中学任教。经级友薛祖康兄嫂之介绍得与佩玉认识。是年五月接到母校聘书，六月返常熟。经过双方家长同意，并由陈华庚薛祖康两兄（均级友）分别担任男女两家介绍人后，予与佩玉遂订婚约。是年九月予返母校任教。一九二八年一月下旬乘寒假吉期，遄返常熟举行婚礼，梅僧与华庚均来参加。此盖予与梅僧由知己而成姻亲之经过。

梅僧留美专习广告学得哥大硕士。回国以后即学以致用，从事广告业务，不久纠合友好组织联合广告公司，事业蒸蒸日上，而其勤劳俭朴，则数十年如一日。国立中央大学在上海设立之商学院以及私立大夏大学等均曾争聘梅僧为兼任教授，担任广告学及有关课程。犹忆昔年在台北，徐柏园兄戏称佩玉为师姑，当时莫名其妙。询问之下，始知柏园兄确曾选读梅僧之课程。梅僧住家本在愚园路，正因兼课大夏大学，所以筑室于大夏新村，与校友吴浩然、邵毓麟及吴泽霖诸兄——均在大夏任教——相互毗邻。一九三四年夏，予自欧洲休假研究归国，佩玉偕儿女自常熟赴沪相接，曾住梅僧夫妇之大夏新村新寓数月。小池一泓，红荷绿叶，庭院固甚宽大，而客厅设计尤属舒敞，左右置有两梯登楼方便，上下房间为数颇多。初不料三年后对日抗战，此一新寓以及大夏新村大部分，竟被炸成灰烬。

回忆梅僧与朱兰贞女士结婚系在一九二六年冬。兰贞系朱主教友渔兄之胞妹。（去年八月曾偕佩玉专诚前往德拉威州访晤朱主教，伊年已八十有六而精神健旺耳聪目明，尚自开汽车到当地火车站接送吾俩。）伊在美国研究化学，回国后先后执教于中西女塾任教务长，后来担任圣玛利亚女校校长。兰贞为人富于理智，个性甚强，不苟言笑，不衣绸锦，一望而知为虔诚信主与忠实负责之教育家。

卢沟桥"七七事变"之爆发，适在予自庐山会议归抵清华园之次一日。当时北平城门关闭，谣诼纷纭，留居清华之教职员各家晚间集宿图书馆内，饱受虚惊。翌午西直门复开，遂纷纷移住城内。八月十四晚上适有友人邀往餐叙，座中一位美籍女士相告：上海发生惨剧，陆梅僧君（Lewis Mason）已受重伤。在座宾主无一不与梅僧熟悉，闻此无线电英文广播之简短消息，心情都极沉重。数月之后，始知端倪，及三年之后与梅僧重晤，始悉详情。八月十四日即上海所称之"黑色礼拜六"。是日有吾国军机一架本拟轰炸黄浦江中之日本军舰出云号，中途被敌方战斗机击伤，于飞返虹桥机场时，弃掷两枚重炸弹。不料所落地点并非想象中之跑马厅空旷场所，而系民众密集之十字街口与大世界前面，其结果则死者两千余人，伤者两千五百左右。据梅僧亲告：是日午刻伊正在先施公司楼上餐厅约集友好，商量如何救济群集租界之无数难民，忽而一声巨响（弹穿屋顶）失去知觉，幸而级友陈三才兄（后成烈士）遍觅梅僧，只见其汽车而不见其人，乃遍访备医院，遍入陈尸室，大声呼喊"梅僧，梅僧，"结果则终在某一陈尸室中听得梅僧之微弱应声。（今年一月号传记文学第廿卷第一期载有"上海黑色的礼拜六"译文。）由是以言，三才兄固为梅僧兄之救星，梅僧兄当属"大难不死，必有后福。"证以后果，究竟"然耶否耶？"

上述予之与梅僧重晤，乃在上海，时为一九四〇年夏初。是时予由重庆飞香港，搭轮回沪，其目的有二：其一，约佩玉携儿女自北平南下，在沪相见。其二，潜回家乡常熟，省视双亲。在沪期间，予与佩玉固时常与梅僧兰贞晤面，且得晤及清华友好如周兹绪、陈华庚、陈三才、孙瑞瓒诸兄。两项目的既达，予仍只身取道香港澳门而经桂林贵阳等地返回重庆。

抗战胜利之日，予适在美京，是晚李苴均兄黄孝贞嫂本约饭叙，钱端升吴文藻两兄亦在座。不数周即得国内梅僧来信，欣喜可知。是年十月间予飞返重庆。次年春佩玉曾飞重庆小住月余。伊之由沪飞渝，盖由梅僧每日驶车送到机场，往返三次，第三天始得飞机座位。五月上旬吾俩由渝飞南京，时予襄助蒋廷黻兄主持善后救济总署，彼常住上海，予则驻守南京，但彼此因职务关系，不时搭乘火车来往京沪间，缘此常与梅僧晤面。胜利初期梅僧经友好之怂恿，曾参加立法委员之竞选。彼本无党无派，只以所谓社会贤达之资格与姿态，出而竞选，其爱国心切与一片天真之精神，于此十分流露。梅僧另有一项美德，即对于政府一切法令莫不澈底遵守，例如以黄金美钞兑换金圆券，不特自己以身作则，抑且劝告亲友尽先照办。

一九四八年七月，予应魏主席伯聪先生之邀，到台襄助省政。在此以前梅僧兰贞早曾到台游历过。其第二次来台时，予与佩玉曾乘周末休假之便陪往日月潭游览，时大陆情势愈形恶化，梅僧已有迁台计划，故曾只身第三次到过台北，并携有汽车一辆与电冰箱一具。可惜兰贞未能将圣玛利亚校长职务辞掉（该校董事会竭力挽留），故迁台计划未能实现，而兰贞不久竟遭惨祸。上述梅僧之汽车与冰箱曾先后代为出让，并将所得款项由香港友好代为划拨而归还梅僧。计自大陆变色，当局迁台以后，关于梅僧者有下列事项值得记述：即①兰贞之惨死，②梅僧之续娶，③红卫兵之迫害，④信件之转递，⑤家庭之病苦，以及⑥病逝火葬之情形。

①兰贞之惨遭毒死乃在一九五〇年七月十日。据亲友函告情形如下：梅僧经邻友电话，赶回寓所，则兰贞已死于椅上，颈间束一领带，地上玻璃杯中留有余滴，后经检验乃系剧烈毒药（入口致命），寓中对象并未遗失，而且两位女佣（母女两人）亦已倒地死去。此时兰贞虽已卸去圣玛利亚校长职务，但仍常与美籍人士来往，是否因此惹祸？所传近邻一个不良青年出此毒手，难令人信。梅僧遭此变故，其所受打击，可想而知！后来朱（友渔兄嫂）顾（志仁兄嫂）两家曾集聚美金五千元，为上海圣约翰与圣玛利亚两校校友在台湾淡水所设之工业专校中，筑一"兰贞馆"以资纪念陆朱兰贞女士。

②梅僧与兰贞情好专笃，其于数年之后忽与一位闽籍牧师之女陈兆

玉结婚，殊出意外。旋闻有一位朋友鉴于梅僧并无子女，独居孤苦，故怂恿其续弦。兆玉生有一女，取名玉梅——显系从梅僧兆玉两人名字中各取一字。吾俩后曾陆续接到梅僧寄来之合家欢照片数帧。

③一九四九年之后，梅僧境遇迄未得知，但证诸于一则另移别屋，再则忽患中风（此项消息迨昌林兄美英嫂飞经台北在机场把晤时始行闻悉），则其所受遭遇可以推想而知。无论如何，梅僧结婚得女以后，曾中风患病甚重，治疗甚久，但经多年医养，殊多进步。一九六六年三月十四日一信，系由梅僧亲笔签名而由其胞姊冶侬代笔，其中有下列数行："我之手足行动不便，现在请人来家推拿，深望我之右足在几月后能举步，可以出外旅行。"同年七月一日之代笔亲签信则更提及"练习太极拳，兴趣甚浓"云云。是月廿八日梅僧且曾亲笔写信："荷妹（指佩玉）手足如面：六月廿八日来信及托汇之港币七四〇元早已接到，并已分别转给各人。……吾一家都好请勿念为幸。你们一家在夏团聚想必快乐异常，如有照片希能惠赐几帧，不胜幸甚。"可见在一九六六年七月左右，梅僧之健康大有进步。

佩玉与予方庆梅僧日趋康复，不料此后月复一月，迟迟不得音讯，询诸港友亦不卜究竟。是年底始得梅僧侄儿承伯恳港友转来一笺："十月六日伯父（指梅僧）不幸再次中风，全身瘫痪，整日卧床。初病时神智尚清，两手尚能抬动。仅是吃饭大小便要大姑妈（梅僧胞姊冶侬）等人照顾。现在则日益加重。据医师诊断，认为二次中风，难以治疗。加上二伯父（梅僧行二）年老，受刺激太深，现舌头不灵活，言语有时含糊。伯父在病中经常提大人……"信末日期系（一九六六年）十二月廿四日。再越半年，始闻红卫兵曾四五次闯入梅僧寓所搜查，连地板也掘起，且又曾逼迫梅僧一家，移住邻近之地下室。详细实情自不确知，惟梅僧再发重病淹留多年，忍受痛苦，则是千真万确。梅僧长期重病，幸赖就近亲

知己难得、君子可求

(一九六二年九月梅僧致佩玉笺——由港转美)

荷妹手足如晤：九月九日曾上一函托王兄转交，不知收到否？今晨获释玉兄来札欣悉逃哥已有函告安抵学校国外生活吾妹亦能习惯如常盼不胜念，便叶尚新多，来信云幸得住哪于月初来沪姆乙入院开刀剖治向由陈医师方鉴析该得知结果甚好之来信乙看到不过匯敬王全未到不知何故使叶一询是幸颇苏叔前週来扁特切托笔向妹道谢资助之情也周屆可喜但其经济失败而妨及供养不很可惜三妹与之一家均好幸勿念念

梅匆匆九月廿六
1962年

旅安
逃哥均此佈。

陆梅僧手札

友，以及港方洪士豪兄嫂，竭力爱护，多方援助。佩玉与予曾量力之所及陆续划汇款项或寄赠药品，自不待言。所需中药以羚羊角与当归为主，士豪兄嫂由港供给甚多。

④自一九四九年起，吾俩与梅僧彼此间之通信以及款项之划汇，全赖住居香港之友好。最初十多年，全靠王昌林兄嫂，后来十年，则胥赖洪士豪兄嫂。当初恳托昌林兄代为购寄油糖分赠好多家亲戚，正不知麻烦多少手脚！转信汇款亦复如此。后来则以向之搅扰昌林兄者转而搅扰士豪兄，迄今每一念及衷心至为感激。

⑤精神上之痛苦有时恐比肉体上之痛苦更难忍受。梅僧多年卧病床笫，而竟再遭受继室与亲女之欺负。兹摘录其胞姊，弟妇与侄子信札数段。（甲）一九六七年五月十四日胞姊冶侬写："我前月廿六号离开二弟（梅僧）了。因为兆玉和玉梅对我很刻薄。梅弟卧床，尿屎都在床上，一日数次，每次要揩洗，每天按摩五次，饮食吃药等，都要我一手料理。保姆管厨房洗衣上街拖地板杂务等也已忙极不堪。兆玉袖手旁观，并无一些同情，好像与他无关。玉梅更是恶劣，动辄推人打人。……我年已七十四岁，由于操劳过度，满身痛疼，因此不得已只能回家。"（乙）一九六八年四月六日梅僧弟妇也是佩玉弟妇荷珠写："二伯（梅僧）过去没听洪先生刘先生意见，与陈兆玉结了婚。现在她看到二伯经济困难久病在床，她同了玉梅几次向有关部门提出坚决要和二伯脱离夫妻父女关系，二伯亦已同意。有关部门根据二伯情况认为倘二伯生活安排落实可以同意。"梅僧工作数十年必曾有相当储蓄，何以经济状况到此地步？佩玉与予商量后，四月廿三日复信主旨如下："梅哥与陈兆玉及玉梅脱离夫妻父女关系完全分居之后，其每月生活医药费用不数之数，逊哥愿意资助。究竟每月约需若干，请冶侬姊亲自与梅哥洽谈商定之后见告。"此信去后关于离异消息石沉大海。佩玉与予只能每隔数月陆续划汇接济，闻士豪兄嫂亦复如此。

（丙）一九六八年十月十七日荷珠笺告："我在二伯家过了一夜，二伯家的保姆朱妈这次在送我上车途中告知兆玉和玉梅平时对待二伯的行为，咒骂是常事，有时还要动手打几下。所以二伯的苦闷是我们能理解的。"梅僧来信对于兆玉玉梅之变态始终只字未提。其恕道达观，真非常人所能及。此种家庭痛苦，本诸"家丑不可外扬"之训，予似不宜信笔直书。梅僧有知，务请恕我罪过！

⑥梅僧在一九七一年七月三日下午一时三十五分与世长辞。此项消息迟至七月廿六日晚，予偕佩玉自欧洲游览回到纽约，始行获悉。佩玉与予异口同声，谓梅僧现已"脱离苦海"。由友好代垫之葬费港币二千元当即先行归赵。梅僧之火葬系于七月五日举行。根据士豪兄信："梅僧骨灰送至吉安公墓，其日期为七月十日，适为二十一年前（一九五〇年七月十日）兰贞遇害之廿一周年"，而且一位亲戚同时发现兰贞之骨灰缸，本存于某教堂者必须于十五日内迁移他处之布告，故友好计划将梅僧与兰贞之骨灰，放置一处。此种巧合，一若冥冥中自有其安排然者。另据梅僧之侄子亲笔信，伊最后一次谒待，"梅伯自己尚说'可活四年'，而'兆玉则报以何不早死！'因而侄子与伯母大闹一场。"梅僧身后之料理，端赖当地之杨、陈、刘、洪诸亲友。诸友肝胆照人，尽心竭力，真可钦佩。

梅僧世居江苏常州府宜兴县之和桥镇，父宗俊、母史氏，兄弟五人（航僧、梅僧、玄僧、荷僧与润僧），姊妹两人（冶侬与佩玉）。据佩玉相告，伊母生梅僧前夕曾梦见一僧入门。梅僧到南京投考清华时所以自将"梅生"改作"梅僧"，殆以此故。佩玉又曾屡提及：梅僧幼时，家中多次请人算命，咸谓有三妻之命而少子息，两者竟均应验。盖梅僧就读清华时，家中作主为与宜兴周铁桥镇沙姓之小姐订婚，约两年后沙小姐卧病不起。至于兰贞之未曾生育，佩玉辄谓夫名"僧"而妻名"贞"，如何能得子女。梅僧家长囿于旧俗，曾屡劝梅僧暗中在乡间纳妾生子，梅僧坚决拒绝。

梅僧一生之事业在沪上。彼自奉甚俭，而于社会公益，平民福利，无不热心赞助。彼为扶轮社、联青社与规矩会之活跃会员，上海社会之中外人士殆皆知梅僧其人，故"黑色礼拜六"梅僧炸伤当晚，予在北平即获广播之消息。梅僧虔诚信主，初未尝喋喋劝人入教。梅僧不吸烟，不喝酒，不跳舞，但从不装出一副道学面孔。以此品格，与彼以信主自命、以学博自豪、以位高自骄、以财富自大者相比，其间相去诚不可以道里计！以梅僧之立身处世，而其晚年受难遭病遇困，吃苦忍痛，有难以形容者，殆类所谓"盗跖长寿而颜回短命，庸愚尊荣而贤哲卑贱"。梅僧在世之日，予每一念及辄觉"海内存知己，天涯若比邻"。梅僧辞世以后，予每一追忆，则恍然有"精神果不朽，生死殊同途"之感想。

萧公权
(1897—1981)

字恭甫，号迹园。江西省泰和人。1918年考入清华学校，五四运动时期参与创办《民钟日报》。1920年赴美留学，先后就读于密苏里大学、康奈尔大学，主修政治哲学，1926年获康奈尔大学博士学位。1926年回国先后任教于南开大学、燕京大学、清华大学、北京大学等多所高校，讲授中外政治思想史等课程。1948年秋赴台，任台湾大学教授。1949年离台赴美，任教于华盛顿大学至1968年退休。主要著作有《政治多元论》《中国政治思想史》《中国乡村》《宪政与民主》等。

忆萧兄公权
——夫子、才子、君子、学人、诗人、哲人

曩昔对于教师，均尊称为"夫子"，目前沿用，自亦妥当。但未必个个"夫子"尽是著作等身的"学人"。反之名副其实的"学人"，不必曾任教师而可称"夫子"。因此"夫子"与"学人"所指有异。大抵年轻成名"诗人"，往往被誉为"才子"，然而"才子"不一定是"诗人"。可见"才子"与"诗人"，具其区别。"君子"与"哲人"固相类似，惟细加思索，则知"君子"之要素在品德，而"哲人"之条件在智慧。此中分野，大抵可意会而难形容，有时尽可失之毫厘，差以千里。

基于上述，以一人而兼备六种资格，或堪当六项名称，实属难能而可贵。笔者深信最近逝世之萧兄公权，乃是夫子、才子、君子、学人、诗人、哲人！兹愿指陈事实，加以说明。读者如翻阅萧氏所著《问学谏往录》自传（台北传记文学社一九七二年出版），当更知予言之不谬。当时公权以此录见赠一册，予读后即口占一绝答谢："南北东西鸿爪痕，化成珠玉得珍存。此中永值思维处，反映兴亡治乱根。"

德业才华兼备

萧氏公权终身在国内外大学执教讲学，领导研究。计先后在南开、东北、燕京五年有半，清华五年，（抗战时期）川大、燕大、华西及光华专任与兼课九年又六阅月，美国西雅图华盛顿大学十九年，共约四十载之久。毫无疑问，他是一位地道"夫子"。

从其驰名著作与学术荣誉观之，萧氏更是一位上乘"学人"。他廿九岁时，在康乃尔（Cornell）大学完成英文博士论文Political Pluralism，即"政治多元论"；翌年（一九二七）分别由英美两个有名书局（即伦敦的保禄书局Kegan Paul & Co.和纽约的哈可书局Harcourt & Co.）同时出版，并列入"国际哲学"丛书。他自称"于我更是无比的殊荣"。此一处女作问世，真是"一举成名天下知"。一九四五年，"中国政治思想史"两册——约廿年"教学相长"之结晶创作——由教育部审定，列入部定大学用书，交重庆商务印书馆出版（后在台北由文物供应社分印六册，重版许多次），迄今仍是标准课本。一九七〇年，公权之"迹园文存"上下两册，由台北环宇出版社列入长春藤文库刊行。其英文名著有两巨册，一为 *Rural China*（"中国乡村"），一为 *A Modern China a New World*, *Kang Yu-Wei*, *Reformer and Utopian 1858-1927*（似可译就，康有为：维新运动与大同理想），由华盛顿大学出版社先后于一九六〇年及一九七五年付刊。又类如"大英百科全书"（Encyclopedia Britannica）标准丛书等请他所写的记事短文数量甚多。美国学术团体协会（American Council of Learned Societies）曾于一九六〇年授给萧氏一项"人文学术卓著奖学金"（Prize for Distinguished Scholarship in the Humanities）。奖状中赞美萧氏："融合中西两个伟大学术传统的菁华"，表现"创造性的灼见"，是位"诗人、作家和哲学家"。公权兄曾偕其夫人（薛）织英嫂与次女庆燕前往纽约，参加一月二十日举行的授奖宴会。清华学报亦曾"为萧公权教授七秩华诞志庆"待编刊"政治学专号"（约五百页），但迟至一九七〇年始告出版。予为此专号之主编人，曾因几篇征稿来文不合规定而未登载，得罪了好几位朋友。此一专号之目的，盖在对于萧氏学术方面之精深成就，表示崇敬。由上以观，萧氏实是一位出类拔萃的"学人"。他曾写过几句："荀子书中有三句名言：'以仁心说，以学心听，以公心辩。'我们如果把这三句话改成'以学心读，以平心取，以公心述'，便可作为我们学术性文字的座右铭。"此实真知灼见，值得三思奉行。

本人称公权为"才子"，有根据而非阿谀。他先后在密苏里（Missouri）与康乃尔两大学读书乃至在西北大学（Northwestern University）入暑期学校时，曾认真连续学习小提琴以及选修乐理课程。甚至钢琴，他也试习。学习小提琴的结果，他自称"居然加入康乃尔大学的管弦乐队，拉小提琴，滥竽充数"。"学作曲的唯一成绩，是应国立四川大学校长黄季陆先生之命所撰拟的校歌歌词和乐谱。……（一九五七年）回台，……承季陆先生在他的府上设宴款待，并放听'国立四川大学校歌'的录音，令我回忆当年在成都大礼堂听全体师生合唱，'洋洋盈耳'的盛况。"《问学谏往录》中又有记述："我在密苏里大学曾学过两年水彩画和油画。我们中国人用惯了毛笔，画水彩不难挥洒自如。美国人不知底细，见我上第一课已经用笔纯熟；……误认我是天才的画家。白尔奇教授（Professor Perky）甚至劝我专学绘画，要推荐我去与纽约艺术家联会（Artists'-League）进修。"此外，公权在清华执教时，无师自习，能雕刻图章，曾赠予一枚，字迹古雅，不啻老手。公权才思敏捷，与熟友谈话，往往诙谐百出，谑而不虐。公权又能写作英文诗，曾刊登杂志。根据上述种种，谓公权是"才子"当非虚妄。

公权就其所著诗词，先后选刊两册，均照亲笔所写影印。其一，为《迹园诗稿》，一九七二年台北环宇出版社印行。其二，为《画梦词》，香港万有图书公司一九七三年出版。其所著自传《问学谏往录》，载有"何莫学乎诗"两章，一为"谊兼师友的吴雨僧"，另一为"朱佩弦及其他诗友"，详述自己对于诗之欣赏与观点。他自供"我在儿童时代已经开始学诗"。公权所写之英文诗，每成辄承赐寄一份。"画梦词"集中并载有中译英国近代诗选择其"有与五代两宋词境相邻者"，"凡令慢二十余阕。"公权本其谦逊美德，辄否认自己为一诗人，但赋吟俱在，自是"诗人"而无疑问。

关于"君子"，向来本无、亦不可能有一个斩钉截铁的概括定义。闲尝思之，四书里面具有好几句启发性的解释。例如"君子中庸"，及"文质彬彬，然后君子"，殆可扼要形容君子之品德与风度。以言实践目标，则当推下列四句："君子义以为质，礼以行之，孙（逊）以出之，信以成之。"若论最高理想，自是"君子之道者三，……仁者不忧，知者不惑，勇者不惧"。笔者自与公权最初认识起，交游达六十有四年，对于其谈吐举止、待人接物以及立身处世，早就于不知不觉之中，认为他是一位君子。予并相信，即使一位素昧平生的读书人，如将萧氏所写的《问学谏往录》细阅一遍，当可发现其确属于"君子"类型。此可以公权处理下列事项为例：就读上海青年会中学时，反对强迫传教而争取信教自由，卒告成功（页廿八）；五四运动中，偕校友两位及北大周君同赴天津租界办报（"民钟"），黾勉从事，忍耐合作，迄被迫停刊而止（页卅七）；读西北大学暑校时，曾往高级餐馆"跑堂"服务，"免受'四体不勤'之消，再则可以获得一些收入来补充游历观光之用"（页五七），执教清华，曾讽劝吴雨僧（宓）兄勿与其原配仳离，而未蒙采纳（页一〇五）；对于系中同事张奚若兄，"逖生兄无意中给我一个化'敌'为友的机会"，可称以德报怨（页一〇三）；留美修读期间曾与一位华籍女生，发生多年"浓厚的友谊"，引起族人族侄之诘劝抉择，但公权则答谓"女朋友不一定要改变未婚妻"，仍维持家中十余年前所订婚约（页八三至八五）。就予所见所闻，公权与家人及朋友，从未曾有疾言厉色。

至如拥护抗战到底誓愿"与日偕亡"，苛斥傀儡政权，则其诗集词册中，语句甚多。姑与迹园诗稿数例。"禹域奔狼胡运短，昆阳起凤汉仪心。""王师收两京，引领捷音至。不学陆放翁，墓中待家祭。"均表示早日胜利之愿望，志切情殷。无怪乙酉七月初三夜"闻日本乞降"即赋长歌，有"疏星灿烂暮天霁，爆竹拼訇人声沸，众口纷传倭寇降，繁灯赫赫鼓逢逢，八年血战今奏功，百年横辱一朝空。……"又例如《画梦词集》中有"沁园春和词"："白骨长城，赤地中原，六出花飘。正袁安僵卧，寒家炊断，焦先露寝，野火庐烧。恶紫夺朱，将清换浊，苦果天工如许劳。凝眸处，认河山一色，银海光摇。尘污几玷神皋。算从古枭雄几辈豪。恨覆明李闯，招来北虏，通金刘豫，出卖南朝。瑞兆尧年，阳回禹域，雪里梅开花更娇。升平世，待长吟访胜，灞上诗桥。"此曲句斟字酌，义正词严。综上以观，萧氏之私生活，充满"君子"之品德。

"哲人"之所以异于"君子"，在其着重智慧，亦即具有超人一等的见解，抱持卓越远大的理想。姑以公权对"诗"之见解为例。"我喜欢旧诗，……也不反对别人做新诗。同时希望做新诗的朋友不反对做旧诗。……作者各从所好，各尽所能。……我反对两种'诗'：陈言滥套的旧诗，粗制滥造的新诗。"（同书页一七一）他对"仕"亦有高明看法。"我认为古人'学而优则仕'有其真实性。但在现代的生活中，'仕'应当广义解释为'服务社会'，不必狭义解释为'投身政治'（或）……

'都去做官'。"本于此义，他叙述自己"二十几岁的时候，立志不做'官'，专求'学'"。故后来抗战时期，他虽经邀请，他未担任国防最高委员会参事。本于此义，《问学谏往录》中又写有"是亦为政"两章，一"谈教育"，二"谈宪政民主"。其中对于当时一般学风，以及对于最高当局面询时局意见，均陈述其崇高而不易实行的理想。即以萧氏最近病危，自知不起，曾留有口头遗嘱：戒勿刊登报纸讣告，并戒勿举行集会铺张之丧葬仪式。只须就此一端，可以想见萧氏之为一"哲人"！但华盛顿大学得讯后曾于十一月廿五日为萧氏举行追念会，到教授与友好二百余人。

二　由同学而同事

予认识公权始于一九一八年新秋。他于是夏，受其族兄（萧）叔玉（迈）鼓励，考取清华学校高等科三年级，高予一班。两年同学，交谊殊属平常。彼此开始相知，乃在留美以后。此因在美各大学中志同道合之友人，彼此通信介绍，辄于每年冬季寒假，择一山中或海滨本为避暑旅馆，聚晤谈心两三天；彼此以学业与品格相互砥砺。例如何淬廉（廉）、徐淑希、洪煨莲（业）、林旭如（昈）、王志莘诸兄与予成为知己，均是如此；公权亦是此中一位。

公权于一九二六年八月学成归国。"回国以前不曾想到'出路'问题，（预）向学校接洽。"（我翌年也是如此！）遂在上海担任两处"讲席"。十一月五日"与订婚十五年的未婚妻薛织英结婚"。一九二七年二月，应天津南开大学之聘，挈眷北上。如前所述，他曾在南开、东北与燕京执教五年有半，然后转到清华。"我感谢浦逖生兄给我机会在学术空气浓厚，图书设备丰富的环境中，加紧努力于教学相长的工作，加速推行研究中国政治思想的计划"。"在政治系的同人当中,逖生兄待我最好。他凡事为我设想。研究上需要的数据和教学上所需要的便利,他都有求必应。例如图书馆中未曾购藏的书籍,他派人通知(琉璃厂)各书肆,送来让我选购。又如收集参考资料时,他为我雇人抄写。"(同书,一〇一与一〇二。)

他另有一段记载,叙述系中同仁(张)奚若兄"在教室里对学生讲,中国没有值得研究的政治思想"。"(蒋)廷黻为我不平,在《独立评论》发表的一篇论文里,讥笑留学生回国大谈洛克、鲁索,对于中国文化和历史却不能置一词。"后来,"奚若休假出国,赴欧游历。北京大学法学院长周枚荪(炳琳)先生恳请逖生去北大代奚若兼授西洋政治思想史。逖生因为自己很忙,并且认为系主任不便在外兼课,荐我去代授,……我因逖生力劝,只好应承。这班上一共有三十来名学生,授课一星期之后,校内外陆续来旁听的学生,挤满了……教堂。学年快终了之前,周枚荪到清华,要我下年继续教授这门课程。我说,'奚若不久就要回国,……他似乎不曾表示不再继续在北大授课,我不便接受你的邀请。'奚若回国不久便来看我,把他多年珍藏,十九世纪法国学者雅勒(Paul Janet)的名著《政治学史》(*Historire de la Dcience Politique*)送给我。我相信这是他对我的友谊表示。"(同书页一〇三。)前述"逖生兄无意中给我一个化'敌'为友的机会",盖即指此一段事实。

公权住清华之南院,(萧)叔玉、(陈)岱孙、(俞)平伯、(闻)一多、(潘)光旦都是他的近邻。他"在住宅前的一大片空地上种树栽花,五年'灌园'的工夫,把原来不毛之地变成了一个花木扶疏的小园"。公权家中雇用一位厨师,经过主人之指点,宴客菜肴满足"色、香、味"之标准条件。有一次,他请吃大闸蟹,宣称真正享受蟹味,须屏除一切姜、醋、糖、酱油等作料,并谓此种饱尝纯粹蟹黄、蟹膏、蟹肉滋味的方法，乃自从古人食谱中得来，不妨一试。于是全桌宾客，如法欣赏。盖予迄今不忘；前周选吃阳澄湖大闸蟹，仍用此法。

公权不打网球，不搓麻将，不玩桥牌，而以吟诗为嗜好。对于吟诗，"在十四、五岁的时候""竟尔自命不凡"。十九岁（时在沪青年会中学）"几首诗居然在'南社'诗集里刊出。萧笃平（廿岁才改名公权）也居然成了南社的社员"。林斌先生在"记诗人黃节屯南社"一文中（畅流杂志卅七卷第六期）开列了社员名单，一百多人当中有黄节、胡先绣、胡朴安、陈柱尊等知名之士，又加上按语说，"东南各省的俊彦都集合在南社这个团体里面。"林先生不曾注意到其中有一个是绝对没有俊彦资格的中学生。（同书页一四七。）清华任教时，公权与吴雨僧（宓）过从甚密，切磋唱和，更上层楼；曾为"吴宓诗集"题了两首七言律诗。

至于公权所授"中国政治思想史"一课，异常严格而精彩。除摘选数据，印发讲义，指定重要参考书，限写专题报告，一一评阅发还学生。"清代的数据，抄写未竟，七七事变起，无法继续完成。所幸已经印成从先秦到明末总共一千四百多面的数据。我存留了一份，给我后来'中国政治思想史'的撰写不少方便。"（同书，一〇二。）"清华同人当中见面较多，友谊较深的，除了叔玉、廷黻、迺生诸兄外，还有李继侗、吴雨僧（宓）、孙小孟（国华）、赵守愚（人儁）、陈岱孙（总）。"（页一〇四。）

三　抗战播迁唱和

对日抗战开始，清华虽早曾在长沙山麓建筑迁用校舍，但奉教育部令，与北大、南开共组西南联合大学，借用长沙圣经书院。公权早即认为长沙乃兵家必争之地，故斟酌再四，卒与赵守愚（人儁）兄共同决定，应杭立武兄之邀请，前往成都，担任国立四川大学之"中英庚款讲座教授"。是为其所谓"飘泊西南"时期。"在这十来年当中，除了在川大、燕京、华西、光华四校先后或同时（专任、兼任）授课以外，我还曾三度应邀到成都以外的地方去短期工作。"其一，一九三九年三月到重庆郊外中央政治学校作"国权与国力"六次演讲，为期两周。其二，往白沙镇山顶上的国立编译馆担任临时编纂职务，时为一九四〇年夏，馆长系陈可忠兄。其三，应聘为中央训练团高级班第三期（一九四四年冬）教官，讲"各国政治思想"，为期一月。他所著《中国政治思想史》两册，则系于一九四〇年完成，一九四五年出版。

抗战之第三年头（即一九三九年二月）予应命自滇飞川，担任国防最高委员会参事。重庆与成都邻近，从此公权与予通信唱和更勤。当初予在蒙自与昆明执教西南联大时，固早曾与公权诗函往返。兹录其一九三八年（戊寅）和诗。

戊寅九月次韵寄答浦逖生

乱中死别胜生离，野哭千家莫问谁。泞水滔天无乐土，飘蓬异地各伤时。云昏漠北难通望，赋到江南愈可悲。汉阵非坚胡马骤，荆门烽火接峨眉。

玉垒云阴九月寒，西风度陇倍凄酸。征鸿叫夜霜群失，丛菊供人泪眼看。牢补亡羊终恨晚，势成骑虎岂求安。悠悠和议徒颜厚，灭国何如辱国难！

汉功无分勒燕然，猿鹤沙虫事可怜。已叹名城罹劫火，直应沧海化桑田。让人赤县地千里，迟我华胥梦百年。时日偕亡吾不悔，深惭未著祖鞭先。

音容宛在

此处戊寅系指一九三八年，其时公权在成都，予在云南。公权之"迹园诗稿"（一九七二年台北环宇出版社刊行），只载第二、三两律，首律显自删去。至于拙吟原来三首，乃在云南之禄丰村（离昆明数小时火车路程）所写；标题为"感怀三首分别寄呈公权与寅恪"。兹将寄公权三首录下。其一："留滇飞蜀又分离，欲吐衷肠更向谁！切齿胡尘当济世，画眉汉椽不宜时。阳春白雪听来厌，赤土青磷望去悲。寂寞空山怀旧雨，愿无铁鸟到蛾眉。"其二："风雨荒村夜气寒，河山腥血客心酸。祖宗孽债子孙付，独自雠仇邻里看，抗战原期遏内乱，求生何忍说偏安。千秋鸿运夸张易，一局残棋收拾难。"其三："治乱兴亡岂偶然，揠苗缘木后人怜。愿移劫火烧妖孽，免尽沦渊留块田。宁哭三家毋六合，休图五日应千年。"致寅恪（时暂住香港）三首仅第一章首句改为"留滇赴港暂分离"，末句改为"颐无风鹤到天涯"。

一九三九年初，承公权寄示三首。下面所录系根据其出版之迹园诗话，与予手边所存之原稿，每首有一、二句略改数字。

庚辰元日试笔（除夕微雨）

昨夜迎年蜡炬新，天涯转眼又芳辰。殷勤花鸟千般态，点缀山河半壁春。媚灶无因能得福，祭诗终是枉劳神。胸中块垒消除未，多谢堆盘荐五辛。

斗室寒凝客岁冬，闭门兀坐意从容。书经蠹啮添奇字，笔带冰花出健锋。檐鸟啁啾欣昼暖，瓶梅艰苦待春浓，苍生霖雨天工在，夭矫无劳作土龙。

未必今年胜往年，游仙作客事依然。梦回草长莺飞地，人往花溪锦水边。西蜀文章从古盛，南朝风景得春先。江山如此休归去，且理诗囊十色笺。

忆萧兄公权

予曾步公权原韵,写答"庚辰新岁"三律。其一:"栗六无端又岁新,浮图关上度元晨。百年身世惊迷梦,万里乾坤待转春。入夜主宾寻笑谑,逢场歌舞激精神。如此欢集散何早?为念王师太苦辛!(附注:元旦往浮图关,晚八时赶回重庆城内,赴诸友邀会,窭朋数十,俱乐甚欢。忽闻桂南消息,不愿尽兴,散别殊早。)"其二:"长安浪迹瞬经冬,孤负琴书有赧容。涓滴何曾补大海,囊锥奚必脱长锋。忽传胡骑蹄痕乱,偶看梅花含意浓。触景每思蜀汉事,当年辅弼得人龙。(附注:年初三又往浮图关,时新移梅花盛开。何孟吾谓此系蜀汉练兵之地,传说确否待考。)"其三:"难堪客里过新年,万里三逢更惘然。缱绻妻儿紫塞远,慕怀琴水白云边。别离倍觉团圆好,忧患方知清健先。最感玉人慰寂寞,恰颁倩影与芳笺。(附注:前年新正,适路过羊城,去岁元旦执教昆明,今则作客渝州。)"

抗战期间予曾自渝飞港,乘轮抵沪,佩玉乃偕儿女由北平南下。予先只身回虞山(常熟)探侍双亲数日。然后取道香港、澳门、桂林、贵阳而返重庆。公权得予函笺及吟咏后,曾先后赐诗四首。

简诵逖生

行到东南万里回,解装官舍晚晴开。春伴人归巴子国,客留诗吊宋玉台。一泓湘水催帆去,几点虞山入眼来。莫恨江湖虚凤行,澄清还仗济时才。

花溪西畔掩柴扉,魏阙名山事两违。蝴蝶枕边时化梦,鹡鸰枝上不成飞。窗移日影惊心短,书动尘香入手微。自笑生涯无善状,聊堪图醉典春衣。

音容宛在

> 答浦逖生南游记行诗
>
> 为省亲庭历险蠛,重趋行在抚疮痍。不惊大难缘神王,看试宏才转世危。家国一身兼抱责,衷怀百感尽归诗。燕郊旧隐长萦念,北定中原会有期。
>
> 不执干戈不耨耕,烽烟影里苟为生。红羊劫换灰犹热,狮子禽飞夜数惊。饭熟暂能忘米贵,书来每喜得诗清。莫将杜陆轻相许,惭愧文穷寄锦城。

予前所寄公权东南行数首,载拙著《太虚空里一游尘——八年抗战生涯随笔》万里探亲一章中,兹不赘录。

"公权录示近与佩弦唱和诸作,循诵再四,既佩且喜,爰口占一绝。"此系予诗稿之标题,时在一九四一年夏。"口占"如下:"锦绣诗词胜彩云,忧时爱国意殷勤。中兴雅颂应传播,吾喜逢人誉两君,"芜笺甫递一周,青鸟飞来酬答:

> 逖生阅近日与佩弦唱和诸作,寄诗见怀,有"我喜逢人誉两君"之句,并以中兴雅颂相勉,答谢二章
>
> 鳞爪何堪入品题,骊珠委曲价相齐。随肩沧海垂纶客,援手文林上汉梯。苦我绝尘步天马,误君真赏售山鸡。高情欲报无长策,依旧敲诗月影西!
>
> 不怨羁迟困甲兵,谁教磨蝎命中生。原知悽栗穷秋唱,难作雍容大雅声。庄叟有情怜鲋涸,王郎无分赏鹅鸣。从天愿乞农夫寿,击壤他年颂太平。

从上录诸章中,公权兄之谦逊高雅可见一斑。

当年予在渝都服务，兼任《中央日报》总主笔，不见昼夜辛劳，曾一度抱病，幸即告痊。公权曾先后赋诗相赠，关爱可想。

简浦逖生
逖生自重庆来书，谓判牍撰文，每至深夜，不觉疲倦，友人称为东方健者。逖生任瓛国防最高委员会，与唐代门下省掌审核略可相拟。

吏才有余学渊雅，君乃东方一健者。二竖诸魔无敢侵，天与精神似龙马。批黄清昼坐鸾台，华管深宵藻思催。晨起悠然生远意，巴山独看曙光开。

再简逖生
来书云，卧病连日虽复药就痊，已非复健者，并寄示近作中央日报社论。

病室天花雨乍过，只凭元健走群魔。方知浩气蟠胸大，转笑良医费药多。骨劲直应称铁汉，文雄已看作金科。清宵端坐仍挥管，带胜无劳问几何。

犹忆予自驻美年余，回到重庆不久，转任善后救济总署副署长，襄助蒋兄廷黻，公权闻讯，即自成都来书并附贺诗一首：

逖生兄海外归来，新膺济署之命，俚句奉贺即希海正
海外冠裳相会盟，归来盈耳凯歌声。万家生佛思饥溺，一代鸿儒佐治平。游罢鲲池星驾远，辉留凤阁彩毫清。江南转眼春光好，箫鼓楼船入汉京。

音容宛在

乙酉初冬　弟公权　呈稿

不久复蒙写成横幅寄赠，予曾装裱悬挂书室。廿余年后，知公权正在整理诗稿，预备付印，予乃乘机面恳，勿将此诗列入，盖夸奖过分，愧不敢当，而予建树毫无，有负厚望。今兹录此，只是表示公权对予之关爱鼓励，以及予对公权之由衷感激。

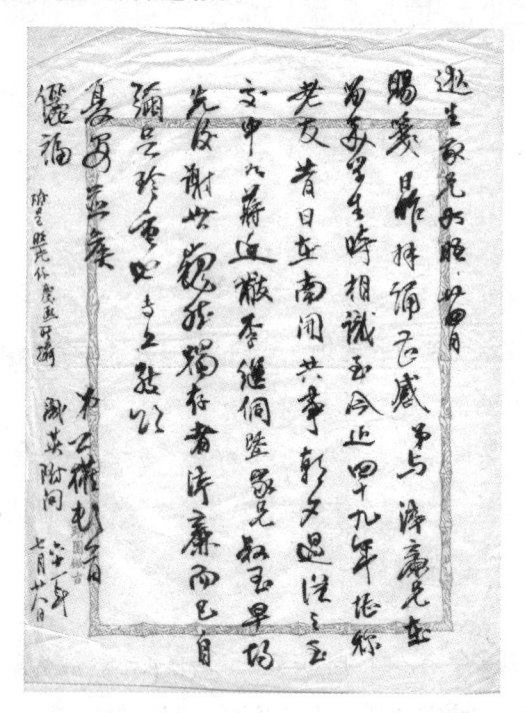

萧公权墨迹

四　彼此执教美邦

公权来美执教系于一九四九年十月，一九五七年伊只身回台一次，晤叙仅数日。予之应聘异域则自一九六二年秋开始。飞抵金山数日，曾偕佩玉往西雅图；内侄女与婿（陆）丽华与（田）长焯固然在机场迎接，不料公权与织英偕其子（庆熙）媳（曹芸）亦在飞机场。久别重逢，欣喜可想。公权盛宴款待，并邀华盛顿大学远东与俄国研究所所长与副所长戴德华（George E. Taylor）及梅谷（Franz Michael）两教授作陪。饭后梅谷博士开车，陪游西雅图附近山区海滨名胜。临别时公权并赠予一枝精美银质帕克原子笔，迄今珍惜而日常使用。

予偕佩玉一九六八年夏返台探望亲友，特别取道西雅图，住丽华、长焯寓藉与公权一家晤叙，承其父子分别在金陵酒家与庆熙住宅招待。是年五月卅一日，公权上完中国政治思想最后一课，"走出教室之前对学生们说，'我'没有资格学珊达雅纳（Georgye E.Santayana，哈佛大学之原籍西班牙的名教授兼诗人，正在上课时候，一只知更鸟飞来站在教室窗槛上，他注视这鸟一下，回头对学生们说'我与阳春有约 I have a date with spring'遂即宣布下课，跟着向学校辞职，退隐著书。）但我知道一件他不曾听见过的秘密。照十一世纪中国哲学家邵雍计算，世界上的事物，在十二万九千六百年后，一一完全重现重演。现在我与你们约定，十二万九千六百年后，我们在这间屋子里会面罢。"萧教授之"哲人"风味与诙谐，于此可见。

一九六九年一月卅一日予之日记有此记载。"今日接读公权信，附示七律两首。函有'弟今夏照章引退，近日系中同人设宴惜别，校长亦来助兴云云'。"公权两首如下。

  戊申夏年逾七十循例退休

    坐破寒毡老不知，德形天许两支离。手胼脱笔成章少，目眵尘编见道迟。万里寄踪长是客，一身有患在为师。从今匿迹销声去，隐几空斋息旧疲。

音容宛在

屈指星霜过七十，从头生理作商量。未曾经眼书须读，久已萦心事可忘。轻杨妥安宜昼寝，好花多种待春阳。殊方尽有容身地，动学行尸静饭囊。

二月五日，予即曾步韵诌和两首。其一："相交半纪贵心知，故国他邦时聚离。文字羡君必不朽，退休愧我尚须迟。春风桃李遍寰宇，冬日黉朋钱客师。此后定多新著述，莳花栽竹更忘疲。"其二："偕老白头享俪福，儿孙绕膝乐无量。当年友好多零落，去夏欢逢自不忘。出口珠玑富雅谑，经纶满腹识阴阳。何当再共西窗烛，添写新诗入锦囊。"

公权之《问学谏往录》一书，于一九七〇年由传记文学社出版，前曾指出，书中各章曾先后在"传记文学"披露。同年，清华学报新八卷第一、二两期合刊，《萧公权教授七秩寿庆论文集》问世。在此两年以后，公权之《迹园诗稿》刊行。一九七三年，他的《画梦词》付印。予之《战时论评集》由台北复兴书局于一九七三年三月出版后，寄赠公权一册。覆画中曾谬承奖饰，谓"其中名言谠论确含颠扑不破之永久真理"，并蒙赐诗一首："卅载前尘岂易忘，心仪健者出东方。挥毫子夜巴山雨，功胜雄诗百万强。"同时录示其近作"癸丑春日偶成"一律："两眼余明耳未聋，白头出没乱书中。身多疾病神偏王，幼识膏腴老固穷。自有委形归地母，更无疑事问天公。晴斋早起当窗坐，静听春禽唱晓风。"

佩玉与我曾于一九七五年自西岸寓所往东岸费城郊外祥儿讷媳住宅小住。佩玉一时兴至撰写《相夫教子鸿爪雪泥》一稿，刊载于传记文学（总一六三号）。公权来信谓织英抢先阅读，旋伊自己亦再反复细看，甚加欣赏。是年予所草《忆何廉兄生平》一篇（"传记文学"第一六一号）承友好如张纯明、薛光前诸兄驰书奖饰外，公权有此几行："逊兄纪念淬廉兄大作，拜读至再三，详略恰到好处。淬兄泉下有知，定可欣然首肯也。"

忆萧兄公权

我与佩玉和公权兄织英嫂最后一次会面，畅叙数日，乃在一九七六年十月下旬。二十三晚，长焯丽华在寓所为吾俩接风，并邀请萧伯伯、萧伯母、庆熙、芸，（罗张）维桢伯母（即罗志希夫人）及其小姐久芳，女婿（张）桂生，并（崔徐）远晖伯母（即崔书琴夫人），忆谈清华及联大往事，谈笑风生。饭后公权示予每晨室内运动姿态，即先以横身卧伏，旋用两拳撑地，而身平腿直，上下起伏多次。予效法试验，但身弯腿曲，不能像样，大家哗笑。公权与其子又曾分别邀宴。公权又曾自己开车（儿女所赠一辆雷鸟牌Thunderbird汽车）到伊已曾退休之华盛顿大学再度参观。归后在十二月中，曾接来书及附诗。

"丙辰贱辰偶成长句录呈"
遯生兄吟正　　弟公权拜稿
八十衰翁意若何，无须叹老未妨歌。三经尘劫身犹在，重渡沧溟鬓已皤。脚健都因行路远，眼明不碍阅书多。晴窗早起题新句，麝墨流香细细磨。

"尘劫"谓辛亥壬子之交（指武昌起义，民国成立），丁丑乙酉之间（指八年对日抗战），已丑庚寅之际（指大陆政权变更）。弟于庚申（一九二〇年）初游美洲，尚在少年，乙丑（一九四九年）重来，则年逾五十矣。

予曾步韵诌和一首，兹照原稿录下："丙辰季秋飞西雅图，得与公权兄欢叙话旧，仿佛四十余年前同在清华执教情景。归后承示八十寿辰偶成长句爱步韵诌和寄怀。"此为拙和之标题。诌句如下："沧桑瞬息果如何，犹忆当年奏凯歌。故国河山入梦幻，客邦桃李见头皤。浮名学业吾虚浅，不朽文章君富多！久别重逢欢乐甚，清华意气未消磨。"

音容宛在

　　公权之原诗，予曾录寄几位友好。纽约梁和钧（敬铮）兄曾步韵奉和："老不撄心奈我何？家山早付五噫歌。菜根有味仍偷活，蒜发无凭记早皤。惊劫殆因更事少，随缘只觉转轮多。孤怀方寄千秋业，肯为浮光浪琢磨。"台北侯叔达（畅）兄亦有和诗："辰维耋寿乐云何，载诵新诗可谱歌。得句每因心境豁，临流但觉鬓毛皤。三台问故求民瘼，万里关情故国多。壮气如虹诸长老，未经坐劫剑横磨。"萧、浦、梁、侯四位唱和之作，曾载入"文荟"杂志第卅五期"文艺春秋"栏。

　　一九七七年九月三日佩玉辞世。公权兄嫂来信唁慰，情词恳切。一九七八年予赴台北"试工"（书面写明一年为期），担任商务印书馆总编辑，忙碌出于意外，与公权及其他友好殊少通信。一九七九年，十一月底公权曾赋"己未生朝走笔"一章，但至翌年庚申元旦始行收到来书并赐示此诗。适逢其会，同日展读洪煨莲（业）兄寄翰，附录诗稿多首，其中有前几年所作"八十自讼"七律。予一时兴到，曾诌句步韵奉和。其后又承谢扶雅兄续和。上述各诗曾由金山梁大鹏兄送登当地之天声周报与少年中国晨报。兹分录如下，以志鸿爪。

　　　　己未生朝走笔　　萧公权
　　　　不分昼短与宵长，昼食宵眠照例忙。已罢探奇犹解梦，久忘进取别成狂。时行苔径循前迹，每展尘编识旧香。八十余年无死法，无劳延寿费神方。

　　　　八十自讼　　洪煨莲
　　　　昂藏食粟竟何成，一片浮云滓太清。昔陟山途摇短策，今无杯酒寿长庚。恩情未了生时债，著述奚图身后名。落叶高秋黄满地，不消孤雁报寒声。

笔者之"步韵书怀"两首加有小序:"同日欣读萧公权洪煨莲(业)两兄分别寄来新旧生朝赋诗,适于八十诞辰即将届临,爰步韵凑成两律,略记生活状况,追念佩玉,慨叹世局。"其一,和公权:"昼夜循环无短长,炊烹洗扫一身忙。构思握管成篇喜,随意诌章尽兴狂。枝上翠禽晨唱脆,篱边玫瑰晚风香。天涯地角多知己,寂寞心灵得慰方。"其二,和煨莲:"相夫教子佩收成,赖汝持家记忆清。婿、媳、女、儿配对好,安宁健吉忘年庚。长期学仕岂图利,老迈撰文不为名。世局叫嚣板荡甚,狂风急雨暴洪声!"谢扶雅兄寄和两首。一为"和逖生步萧公权己未生朝韵":"老来长夜苦偏长,不尽愁思应接忙。幸有良朋堪自慰,宁无佳句敢称狂。德行难遂平生愿,著述有惭翰墨香。九秩也还无死法,笑他瀛海觅仙方。"二为"庚申八九自讼步洪煨莲韵":"举世滔滔无一成,莫嘲众浊独吾清。虎威可假时何晚,猴沐而冠岁值庚。浮俗循将九秩寿,士林输与半虚名。偶逢鸾凤鸣西岸,传到洪钟天外声。"予因公权素喜唱和,不免东施效颦,自知词意均远在诸位畏友之下。

公权与予,各有编著发表,辄彼此互寄。笔者今年八月由台湾商务印书馆出版之《政治文集》以及十月由中华书局刊印之台北新版《白话唐人七绝百首》(六十一年以前上海初版)早曾预告奉赠。只因海运迟慢,不克及时寄赠公权,深引为憾。

今年(一九八一)九月十四日得公权惠复,始知,"月初入院就医,幸治疗得法,已于日前回寓静养。附有《辛酉夏作》'老病'一首。

老有身为患,病无药可医。倦来频觅枕,兴尽怯寻诗。夜短眠难熟,书来答每迟。兼旬长闭户,竹径任苔滋。"

予读到"病无药可医"句,不免惊愕,但因来书笔力遒劲照常,且公权一向不讳言"死",故亦淡然置之,不料竟成谶句!

公权致予最后一封信,系十月十八所写。信中有云,"九月二十八

音容宛在

日手教，十月一日递到，迟久未能作复，歉甚罪甚。缘弟于十月五日突发从来未有之胃疾，饮食不能下咽。由医院急治，幸得转危为安。然十月十二日出院后饮食仍未能恢复常态，颇觉委顿，想尚须休养一些时日耳。"不料此信竟成绝笔。十一月四日黎明以前，公权突然与世长辞。

笔者草写此篇，一则悼念六十多年之知交挚友；再则深信其学术文章与诗词赋吟，均有其世局背景及时代精神，可垂不朽；三则指陈其立身处世实在树立标准典型。

一九八一年十一月廿一日写于加州

萧公权（中）与浦薛凤夫妇

梁寒操
(1898—1975)

原名翰藻，号君默、均默，广东省高要县人。国民革命军成都中央军校中将政治总教官，后任国民党中央执行委员、中央宣传部部长。1949年后赴台，历任台湾《中华日报》社董事长、国民党"中央评议委员"等职。1975年病逝于台北。

梁均默（寒操）先生垂询心灵学要旨

寒操先生亦系笔者之上司，盖王亮老任国防最高委员会秘书长时，伊继任为副秘书长。但伊极谦虚。伊素知予研读所谓心灵学书籍，为数甚多，为时甚久，曾自台函美，（其时予已应聘康州桥港大学教职）嘱写简短结论相告。予对心灵学之兴趣，实由王亮老启发。下为寒操先生原函。

"逖生兄：偶然想到有一事，须请教于兄者。以兄研究心灵学多年，其结论为何，能以三百字见告否耶？匆上，即候俪茀。弟操顿首。十、二。"

兹将复信及简述录下。"均默先生尊鉴：捧读十月二日赐翰，承询有开心灵学之结论。凤对此愧无深刻研究。兹蒙垂询，正好自己检讨一番。计四十余年来，确曾看过百余册西文心灵书籍及杂志（最初是受亮畴先生之影响），亲聆中外友人所述身经目击之奇异现象，以及自己遭遇之若干特殊经验（恕不一一细述），加以哲学与科学之双重思维，似可归纳为下列十点。有无意义，殊不自知。另纸录呈聊备参考。肃复敬颂康吉。旧属薛凤顿首。一九七二年'双十'后一日自美。"

兹将"简述"要点十项，逐一抄录。①关于若干心灵现象，古今中外，均有许多确实记载。殊难绝对否认。同时，也有许多是附会或捏

音容宛在

造,是迷信及愚昧。②心灵现象(所谓心灵学当指今日英文所称parapsychology而言),范围广而程度深,不限于"魂""鬼"一类。③西方近数十年来,专家对于狭义和广义的心灵现象,均以科学精神与科学方法切实研究。(例如详列经验现象之确切人名地名及时日。)④就鬼魂之出现,或与鬼魂交谈接触而言,西方今亦叙述灯光变暗,温度降低与媒介存在等等因素。⑤各人之心灵禀赋或能力(所谓psychic power)彼此强弱高低不同。禀赋与能力高者,易有感应,易作媒介,亦即易遇奇异境况。⑥各项心灵作用,似只对个人与个人之间发生,而不涉及团体,民族或国家。⑦种种心灵力量之表现,似均系局部,偶然,短暂而有限度。此项研究,不闻涉及各宗教所称之神或上帝。⑧万事万物各有其原理,各有其条件——亦即各有其定律。由是以言,每项心灵现象,当必有其定律与条件。其所以被认为奇异神怪者,只因吾人尚不明其定律与条件。(照此推论,假使有"神",神必有其定律与条件——"神"在自然之中,自然之下,而不超越自然。)⑨当代物理学中,有此一定律公式:"能量"等于"物质"乘"光速"之平方。($E=MC^2$)准此而言,"心灵"殆即一项能量。(所谓"神"者,殆即能量之一项。)往昔视"心"与"物"彼此对立。大概"心"即是"能"。"能"与"物"同源,则不必问孰先孰后,孰本孰末。⑩总之,予个人相干心灵现象,确有其事,但同时也怀疑若干记载或传说,因而深深感觉,值得长期运用科学方法加以仔细而深刻之研究。

予在渝都,曾任《中央日报》社论总主笔。一九七三年初由台北复兴书局出版当时所撰社论,题名《战时论评集》。寒操先生收到赠书一册后四月四日复信,虽寥寥数语,实获吾心:"大集拜读。今日时世虽变,而集中多数,犹是名言也。佩佩,匆复志谢。"

张海平 (1900—1965)	原名步瀛。江苏高邮人。1921年毕业于北洋大学，同年赴美留学，于康奈尔大学获土木工程专业硕士学位。归国后在东北、西南多地任铁路工程师主持铁路建设。1945年任全国铁路测量总队长，主持战后铁路重建。1965年病逝于美国。

张海平先生小传

张海平，原名步瀛，江苏高邮人。幼以聪慧见称于侪辈。民十年毕业于北洋大学。时北洋已并入北京大学，故毕业证书上之校长为蔡元培。旋赴美深造，进康奈尔大学专修土木工程，得硕士学位。

民十二年，海平学成归国，即往东北工作。先在奉海铁路任工程师，旋升工务段长，再升正工程师。民十九年，经其妹玉田之介绍，在苏州与管芝瑞女士结婚。时芝瑞执教于其母校苏州二女师之附属小学。婚后仍回东北服务。

九一八事变后，海平偕同铁路员工撤退入关，转任浙赣铁路正工程师兼总段长。民廿四年应交通部次长兼新路建设委员会主任委员曾养甫之邀，担任新路工务处长。嗣以东南沿海军情紧急，奉调任京沪与沪杭甬两路之杭（州）曹（娥江）工程处处长，指挥若定，限期完工。继又奉调往海南岛，任琼崖铁路工程局局长，携眷前往。在此期间，海平患伤寒症，经夫人悉心侍护调养，不久告痊。嗣因政府放弃海南筑路计划，乃奉调赴广西任三（水）荔（埔）铁路筹备处处长。

政府长期对日抗战，决计在云南兴建叙昆铁路及滇缅铁路，俾建立西南后方之国际交通路线。因此海平又经调任，携带眷属至滇西祥云，任滇缅铁路西段工程处处长，旋复受命为第三工程处处长，主修祥云以西全部工程，而缅滇境内腊戍至滚弄边境一段之最艰巨工程，亦交由海平主持。迨日军侵入缅甸，此路功败垂成。政府乃赶筑中印公路以济眉急。海平所主办者，为缅境密支那至边境腾冲一段之工程。不料战局逆转，路为日军截断。海平不得已，率部自缅境八莫越高黎贡山之峰，徒步退返。沿途艰危困苦，殊难言状。

政府此时，以陆路国际通道，全为日军封锁，乃决定取给于空运，成立军事工程委员会，由曾养甫总持其事，并遴聘海平为总工程师，掌理全部工程。例如云南境内之羊街机场以及四川境内之成都机场，均由海平亲自督率员工，克期完成。因而海平之才能名望大著于交通工程界。海平对同乡同学高孟起（高明之胞兄），因其人品清高，长于文学，素所器重，故自浙而滇而蜀，经常廷为幕宾，处理文书，交谊久而弥笃。孟起之卒于蜀中，海平为之料理丧事。真诚待友，肝胆相照，于此可见一斑。

民三十四年海平膺命为全国铁路测量总队长，其目的在准备胜利重建，为推行国父实业计划之张本。及胜利来临，又奉命接收各机场之整建工程，皆于三十六年竣事。

当局迁台以后，海平先后担任公路局顾问，工矿公司营建部经理，工程委员会工程总处副总处长兼总工程师等职。一九五八年二月，经美方友好之邀，举家赴美。初曾短期担任工程师职务，约两年后告退，终于一九六五年五月九日突以高血压症与世长辞。海平子女三人。长子天生（在奉天出生），娶刘懿姜，次子长生（在杭州出生），娶杨晓华，三女立讷（出生于祥云），适浦大祥。二子一女均曾获得博士，分别服务，各有建树。

综海平一生，诚如高明先生在其所撰《张海平先生事略》中所云：

"于国家危疑震撼之时,忠贞不贰,矢志靡它,展其所学,用其所能,赴汤蹈火不辞,卒能化险而为夷,转危而为安,此则忠于国而又长于才者,稽诸往史,亦不多觏,而吾乡张海平先生,则其人也。"(浦薛凤稿。参考高明《张海平先生事略》)

徐宗涑
(1900—1975)

天津人，化工专家，中国化学会的组织者之一；1923年毕业于清华学校后赴美留学，1929年获麻省理工学院博士学位；回国后曾任职于上海龙华水泥厂；抗战时任四川水泥公司总工程师兼制造厂厂长；抗战胜利后，受国民政府委派赴台湾接收日本余留产业，出任台湾水泥股份有限公司总经理；1975年逝世于美国。

怀念宗涑、祝福永贞

（浦薛凤　陆佩玉合写）

　　杜子美诗句有云："少壮几时奈老何，向来哀乐何其多！"又云，"人生半哀乐，天地有顺逆"。宗涑辞世，瞬届周年，凡属友好，于此追忆宗涑与遥念永贞之际，或者均有上引诗句所吐露之感慨。吾俩合写此篇，不只因为雪泥鸿爪，略述六十年来之友情，抑且因为宗涑一生，端正忠实，除短期执教东北大学外，毕生从事于化学工程之水泥事业，用其所学报效国家，发扬当年"清华学堂"之"清华精神"；而其夫人（史）永贞，则医学精练，服务人群，持家教子，照料病夫，亦是绝无仅有之贤妻良母与不可多得之社会模范。基于此意，爰将拼凑成章之短文，命名如上。

　　前住纽约时，每次访问宗涑永贞兄嫂后，归途之中佩玉辄加叹息："宗涑本来有说有笑，轻松幽默，何以竟得此种震颤麻痹症！"逖生则总必加上一句："而且宗涑多年喜打高尔夫球，全身运动，怎会得此柏金森病症！"吾俩第一次略有发现乃在一九六八年夏回台访问亲友期间。犹忆

怀念宗涑、祝福永贞

八月廿五午后应先期之预约前往通化街一七〇巷廿七号徐宅。时已宾客满堂都系知己友好。作方城之戏者有两桌。逖生（陈）雪屏（李）苣均及主人则玩桥牌。此时发现宗涑不时垂流口涎。显然事非得已，莫由控制。本拟问其所以然，但欲言又止。初不料此殆患柏金森病症之初期现象。一九七〇年间，曾来美就医，时吾俩住在康州桥港，未曾获悉，故无缘晤面。

一九七二年初冬宗涑夫妇又自台湾来到美国纽约看专家医生，相距颇近，只有两三站地道车，惟出站后须步行约二十分钟。惜吾俩均不会开车，否则往返次数必定倍多。第一次专诚前去乃在十一月十二日上午，曾携赠若干苹果及橘柑。吾俩每次访友，往往随带上述两种水果，此系佩玉坚持之办法。伊谓"苹果代表平平安安，橘柑代表甜甜蜜蜜，送友小礼物，好意实惠，莫逾于是"。逖生虽有时指出，步行分量较重，但亦习以为常，不提异议。是日久别重逢，有逖生日记为证。"一别四年相见甚欢。不意宗涑病症竟如此深重。盖穿衣如厕，洗浴饮食，固需照料，即起立就坐，亦须扶持。步履艰慢，下楼尤甚。屡屡跌仆，幸尚无大损伤。目力衰退，而桌上枕旁犹多书册。发音极属低微，不啻如蚊虫之呐喃，有时几不能辨出其所说为何。只得全神贯注倾耳而听，始能得悉概要。但语多谐趣，时露微笑。永贞总是满面笑容，侍候周到，背后亦无一句怨言。此种伟大精神，吾俩曾当面夸赞。永贞又曾为吾俩量量血压，并取出十余年前台北记录，谓逖生血压如旧。吾俩早曾在电话中约定他们下星期日（十九）来寓便饭，并邀沈家作陪。"

如期，徐家准时来，由老二世棠开车接送。吾寓在二楼（吉美佳一六八街八五—四七号）故上下均由世棠推挽乃父所坐之轮椅。兹仍转录日记所载。"今日为宗涑永贞洗尘，并邀（沈）有乾（周）湄云作陪略作竹林之游。宗涑永贞合成一脚，吾俩亦然。宗涑出手虽慢，然亦颇露乐趣。晚膳由佩玉独自准备，计有葱烧鸭、烤鸡、油爆虾、清蒸鱼、炒菠菜及蛋花紫菜汤，味甚可口，客人称赞不置。徐家老二接送，因另有约会未来参加晚膳。临行坚嘱伊将烤鸡全只（未动一筷）带回。"

五天之后，亦即十一月廿四，感恩节前夕，世棠友好（张）兆平徐蘅夫妇邀请徐家，亦约吾俩作陪，同坐世棠车子来回。兆平少年老成，吾俩自桥港移居纽约之初，蒙予不少照料。是晚餐后，曾听录音带匣之北方相声，宗涑甚加欣赏，永贞亦感愉快。

每年清华校庆均在四月底举行。由于总干事"黄牛"（中孚）席均夫妇之热心筹备，大家踊跃参加，场面伟大。级友（张）海慈经常自加拿大飞来参与盛会，由沈浦两家招待。此次适住吾俩寓所，准时偕往。时为一九七三年四月廿九日（星期天），地点在百老汇路之真上海餐厅。正在入座之际，宗涑坐椅，永贞步陪，由世棠伴侍进入会堂，一时掌击雷动大家表示欢迎。盖许多清华老友久未谋面，一旦重逢，其乐可知。宴后余兴有徐樱女士之昆曲，唱来响过行云，擫笛者为其夫君（李）方桂，吹得珠圆玉润。此番校庆，殆宗涑在纽约养病期中仅有一次对于公众集会之参加。

是年八月廿五日世棠与韩英女士结婚。宗涑永贞亲自主持。佩玉因割治肠瘤初愈，遵照医嘱尽量在家休养，故未前往观礼。吾儿大祥特由费城来纽约，乃陪侍逖生一同参加。盖大祥与世棠在台北时本系总角之交，习琴之伴，相知有素。茶点之后，徐府拍摄许多合家欢照相，另又与友好合摄数张，逖生在内，迄今珍藏。

吾俩每隔数月总往徐寓访谈。大前年（一九七三年）六月以及前年（一九七四年）四月，佩玉与逖生先后分别割治肠瘤，永贞均曾亲到纪念医院探望慰问，回家调养期间亦蒙屡赐电话。回忆佩玉割治痊愈后，曾于当年十一月十七日晚在纽约全家福餐馆宴请主治女医师（外科）乐斯基大

怀念宗涑、祝福永贞

夫及发现病症之家庭医师孙丕安大夫（孙大夫临时来电话，因应急症无法前来）暨许多关爱照料之亲友，计共三桌。宗涑因行动太不方便自难赏光，永贞则准时惠临，坐在乐斯基大夫之右，相互谈话。临别时乐斯基大夫曾语遯生，从谈吐中可以窥见史大夫之良好学识经验。

去年春季吾俩东飞，在费城北郊玫瑰镇儿大祥及媳（张）立讷寓所小住。四月底参加清华校庆。五月三日午后自纽约沈寓搭乘地道车访问宗涑永贞。不料误出站口，又因寻觅当地店铺，俾略备苹果橘柑，卒致不辨方向迷失路途。街头又无出租车可雇，只得向一辆警察车问路。乃蒙两位警官坚持亲自车送。回忆一九七一年夏偕佩玉游览欧洲，某日近午在罗马旅馆附近散步，只因略购零星用品，走出公司后门，弄错方向，适逢一位青年警官，承其开车送回，赶上午饭暨团体游程。两次经验如出一辙。宗涑永贞聆悉之后相与大叹。此次专访未曾预打电话。到达之后永贞谓事正凑巧，不久（裘）公乐暨（魏）菊峰（宋）丽琛夫妇即将前来盘桓，并预定在此晚饭，所以坚留吾俩。情不可却乃电话通知有乾湄云。不料裘魏宋三位客人均因临时有事迟到两个钟头。所以宾主四位对坐方桌，具有充分时间大摆其龙门阵。惟永贞所谈二三事殊难忘怀。永贞谓伊目前最大愿望乃是每周如能有一连串四个小时逍遥自在，亦即同时能有别人替代照顾宗涑，则心满意足。永贞又曾连说带笑——半说正经，半开玩笑——告诉吾俩："我同宗涑讲过，愿意活？还愿意死？愿意死，我同你一起死！愿意活，我跟你一起活！活则大家受苦，死则一同解脱。宗涑想了想，说'我要活'。"永贞声音清脆响亮，宗涑当然听得清楚，当时似曾微露笑容。吾俩听聆之余，既无表情，亦未插嘴，盖正不知如何措词，心里却好生难过！永贞旋即改换话题，顿使空气轻松。事后思之，宗涑生病正是受罪，永贞服侍亦属苦楚，盖朝朝暮暮，神经紧张，非身经目击者不能洞悉此中滋味。永贞又曾提及一项，殊出遯生意外："宗涑曾经表示过，师友之中最佩服者乃是梅校长及逊生。"逊生当即说："梅校长，当然。我则岂敢。"后来永贞来信曾补充说明："他（宗涑）在四十一年在实践研究院受训，在他的自述中，曾谓他最钦仰之师友中吾兄亦在内。他说：'浦薛凤思想周密，政治修养湛深，处事为文，谨严不苟。'"宗涑此种恭维，愧不敢当，惟公正不阿，操守自爱，则向不后人。上述各节及下列情形，逊生在其日记中均录要点。

"是日午后将近五时公乐与菊峰丽琛始先后到达。菊峰伉俪并携有精美点心，大家分享。旋即进行手谈，共玩八圈。宗涑之四圈有菊峰或丽琛协助，饭后则由永贞独当一面。佩玉只玩一二圈，其余让'逊生过瘾'。公乐雇到出租车，送吾俩回归沈寓。"初不料此次会晤宗涑，竟成永诀。

宗涑与世长辞，系在一九七五年九月六日。先是，宗涑染患肺炎，经孙丕安医师之介绍，进入梯坡医院。后来想要转换一个较大医院，但接洽需时，未能实现。凡此种种均于事后由永贞见告，而东西两岸相隔遥远，未能参加丧礼，衷心愧憾。永贞旋于九月十一日由长子世梁接到内布拉斯加州之俄马哈市居住一月，然后转往威斯康新州之麦迪生市，在其三子世乐家中休息四周，迨十一月九日始返纽约原寓。不幸在启程前两天跌伤左足，不能行动者足足两个月，直至今年一月下旬方能慢慢走路。

回想起来，徐、浦两家交情可谓既久且深。宗涑与逊生相识满六十年（一九一五至一九七五年）。佩玉结交永贞，迄今亦有三十载。类此终身友好，实属不可多得。在清华读书时期，逊生（属辛酉级，即一九二一年毕业）与宗涑（属癸亥级，即一九二三年毕业）固然彼此认识，尚无交情可言，然而虽无形式上之交情可言，却有精神上交情之根深蒂固基础。何以言之，旧制清华学堂，中等科四年，高等科四年，凡能毕业者均可赴美深造。因为同在"水木清华"环境之中，月复一月，年复一年，彼此尽可不曾交谈，而留美多年，回国就事，不论何地何时，一遇清华同学，莫不互认为朋友，盖彼此素诚，彼此信任。逖生插升一级，故负笈清华只有七载。七载之中确实奠定两人日后相互交情之根基。逖生在哈佛大学研究院时，宗涑在麻省理工学院，相距咫尺，但来往亦不甚多。有时在星期天或假期中午，辄在波斯士顿华埠醉月楼餐馆相遇。

逖生与宗涑之交游，实自陪都重庆开始。时宗涑担任四川水泥公司总工程师兼制造厂厂长，家住嘉陵江对岸之海棠溪，俯览江流，风景如画。逖生屡次随同（吴）景超（龚）业雅夫妇，或（吴）文藻（谢）婉莹夫妇，或（王）化成（蔡）美玻夫妇，过江往访，盘桓竟日。永贞招待同学殷懃周到，令人感觉如在自己家中。逖生最爱桥牌，宗涑与景超固称能手，化成亦属"老将"，故每次前往海棠溪，必作桥牌之戏，而文藻则只在旁观战。抗战期间，佩玉在江苏常熟伴侍逖生翁姑，不在重庆，自不能参与。另有一处，逖生亦曾偕化成景超前往盘桓并玩桥牌多次：此为（梅）贻宝（倪）逢吉家中。特此附志一笔。

吾俩与宗涑永贞交情之笃与相知之深，乃系在台北开始。一九四八年初夏，逖生应魏主席道明先生之邀，承乏台湾省政府秘书长之职。其时宗涑早已担任台湾水泥公司总经理。彼此时相过从，尤因省府官邸在南京西路十二号（闻现已改建为叠层高楼之某某公司）距宗涑在中山北路巷内住宅极近来往甚便。佩玉初遇永贞，即一见如故，诚因均属宜兴同乡外，彼此性情直爽，无话不谈。永贞又为小儿科名医，愿为吾家三男一女四个孩子遇有伤风咳嗽等病，义务看病。吾俩毫不客气，屡屡连带吾俩自己，实行前往请教。永贞总是笑容满面，悉心诊治。徐家老二世棠学弹钢琴颇好，引起吾家老四大祥兴趣，故除在学校从师外，常常走到徐府借用钢琴练习。直到逖生级友（王）群伯（昌林）从香港代购旧钢琴一架运来台北后，方始有互相往返共同弹琴之机会。此外，佩玉曾担任台北市分会主任委员及总会常委，故关于劳军等社会服务工作，亦往往请永贞协助。总之，徐浦两家，对于彼此之日常生活，公私活动，子女教育，甚至家庭琐屑，无不洞悉。职此之故，交情安得不笃，相知自然甚深。

一九五七年六月某日，逖生自晨至暮赶写一篇文章，书桌上烟缸内装满香烟头。晚饭后方毕，忽然喉头发痛，疑系鱼刺作鲠，遂屡次强咽饭米团而痛仍不止，到了半夜更甚。佩玉竟打电话告急，永贞闻讯，立即赶来。诊视之后知系喉间肿胀，遂即开好药方，备翌晨服用。但经过数日痛仍未止。每天只能进饮西瓜汁，仍须勉强忍痛咽下。永贞乃推荐一位原在北平协和医院服务之耳鼻喉科专家徐大夫诊治。此次病愈后竟然得到一项意外收获：即不复想吸香烟。此殆系服药甚多，发生一种化学作用之结果。嗣后每次提及根绝香烟，必然想起永贞。

宗涑在纽约养病时谈话，往往以清华园及清华校友为主题。良以环境幽雅，读书及运动均多情趣，而留学回来，各有相当成就。逖生曾谓初到台湾，发现各界各业由清华校友担任主管或责任繁重者为数众多，印象深刻。宗涑亦以为然。两人遂屈指计算（以逖生初到台湾为限）。以言公营事业水泥公司有（徐）宗涑，纸业公司有谢凝远（惠），糖业公司有（沈）镇南，石油公司有（金）开英（以上均为总经理），工矿公司有曾仲威（昭承），林产管理局有（李）顺卿（局长）。以言农业方面，有（李）先闻与（刘）淦芝，渔业则有（陈）同白与高瀚。交通有（王）亚农（国华），（徐）人寿。银行有（陈）庸孙（长桐），（陈）恭藩。矿冶有（王）求定。纺织有（王）锡仁，（王）士强，（高）惜冰。教育学术有（李）济之，（陈）可忠，（萧）公权，（沈）熊庆，（沈）仲端（乃正），（梁）实秋。政界有（钱）莘觉，（张）静愚（经济部先后次长），（吴）国桢及逖生。军界有（孙）立人，（贾）幼慧，（张）彝鼎。此不过就记忆所及，罗列名字，定有许多遗漏。吾俩谈话计算，颇觉津津有味。宗涑又曾问逖生：从政多年有何特殊心得。逖生思索良久，曾谓根据中国传统，曾文正家书中所曾反复提示一段最值体会，最宜实践。曾涤笙有云：处世从政有三忌："一忌巧，二忌满，三忌贰。"巧满贰之对面，即系拙谦忠，曾氏即能力行此三美德。宗涑对此答复甚表欣赏。

宇宙无穷，人生如寄。然而躯体尽可云亡，精神却可永在。宗涑尽心尽力，为国为家，己身固务切实贡献，诸子并能续绍箕裘，其必垂范久远自不待言。至于永贞，医道精深，母仪可则，十四年侍候久病之夫君，劳苦无比。此种伟大高贵之精神实属难得。张岳军先生名言："人生七十方开始"，极富意义。祈盼永贞善自珍摄，保持健康，继宗涑奋斗之意志，续为人群服务。吾俩深信天涯地角，凡属宗涑生前友好，随时怀念宗涑，亦必随时祝福永贞。

王国华
(1900—1973)

字亚农，陕西榆林人。于清华大学毕业后赴美留学。回国后，历任上海沪江大学商科主任教授、国民政府交通部总务司司长、全国公路总局代局长、交通部顾问等职。1948年赴台，历任台湾航运业公司总经理、高雄港务局局长等。1973年在台湾死于车祸。

览照忆旧：略述王国华兄生平

寓所客厅、书房及卧室中，均置有大小长短各式书架。今午略加整理，无意之间在书夹中发现清华校友王亚农（国华）兄续弦婚照一帧。新娘颇美丽，想起当年顾盼流姿，类似一位电影明星。正面有亚农题字，上款为"逖生佩玉兄嫂惠存"，下款是"国华敬赠，四一年八月廿七日"。照相背面，写有七绝一首："寄迹瀛台岁日长，喜迎彩凤入华堂。三生石上同心结，月满枝头花满香。"

亚农题赠婚照，乃三十二年前事。回忆前尘，突然两项不幸情节涌上心头：此即续弦结果，及意外车祸。同时，亚农之才华与贡献，值得我提笔简述。

予在清华学校中等科时，即佩服亚农（低予两级）写得一手魏碑大字，盖当时曾设有"习字"一门功课。予练苏字，（罗）努生（隆基）善颜体，由于教师鼓励称赞，同学亦加重视。吾俩彼此熟悉，乃在将近三十年后彼此驻美华府工作短暂期间。

留美归国后，亚农在交通界服务甚久。抗战以前，伊在铁道部筹划新路建设，贡献甚多。抗战时期，伊主持全国驿运总管理处，对于大后方之物资运输，尽力建功。其后，奉派赴美，任交通部驻美代表，从事采购交通器材及训练交通人才。予奉派赴美，参加橡树园会议产生联合国宪章草案，旋得电令，驻美继续研究战后集体安全制度，直到金山会议，订定联合国宪章，一直到一九四五年九月底，才搭乘美国军机飞返重庆。在此一年有余期间，予与亚农时常聚首！尤其是打玩桥牌，彼此均称好手，友辈尤喜邀约参加，以资消遣。

当局迁台以后，亚农担任高雄港务局局长甚久，予则初任省政府秘书长，匿经魏、陈、吴、俞四任主席，历六年有余。每到高雄，辄住港务局招待所，居高临下，风景绝佳。亚农续弦后，其新婚太太，亦常来陪伴吾妻佩玉。不料此位新太太，在亚农卸去高雄局长职务，迁住台北以后，竟与一位中年德国男子，由于相互指教中文与德文，发生感情，而竟与亚农离异。此实给与亚农一个重大打击。

一九六八年夏，予（时在桥港大学讲学）偕佩玉飞台访问亲友，在参加清华校友周思信兄丧礼时，晤及亚农。承告他的原来太太，已遭德籍男子遗弃而回到台北。佩玉即问：是否考虑"破镜重圆"？亚农不假思索，脱口而出："覆水难收"。予连声直说，"对，对，对。"

不料一九七三年三月十一日上午，亚农偕同清华校友刘赏章兄，雇坐出租车，前往新店花园新村访视卧病在床之李迪俊兄，顺便商量他们同级级友如何赠送母校五十周年之纪念品，因为天雨路滑，而司机不慎，超速开驶，遂致翻落山坡之下，刘君与司机，各受轻伤，而亚农则立即昏迷，不省人事，虽送至附近耕莘医院急救，未有转机；延至翌晚，与世长辞。

王化成
(1903—1965)

江苏丹徒人。毕业于国立清华大学，后赴美国留学，入芝加哥大学，获政治学博士学位。1925年回国，任教于国立清华大学，历任政治学系教授、系主任等职，主讲国际公法、国际关系等课程，其学生王铁崖、陈体强等日后均为国际法名家。1942年任国民政府外交部条约司司长。1947年，调任驻葡萄牙全权公使直至1963年离职。1965年病逝于美国。著有《现代国际公法》。

悼念王兄化成

一九六五年二月十九日忽得鲁兄潼平自纽约电话，谓其连襟王兄化成竟仓猝中风与世长辞。噩耗传来，悲悼莫可名状。化成自葡来美医病，系在去年八月。据其事后相告，当时身体孱弱生命危殆，幸经疗养数周，体重减轻六十磅。最近来信，则称一切已近正常。予本拟通长途电话聊当面谈，只因适值迁居，栗六未果；偶尔耽误，引为憾事。

化成于民卅六年膺命出使葡萄牙。十八年来彼此仅晤聚两次。其一，为化成返台述职。当时久别重逢，格外愉快。伊离台之日，予适因政治大学有课未能亲自送行，乃由佩玉代表。据佩玉回来相告：化成与机场亲友挥手作别时曾热泪盈眶，其富于情感，可见一斑。其二，为一九五八年冬予在出席联组组织第十届大会以后由巴黎顺道飞往里斯本相访。此次聚首，确是"他乡遇故知"，期间虽短，印象至深。化成此时系只身在葡京，私生活上之孤单苦闷，不言而喻。盖化成嫂夫人美玻蔡氏，早已赴美长期疗养，未见起色，三位女公子成美成平成志，亦已先后赴美，分别读书完婚。就私而言，予因化成连日伴游并亲制蟹粉狮子头飨客，发现其活泼热闹，精神不减当年，暗自引为快慰。就公而言，予藉此机会，更能体会吾一般驻外使节，不啻孤军坚守阵地，纵无斩将夺城之机会与勋名，然而坚毅忍耐沉着应付，同其为难能而可贵，值得钦敬。

予与化成不特相处最久相知最深，且堪称为患难之交。以言班次，化成后予两年，故清华同窗六经寒暑。其后同时回返母校，在同一政治系执教，弹指流光又达十载。回忆民十七年秋予返母校担任教职，行装甫卸，首先前来握手话旧者，厥为陈兄岱孙与王兄化成。化成与予多年同住北院，其后化成虽移居南院而来往之频繁如故。不论春秋佳日，游颐和园，访碧云寺，或假期周末，打网球，玩桥牌，各种消遣娱乐，辄相约作伴侣。尤以化成生性开朗，胸无城府，有其在座，则一如春风秋月，咸觉和煦光明。化成活泼热闹颇富游戏精神。有时购置摩托车一辆，风驰电掣，入城来回自更迅便。有时饲养大群鸽子，分箱安配，并偶尔扎置鸽琴，任其结队飞行之际发放抑扬清脆之琴声。类此生活状况，一若"犹有童心"，殊不知惟其如此，乃能流露天机与生趣。昔人诗云"时人不识予心乐，将谓偷闲学少年"，殆即描写此种境界。以言治学，化成造诣精深，加以声音宏亮讲解认真，且能深入浅出，详尽发挥，故讲学极得同学之爱戴。

同在"水木清华"环境优美之学府中执教多年，此一时期，就国家历史言，无异为暴风雨之前夕，就个人生活过程言，堪比黄金时代。迨卢沟桥事变平津沦陷以后，则情势迥异，化成与予更成患难之交。姑以结伴潜赴长沙大学为例言之。此行清华同仁计有八位，马师约翰，亦在其列。出发前夕，相约两事，即拒绝家人相送，且避免彼此交谈。是晨细雨蒙蒙，予进前门车站，即遇一武装日警，挥手令停；予方止步，忽有另一旅客从旁疾行而过，此一日警，乃舍予而追阻，检查，予遂得乘机缓步登车。甫经坐定，偶向窗外探视，则化成在前，其老太爷在后，正走向车箱。为贯彻约言计，予惟掉头他顾，不加理会。未几，化成亦上车入座，虽相距只数步，不敢交谈一句。车行良久，予入洗手间，发现口袋中留有岱孙自长沙来信，谓开学在即盼尽早启程。倘果被搜，结果将不堪设想。此一时期每次车抵津站，旅客中总有受盘诘而遭拘留者数十人。化成以其身体魁梧，状若军官，最恐惹起注意。是日火车旋驶旋停，到达天津已是万家灯火。及大家分别安抵租界旅馆，在紫竹林餐厅会合之时，始相互拥抱，庆幸脱离虎口。此盖为八年抗战吾两人共同患难生活之开始。

由临时大学而西南联合大学，由蒙自而昆明，由长沙首次遭遇空袭而昆明开始放发警报，其间忧患岁月与艰苦生涯，无不与化成共尝。民二十八年，国防最高委员会成立，予与化成被征为参事。予初尚犹豫，化成谓"书生报国，此其时矣"；乃决定应聘同飞重庆，遂又开始许多年形影不离之从政生涯。最值回味者，当系每值空袭，辄相偕避入防空洞，而每次进洞，往往需二三小时之久。国防最高委员会与军事委员会在同一地址，自为日机轰炸主要目标之一。幸而其中所筑之防空洞乃在高达十余丈之大堆岩石下，故虽上层及四周多次落弹而仍屹然无恙。但附近之街弄房屋则摧毁殆尽。有时正与化成在嘉陵江畔散步，适逢预袭警报（亦即同时挂一个红球），目击路人纷纷急避之狼狈情状，辄相顾苦笑，谓此番"头彩"正不知掷落何处。化成调任外交部条约司长后，仍兼国防会参事名义。伊在条约司服务多年，工作紧张贡献亦多。其最值夸称者，厥为参与擘划中美中英一百年来不平等条约之正式结束。一九五四年予与张兄子缨奉派参加橡树园会议，会后予遵示留美继续研究战后和平机构。翌年春金山会议举行，化成亦受命参加；海外把晤，欢欣可知。凡此所述，可见朋友之中如予与化成如此数十年之同学，同教，同事者实在不可多得。

关于美玻之得病与化成之照料，愿就所知略志数语。美玻生长于美国芝加哥华侨家庭，与化成本系同学。因环境教育关系，其所抱持之观念俗习自与吾国传统不尽相同。率直言之，吾国家庭制度，无论在伦理，或经济方面，有若干部分非美玻所能欣赏或了解者。职此之故，不免有所隔阂，日积月久，不免有所抑郁。此外美玻曾先后在师大及清华短期兼任英文教职，师大须乘车入城，往返究嫌麻烦。清华本有一种不成文制度，即教授之"太座"不让兼课。究竟何以初则聘兼继又停止，予未曾过问，不悉真相。但美玻不克展舒抱负，因而受到刺戟，此则无可讳言。总之，美玻之所以神经失常其由来有渐，且因素亦非一端。归根结底，不当归咎于任何人或任何事，盖美玻殆为中西文化新旧过渡时代之牺牲品。美玻病后，化成专心竭力多方设法治疗。犹忆化成之三姑母曾亲口告予夫妇一段事实：即其亲长中有谓美玻病症难愈力劝化成考虑另娶者，化成则答以"当初予与美玻结婚时美玻并不如此……"言下且泣不成声。于此可见化成情义之重，至值钦佩。美玻患病一足年后，幸告痊愈，除言语举措略形滞钝外，殆与常人无异，尤以抗战期间在蒙自，昆明，而重庆，生活艰苦而精神无恙。孰料随化成赴葡京任所以后，不久又以旧病复发闻；此则至属不幸。多年来化成只身远居国外，其衷心之苦闷，自可想象。

就予所知，化成事亲孝，待妻义，对弟妹友爱，对儿女慈，对朋友诚，对国家忠；综其生平立身处世，光明磊落，可谓"仰不愧于天，俯不怍于人"。今者人天永隔，悼念万端。昔杜少陵哭亡友诗句有云："相知成白首，此别间黄泉。风雨嗟何及，江湖涕泫然"，恰可为予此刻心情写照。

邹文海
(1908—1970)

字景苏，生于江苏无锡。1926年入清华大学政治学系，1930年毕业留校任教，1935年留学英国，入伦敦政治经济学院专攻西洋政治思想与制度。1937年抱着"教育救国"之理想而归国，先后任职于湖南大学、厦门大学、国立暨南大学等。1949年赴台，1955年任教于台湾政治大学。1970年病逝。著作有《自由与权力》《比较宪法》《各国政府与政治》《西洋政治思想史稿》《政治学》《代议政治》等。

卓越教授邹景苏（文海）学弟

"桃李满天下"，此是我的亲友，异口同声称誉我的话。因为确系事实，只得含笑、点头、道谢。予曾在北京大学及（重庆沙坪坝）中央大学兼课，为期均殊短暂；但选读予所授政治学方面课程者，亦有杰出成名之士。就我清华门弟子而言，后来在执教、治学、著述三项，具有卓越成就与声名者，当推邹君景苏（文海）。去年新春，予回国作短期学术讲演，有一次屈指计算，确实发现我已有"学生的学生"共第六代。此因为当时在台北政大复校之初修读予与景苏所授课程之学生而言，就我而言，就是第二代。

予留美回国，初在昆明东陆大学（即云南大学之前身）及杭州浙江大学执教，计共两载，嗣即回返母校——时在一九二八年，正已升成清华大学。犹忆选读予之"西洋政治思想史"学生中，有一位课毕之余，辄来请益，礼貌谦恭，发问得体，而考试成绩特优：此即景苏（四年级生）。

翌年夏季毕业，予适应聘为政治学系主任，遂聘景苏为助教。当时政治系有两位助教即（邹）景苏与（赵）德洁。

清华本有一项惯例：每系重视其基本入门课程，因而由其系主任自己担任此课。就予个人而言，所授每门课程，除指定一书作课本外，复必详列书名，页数，或标准学术杂志，期号、篇题、作者、铅印预发，并规定学生必须选读若干篇页，每周呈阅，由我自己或助教查阅批分。经过仔细训练几次后，各门读书报告，均可由景苏或德洁分别负责办理。

依照清华大学规定，凡教师（自教授以至助教）执教第一次满五年，即可拟就计划，经校方审查核定后，出洋休假研究。景苏因而得到留学美国机会，入伦敦政治经济学院研究两年。其时对日抗战即将爆发，景苏初则改任上海沪清中学校长，继而先后转任湖南大学，厦门大学及暨南大学教授，法学院长及教务长等职。

初到台湾，伊任法商学院教授。予应聘为开始复校之政治大学政治研究所主任暨教务长时，立即商诸陈百年（大齐）校长，聘请景苏为专任教授，并事前商得教育部长张晓峰兄同意（事后补办文书手续特准）添设副教务长一战，亦请景苏兼任。其后，予离政大，即由景苏继任，以教授而兼教务长。对于政大之贡献颇多。

景苏固甚用功，勤于著述，但亦喜欢消遣盘桓。对于象棋、围棋、桥牌、麻将，四者，与予有同好。每有机会辄共游戏。予妻佩玉，每值佳节良辰，必略备盘餐，邀约政大研究生暨景苏及马国骥老师，于午后二时，同来寓所；分别着棋造桥。马国骥先生，在清华学校即教英文。

淑班是景苏之爱女，在政大攻读图书馆学。其后赴美读书，与李宗正君结婚，家在东岸。予与佩玉曾往他俩家中小住。现在宗正与淑班早在台北有其事业，一九八三年二三两月，予回国短期讲学曾蒙招待数次。

景苏之著作有《自由与权力》(中华书局),《代议政治》(中华文化出版事业委员会),《政治学》(自印),《各国政府与政治》(正中),《比较宪法》(三民),及《邹文海先生政治科学文集》(六十年华诞学生庆祝会专刊)等。

薛光前
(1908—1978)

乳名桂生，上海白鹤镇人。1933年毕业于东吴大学，1935年赴意大利深造，获罗马皇家大学政治经济学博士。1937年随蒋百里赴欧，1938年回国任交通部秘书，兼任全国公路运输局副局长、川湘陕水陆联运总管理处处长等职。抗战胜利后担任国民政府外交部专员，任驻意大利大使馆公使衔代办等职。1949年后定居美国。1959年在圣若望大学任历史教授，兼亚洲研究中心主任15年；1974年任圣若望大学校长副校长。1978年11月病逝于台北。

聪明坚毅之薛光前兄

予初次遇见薛光前兄，系在重庆曾家岩蒋委员长介公官邸，时为一九三九年三月下旬。当时每星期六午前十时，在委员长官邸，举行聚餐讨论会，先讨论，后聚餐。参加者除张岳公（国防最高委员会秘书长）、王雪艇先生（军事委员会参事室主任）、王亮老（宠惠）（外交部长）外，有军事委员会参事三四位及国防委员会参事（我与王化成兄轮流）一位。另外，偶或有临时邀见者。薛光前与徐柏园两兄，乃系分别在此项聚餐讨论会中，先后巧遇。此后，在漫长抗战期间，未曾再度遇到光前。

直到一九五八年八月，予奉命担任"教育部政务次长"，协助吾师梅月涵（贻琦）"部长"，不久有位朋友到部，谓前任张晓峰"部长"，曾经安排薛光前教授（在美）出席联合国文教组织第十届大会之一位顾问，希望梅"部长"维持此一计划。予即满口答应，毫无问题。吾友久坐不走，予窥知其意，乃坦白表示，此刻不必报告梅师，予有把握，盖梅师早有表示报派我任代表团主席。及十月三十日晚予偕吴代表士选兄飞抵巴黎后与薛光前兄相晤，提及九年前曾在重庆曾家岩蒋委员长官邸见到过，光前默然良久。予乃恍然顿悟：当时我曾听到他的姓名，无人相与介绍，他如何知道本人为谁，遂大笑而自我介绍。彼此紧紧握手之后，光前称赞予之记忆力。薛顾问在大会期间之努力帮忙予曾有另文述及。

十余年后，予在康州桥港大学担任"卓越教授"，距离纽约只约一点多钟火车行程，乃复与光前兄恢复来往。每偕佩玉到纽约，小住清华级友沈有乾周湄云兄嫂处，常相偕前往光薛兄（童）传全嫂府上盘桓。沈薛两家，步行可到。薛府下层一间，经常布置两桌，傍侧即是厨房。传全嫂做得一手好菜，鱼圆之细腻清香，尤是拿手。至于湄云之烹饪，亦是头等，特别是清蒸鲢鱼，独一无二。兹录当时口占诗句两绝如下：

湄云大嫂善烹调，新嫩鲭鱼味最饶。为爱江南风味好，天涯喜有沈家邀。

薛家沈府两名厨，一箭之遥近敝庐。每约良朋食指动，故乡风味最贪图。

光前系虔诚天主教徒，但公开承认喜欢打玩麻将。予甚佩其率直勇气。此与王亮老解释爱打扑克，圣经上并无明文禁止，殊有异曲同工之妙。至于光前之坚毅可于其办学与著述两项中鲜明表现出来。伊原在西东大学执教多年，予不知此校品评。至于圣若望大学中之亚洲研究中心，显系平地起炉灶，等于赤手空拳，打得天下。据确实报告，最初，一个独立电话都没有，其余可想，经之营之，百日成之！到后来有中国宫殿式建筑，有小规模独立图书馆，由系主任而成为亚洲研究中心主任，而最后升任为副校长，此非聪明而加上坚毅，实不可能。又如伊之著作，包括《从孔子到基督》（有英、法、意文本），《蒋百里的晚年与军事思想》，及《故人与往事》（均传记文学社出版），《中国之决择：霸道或王道》（英、意文本），以及《八年对日抗战中之国民政府》（中、英文本）等等，可谓著作等身。

王右家
(1908—1967)

湖北人，早年留学美国。1931年归国，与民盟创始人罗隆基相识，后于1938年结婚，1945年离婚。1947年嫁给已故电影演员阮玲玉的丈夫唐季珊，后离婚。1967年在台湾逝世。

王右家女士兼具姿容才华与个性

首次见面，系岁次丙子（一九三六年）五月，在清华园中。最后无意相逢，乃在日本东京剧院门口，时为戊戌（一九五八年）十二月下旬：故予认识王右家女士约廿三寒暑。

一九三六年五月底前，清华举行廿五周年校庆。此廿五周年，包括最初成立之清华学校（中等科及高等科各须肄业四载，两共八年，能毕业者公费留美）以及发展而成之清华大学（毕业后无复放洋之权利），计算在内。当时予在母校担任政治系教授兼系主任已有八年之久。级友有（罗）努生（隆基）偕（王）右家，以及（高）长庚夫妇等好几位先后到北院四号相访，我与佩玉自甚高兴招待，略尽地主之谊。是夕，校庆晚会节目繁多，佩玉除偕朱自清夫人与俞平伯夫人清唱昆曲外（红豆馆主亦曾参加，博得如雷掌声），复与蔡旭岚（可选）夫人张镇巽女士，彩排梅龙镇（亦名游龙戏凤）。散场尚未卸装，右家即往后台，与佩玉（饰正德皇帝）镇巽（饰李凤姐）握手称赞。此为吾俩夫妇开始认识右家。此后多年，未有晤面机缘。

直到对日长期抗战，予应召自昆明飞重庆，担任国防最高委员会参事，有一天下午，予与（吴）文藻在都邮街人行道上走，前面走来一位风度大方、姿容秀丽的女士，文藻即趋前握手，并为我介绍。立谈几分钟，彼此想起清华廿五周年校庆，白天及晚上先后相见情景。

右家与努生发生离异，情节复杂。当时梅师母（梅校长月涵夫人）曾多方设法劝解，终属无效。许多年后，吾家在台北，知悉右家与一位从事国际贸易之茶商唐季珊先生结成夫妇。季珊即是当年与电影明星阮伶（原文如此，下同——编者注）玉过从甚密。阮伶玉之自杀，传闻与唐君有关。此所谓"吾虽不杀伯仁，伯仁实由我而死"。其时王亮老（宠惠）恰住吾寓，为期甚久，季珊宴请亮老夫妇以及予与佩玉多次。犹忆首次应邀，予及（时）昭沄开始与右家攀谈，伊突然自我道白一句："而今吾老大嫁作商人妇了"。予固默然，即平常对答如流之昭沄，亦一时不知如何接句，只微笑摇头而已。

右家喜欢文艺，确能写作。犹忆在重庆，曾编写一本历史剧，称作"勾践复国"，并曾彩排过。（吴）文藻与予，曾往捧场。在台北时，佩玉对右家，颇加欣赏，以其天真活泼，爽快诚挚，毫无俗气。佩玉并屡曾称赞右家秀丽，谓其脸不敷粉而本白，唇不涂膏而自红。

一九五八年十月底，予奉派担任出席"联教组织"（此即"联合国教育科学文化组织"之简称）代表团团长飞巴黎开会，至十二月初旬始行闭幕。返回时略在日本东京停留。原驻东京之友好请往剧院观看日本大戏，无意中曾遇到右家，略事寒暄。就记忆所及，此为最后晤面。回想起来，右家确实兼具姿容、才华与个性，不同凡俗。

沈恩钦
（？—1982）

早年为民国政府外交专员沈岱如之妻，后离异。与著名历史学家、外交家蒋廷黻结婚。

适应境遇享受生活：记沈恩钦女士

抗战初期，予自湖南长沙临时大学独自前往云南（蒙自）西南联大（文法学院），经过香港，在港九轮渡上，遇见清华同学沈岱如（维泰）兄及其夫人沈恩钦女士，一路谈话。是为首次遇见恩钦（英文名称 Hilda）。恩钦亭亭玉立，容貌秀丽，顾盼生姿，早知其在南京交际场中著名，时岱如任职外交部，常有中外人士参加之舞会。

嗣后予应召往重庆，任国防委员会参事，尤其在抗战后期，开始与岱如及恩钦不时晤面，特别是参加桥牌约会。（蒋）廷黻主持善后救济总署，邀予襄助，岱如亦是同事（任新闻处长），于是晤聚机缘更多。关于廷黻与（唐）玉瑞离婚，恩钦与岱如解散，友好观感虽然互异，而认为不幸则一。吾妻佩玉，对于玉瑞与恩钦，自仍一样友好。有一项事实，值得提及，恩钦对于玉瑞所生之四位子女，一视同仁，甚加爱护。同在清华执教时，佩玉与我称呼蒋家四位：（两女）大宝（智仁），二宝（寿仁）；（两男）三宝（怀仁），四宝（居仁）。上述四位，早已女嫁男婚，除怀仁仍在台北外，其余均在美国。吾女丽琳，迄今仍与智仁寿仁通信。其中四宝居仁，对于继母甚为孝顺尊敬。由此可知恩钦为人可佩。

一九六二年予受聘到美讲学，偕佩玉同行。廷黻与恩钦闻讯，即曾驰书邀约，谓到东岸时务必前往华府橡树园官邸小住欢聚。后来邦儿开车陪送吾俩，应约前往，备受招待。嗣后，予在康州桥港大学执教时期，每到华府，必偕佩玉访问廷黻与恩钦。不幸廷黻遭染癌症，竟于一九六五年十月中旬逝世。迨一九七四年吾俩迁居加州洛县，即于无意中在超级市场中遇到恩钦，并发现彼此住所相去不远。从此又常来往。后悉恩钦曾在附近银行中任职，同侪固不知其曾是大使夫人。此盖因廷黻遗产不多，且亦分赠其前妻（唐）玉瑞。而恩钦为人处世之风度，亦足钦佩。

佩玉辞世后，予应王云老坚邀，在台北商务印书馆任总编辑整整一年（一九七八年）。其时恩钦早回台北居住，与钱莘觉（昌祚）蔡镇华伉俪时常来往。莘觉是我常熟同乡，清华学长。周末多暇，予辄与莘觉、镇华到恩钦寓所，作竹林游，真是风雨无阻；偶亦四人同看电影或听京戏。

不久以后，莘觉迁居美国加州，离洛市略远，却有巴士可达。恩钦偶亦自台飞美，住其业牙医之外甥苏医师夫妇家中，此处虽可搭乘巴士，但转辗换车，费时太久，只得由苏医师周末送接。因此，恩钦辄住钱寓一周或旬日，俾有机会游览酬应或作竹林之游。莘觉与镇华好客，常约我前往参加。苏医师夫妇亦曾接我前往盘桓，时在一九七九年六月上旬。

恩钦仍回台北原寓居住，不时通信。一九八二年六月底收读其邮简，提到"今春以来，身体不太好，常觉疲倦，胃口不开，有过两次感冒。……诊治服药后，也已好转"。她早已另购新居，乃是金帝大厦，在台北忠孝东路五段十九号五楼，因装水电，"最少还要等一个月才能迁入。"不料此是恩钦最后一封信。她于八月廿八日与世长辞；四宝居仁，得电报后，曾奔丧飞台料理后事。综其一生，实是一位胜任的大使夫人与贤妻良母。

传记文学第廿九卷第五期（一九七六年十一月号）有"专题人物蒋廷黻"之座谈会，其中载有蒋沈恩钦发言一稿，描写婚后生活，包括外交酬应，家务管理，儿女感情，最后回国定居，并附有相片多帧，值得阅读。

张平群 (1900—1987)	名秉勋,天津人,南开学校毕业生,1920年赴英留学,入伦敦大学经济学院商学专业。1924年毕业后于伦敦大学东方研究院任教,1926年回国任南开大学商科教授,1930年任南开大学商学院院长。抗战中曾任国立剧专教员,抗战后任中国驻纽约总领事等职。
康彰 (？—1970)	英文名Theresa(黛莉萨),张平群之妻,其父为近代银行家康新之。

追忆黛莉萨：张平群夫人康彰女士

抗战初期，予应召担任国防最高委员会参事。到渝适值农历新春（一九三九年）。何廉兄（时任经济部次长）约往其汪山寓所宴聚，计有一二桌，得晤旧雨新知。同桌遇见张平群兄与其新婚不久之夫人康彰（黛莉萨）女士。是晚（蒋）廷黻约予玩桥牌，另邀（吴）景超与（陈）之迈。开始不久，适平群偕黛莉萨来，在傍观战。廷黻戏谓逊生桥术高明，可向伊学习。黛莉萨即移坐予傍。予告以叫牌比打牌更属重要。未几，予即让坐，请黛莉萨亲自参加，由予指点；伊甚高兴。是为予认识平群夫妇之开始。但不久即来往频繁，成为桥牌熟友。

予系只身在重庆，自有寂寞孤单之感觉，幸有（蒋）廷黻、（唐）玉瑞，（吴）峙之，（黄）卓群，（王）书林，（罗）希英及（张）平群，黛莉萨几家，邀我随时前往，可作不速之客。

正因平群夫妇均喜打玩桥牌，力求上进，每值周末或假期，固然辄邀前往，即平常晚上，时常预来电话，邀去聚膳盘桓。恰好住处不远，往返甚便。尤其是平群与（陈）炳章邻寓，离一石壁逾两丈之防空洞只十余步。某星期日白昼，听到敌机来袭之预发警报，予照例前往。黛莉萨站在洞外仰视，予推伊甫入洞，而弹如雨下，地动洞摇，泥土粒屑自上落下。洞内人士，哭喊者有之，相互抱持者有之。事后出洞，则见一块大石，飞落在平群寓所门口，真是间不容发地危险。此后不久，平群迁居领事巷十七号其岳父康府。

黛莉萨父亲是银行家康新之先生。领事巷十七号乃是重庆有名之高楼巨厦。一进大门即有宽广石铺之停车场，可容数十辆汽车。左面一座设备俱全之小规模独立寓所，即由平群夫妇居住。高楼后面左房，筑建一个牢固防空洞。

如上所述，黛莉萨辄亲打电话邀约前往晚饭及玩桥。有时深更始散，往往坚留过夜，则登康宅之高楼客房寄宿。有一夏天晚上，深夜到楼房，见床傍已燃着蚊烟香一盘，珠罗纱帐则仍卷起。予倦甚即就寝。翌晨醒来，侧见床边地上，落一白色枕头，以手扶拾，骤觉指头发热。急戴眼镜细看，则地板上只留一堆枕头之灰烬，而四周已有黑灰色之烧焦形痕。予遂向黛莉萨并请转向伊父母道歉。黛莉萨欢笑，只说了一句："你们男人总是比较粗心。"

黛莉萨诚挚热络，坦白率直，声音爽朗，容貌端丽，所谓天然的健康美。应酬周到，谈笑风生。每遇佳节良辰之公私集会宴聚，大抵均有其踪迹。人皆称她为重庆交际花。抗战期间，日机常飞重庆投弹轰炸。为调剂神经紧张，辄于周末或暇晚，约集友好打玩桥牌。经常在康宅或蒋寓相与玩桥者，有廷黻、我、之迈、景超、平群、黛莉萨诸位。

黛莉萨（康彰）有一位妹妹，康彭，容貌秀丽，举止大方，谈吐文雅。她不打桥牌，亦不参加跳舞。聚餐或宴集，时常晤谈。予赴美参加

音容宛在

橡树园及金山会议，约一年又三阅月。飞返重庆之翌日，黛莉萨即低声询问："在美曾否遇到我妹妹？"诘问何时何事赴美，则答以失踪已约半年，毫无消息。又隔两个月光景，黛莉萨语我，伊妹妹现已自西安回重庆，乃恳托周恩来探询并设法。一日中午，周请康家午膳，坐定后，主人谓另有一位参加，后即入内，偕同康彰出来。

康府司厨颇有名气，友好常假康公馆设宴请客。胜利来临，廷黻（时任救济总署署长）离渝飞沪之前夕，予曾如此。是晚计共两桌，到有廷黻、平群、黛莉萨、（蔡）可选、（张）镇巽、（顾）毓瑞、（王）珵卿、（李）卓敏、（卢）志文、（吴）景超、（龚）业雅、（沈）岱如、（沈）恩钦、（吴）文藻、（谢）冰心、（王）化成、（蔡）美玻以及陈炳章夫妇。晚宴后举行跳舞，尽欢而散。此后不久，平群奉派为驻纽约总领事，举家前往，上述友好，亦陆续离渝。

吾妻佩玉，在女儿丽琳转往纽约读书时，开始与黛莉萨通信。兹录一九五六年二月八日黛莉萨寄台北吾俩一信如下。"逖生佩玉兄嫂：今乘挚友宋丽琛女士回国之便，托带耳环两副，别针一个，送给吾嫂，望勿见笑。区区小物，此为千里送鹅毛，聊表想念之心而已。近年来吾兄嫂身体如何？暇时望赐教言。我永远在无事忙，胡里胡涂，国外一住近十年。三个孩子也大了，我也老多了！过去的不愿想，将来的不敢想。去年丽琳转寄给我您们送的茶叶与糖姜，非常感激，只是老毛病，懒得动笔。我在电话中对她说：'寄信回家时，向爹妈提一声谢谢并说Auntie Theresa 懒得动笔。'国外十年，英文没学好，国文倒几乎忘干净！敬祝吾兄嫂安好！彰二月八日。"

黛莉萨对我们女儿丽琳极加爱护。其时平群担任驻纽约市总领事早已多年。后来调回"外交部"工作，平群曾来吾俩寓所盘桓。一九六二年新秋，予应聘来美讲学，第二学期乃在康州桥港大学。桥港与纽约极近，火车仅需一小时。次子大邦开车送吾俩东行。过纽约时，我们即曾访问黛莉萨，佩玉与她相晤，真是一见如故。在此时期，平群已往非洲任"大使"多年。予曾偕佩玉访晤黛莉萨数次，或同看电影，或同到中国餐馆，彼此轮流作东；其子女则偶或分别遇见。

闻黛莉萨常与宋丽琛（我在清华大学执教时的学生，是当时"校花"）来往。一九七〇年五月八日，予自桥港赴纽约，参加中华文化复兴委员会举办之大规模年会，住宿希尔登旅馆。出外遇到几位友人，始知黛莉萨最近逝世。佩玉闻讯，亦叹息悼念不已。后来晤及丽琛，得悉系患癌病不治。

张贵永
(1908—1965)

字致远,浙江省宁波人。历史学家,世界史研究专家。1929年毕业于清华大学历史系,1930年留学德国柏林大学,1933年获博士学位后转赴英国深造。1934年回国后任教于中央大学,至1949年。1950年代后期曾于美国哈佛大学等高校讲学。著有《西洋通史》《文化的起源》《西洋外交史研究》等。

忆张致远(贵永)兄

"万事有缘",订交亦非例外。予与张致远兄之相知,不在北平清华园而在德国柏林市。在清华时致远攻读历史学,予则执教政治系,彼此相识而无过从,可谓知面而不知心。以言知心,则自一九三三年九月中旬在柏林开始。

是年新秋,予利用休假机会赴欧研究一年,由沪搭乘义国轮船,在威尼斯上岸,略游匈牙利捷克奥地利诸国而抵德都柏林,计划留住六七月,俾得在普鲁士邦立图书馆中深入研究德国唯心主义派之政治思想,同时略听柏林大学有关西洋政治思想史课程一二门,借资借镜。抵达柏林之日投宿旅馆;行装甫卸,上街散步,无意之中,即遇致远。异国相逢自然顿形亲密。早在一九二六年夏予曾到过柏林小住旬日。此次重游仍觉人地生疏,语言少便。致远悉予之目的后,自告奋勇愿做向导,故在最初数旬之中,举凡寻租适当寓所,介绍近便餐厅,认识若干豆好旧书肆,参观吾国留学生会所(俾随时前往翻阅国内报纸)与夫导游名胜,指点路途(例如如何使用各种交通工具)莫不倚赖致远。

忆张致远（贵永）兄

虽然，使予最难忘者，不在致远之殷勤协助，而在致远之品格与学识。回忆七阅月中，每隔数周辄相约晤聚，或游公园，或看电影，或进书肆，或坐茶室，在过从交谈之中，深佩致远谦虚而诚挚，潇洒而温和；至于论及治学方法，中外史迹，则亦觉其条理中肯，立场公允，私认为"少年老成"，将来在学问上定有成就。予之认识姚兄从吾，即系致远所介绍。从吾、致远及予三人往往于周末同到中国餐馆，藉得畅谈。柏林若干中国餐馆，有清水螃蟹供应，味道鲜美不亚国内。（就予之经验言，国外而能享食河蟹，只曾于德国之柏林与澳洲之墨尔钵得之。）致远知予嗜此，更愿相偕作伴。总之，予每次忆及柏林七阅月，自必忆及致远；反之，予每一念及致远，亦必想到柏林生活。

当时德国，行所谓登记马克。清华按月所发教授休假研究费，系用美金单位汇寄。以之换作登记马克，至为合算。所有多余，予悉数搜购德国十八及十九两世纪之政治思想书册暨全集。致远相伴协助，尤使予永志难忘。

一九三四年四月，予离柏林前往巴黎而转伦敦，期满返国。此后数年中，与致远通信不多。及再把晤，乃在抗战时期之首都重庆。时方国步艰难，予又适值被征从政，公务鞅掌，故虽晤谈数次，不若同在柏林时之欢畅。

胜利不久，时局迁变，致远暨眷属来台，由是又时相过从。予与佩玉得识其夫人纪定女士，引为快慰。致远携台之中西文书籍为数甚多，足征其治学之认真。致远执教于台大外，后又应邀来政大兼课，因此彼吾之间相见益多，深以为快。予每晤致远辄喜与谈学问论世事，总觉其渊博而中庸，不偏激，不武断。致远不喜月旦人物，此殆生性使然，与予相似，而其为人真是"谦谦君子"。在予固自始引为忘年交，在致远则一向执弟子礼，此种古人风度在今日实不可多得。

音容宛在

  去年圣诞之前，曾得致远伉俪从柏林寄来贺卡，立即航邮复贺。不料曾无几时而噩耗传来，致远竟以中风辞世。倘若天假以年，致远必可有不朽之作，而其立身处世，学业品德，已足垂为典型。致远之音容笑貌，致远之人格风范，盖自将永在人间。书此数笺，以志悼思而作纪念。

一九六六年十二月初旬时在桥港大学

悼念清华学校辛酉级十位级友

（辛酉级即指一九二一年夏季毕业秋季赴美读书之一级，但因北京学潮关系约三分之一强未与考试而留校一年。校中遂列为一九二二年级。迨一九七二年予始与清华学校函商一律改为辛酉级同仁。）

北京西直门外之清华学校，人称为留美预备学堂，因其每级毕业生，都是一榜及第，公费留美。后来外界人士不免批评，何以毕业时，不问成绩高低，均得留学机会。殊不知每一班级，由各省按其逐年所缴田赋之多少，规定其进入清华之学生人数。当时制度，由各省在其省会定期举行国文、英文、数学三门之密封考试，录取其分配之人数。考生年龄以不超过十四岁为限。入学之前，在清华园中，仍须经过一番复试；只要就复试成绩而发现当初并无冒名替考情事，复试定必录取。（复试考绩特优者并有插班机会）清华学校分中等科四年，高等科四年，计需八年。在此八年过程之中，每一班级大约八十人左右，总有四分之一甚或三分之一，遭受淘汰。盖或则不幸罹病死亡或则记过而开除，或则自动因故退学，或则学业成绩不佳——只要两门功课不及格，即须留级。最后所述乃淘汰人数最多之途径。以故，凡能毕业者，其成绩总必在相当标准以上。但学校当局，曾因外界批评，遂建立新制，每年在上海招考，录取其他学校学生十名给予公费，同船放洋。自此之后，清华留学制度，不再受人评论。

音容宛在

当年清华各级，富有竞争向上心理，各以其级为最优。此实一种少年时代之健康心理。即在毕业之后，不免彼此评论比较。说者（此指清华友好，自相月旦而言）大抵谓相形之下，庚申、辛酉及壬戌三级（亦即于一九二〇、一九二一及一九二二年毕业之三级）比较特优，而辛酉级同学之中，不免喜欢自"盖"，谓倘若如此，则辛酉级恰处三级之当中，或应列作榜首。此固自夸自大，但辛酉级友在各界各业中确有不少贡献。

予于一九一四年夏，往南京投考，幸蒙录取，秋初入校复试插入中等科二年级；攻读七年后赴美读书。兹就辛酉级（亦即一九二一年毕业级）中相知较深之几位已故友好，就回忆所及，叙述交游。其中关于闻一多兄一稿则已提前表于传记文学（总第二三〇号，一九八一年七月号）。

张祖荫
(1896—1970)

字海慈，安徽卢江县人。1914年入清华学校，1921年赴美留学，先后就读于翰墨林大学、哥伦比亚大学等。回国后曾任职于奉天矿务局、杭州及南京电讯局、重庆农本局等，1949年后赴美，1970年代病逝于加拿大。

（1）张祖荫（海慈）兄

在"水木清华"优美环境之中，吾辛酉级数十位级友，虽非真正"同窗"而"共砚"，但其关系之密切，情感之浓厚，不言而喻。张祖荫（海慈）与予，在清华园读书时期，彼此交情，只同于一般级友。但自留美开始，则来往更频，相知益深。此因彼吾两人，同入明尼苏达州圣保尔城之翰墨林（Hamline）大学，插入三年级。虽所选之课，无一相同，而竟朝夕相处。盖到达大学以前，曾函清华纳尔考德（Dr. Gregory Nalcott）教授（原曾来清华教授历史一年，吾俩均曾上伊之课）代为订定住房，原意以为必然每人一间，至少是一大房间，两张桌子。孰知到校按址访谒，则知伊代订其住所（当时尚未结婚，索居一室）同街（米尼哈哈街Minnehaha Street）对面一家楼上房子一间，两边有窗，只设双人床一，小书桌一。当时初到，不便临时改变，特别因为美国大学生亦有如此者。于是予与祖荫，遂有"同床"之雅。一年以后，祖荫转入姊妹城明尼亚波利斯（Minneapolis）之明州大学攻习会计，自然迁居分袂，予则仍住原处。房东赫雷（Healey）先生夫妇颇和蔼可亲，其子已成婚另住，女尚留家，两位均系翰墨林毕业。

返国之后，彼此天南地北，音书隔绝。抗战期间，亦未谋面。及

音容宛在

予到达台湾,飞往澳洲,参加墨尔钵大学(Melbourne University)成立百周年纪念,往返途经香港,蒙级友王群伯(昌林)吴美英伉俪招待住宿,两次曾邀请祖荫餐聚,始复晤面纵情畅谈。屈指计算,盖已睽违甚久。王府两次约请餐聚,并曾邀请清华学友(王)书林、(罗)希英夫妇参加,祖荫太太则均未到。予在自港返台以前,又曾亲往九龙祖荫寓所详谈,始知大陆变色合家避到九龙,人地生疏生活境遇殊甚艰苦。祖荫一向胸怀开朗,意志坚决,所有遭遇,一一直言无隐。此种性格,使予更加钦佩。其后,予应聘赴美执教,不时通信。一九七〇年,伊偕太太(薛静真女士)自港九飞往加拿大居住。予得此消息屡曾函邀前来桥港游览。九月廿二日祖荫乘火车抵桥港,予偕佩玉亲至车站相接,小住一周,谈天说地,除游览桥港附近公园及名胜外,曾两次偕往纽约影舞戏院(Radio City)欣赏歌舞及影剧。伊因重温旧梦,至觉高兴。及予移住纽约,在圣约翰大学执教时级友沈公健(有乾)兄及予又邀请祖荫飞纽约盘桓,住予寓所。俾可偕同参加每年四月底之清华校庆聚餐盛会。四月廿六日,公健开车,(周)湄云,佩玉及予,随往La Guardia机场迎接,小住两周又半,直至五月十四日,又原班人马送伊到机场。在此十八天中,除曾同赴清华校庆大会及伊个人转往邻州新泽西姚仲年(崧龄)兄家中盘桓两日外,余均由我沈浦两家陪伴游览及作竹林之游。祖荫辄呼此次前来,十足过瘾。

祖荫原籍安徽卢江县,一八九六年十一月廿七日生。一九〇七年,随往乡间上祖坟,跌折腕骨。一九二四年在美读书时坐同学孙清波兄汽车,不幸翻倒,左肩锁骨折断。一九四七年割胃三分之二。一九七一年一月割肺七分之一;二月割治摄护腺[1]。生平所遭病痛不少。海慈留学之年

---

1 摄护腺,即前列腺。——编者注

始与订婚已七年之陈昭女士初次见面，貌美性良，甚为喜爱，不料染病不治，时祖荫正在哥伦比亚大学行将得到硕士之际。综其一生，所任各地各项职务甚多：计包括奉天矿务局，杭州及南京电讯局，重庆农本局，昆明机器杨，巴县电厂，等科长或经理，以及善后救济总署汉口运输局副局长（局长为清华蔡旭岚（可选）兄）。

兹抄录一九七二年四月十五日日记中所载寄赠海慈七绝一首。"每忆清华翰墨林，同窗共砚成知音。谢君印寄留真照，猛忆当年游子心。"附注数行有如下列，"张海慈兄以五十年前同在翰墨林大学读书时所摄照片两帧放大复印赐寄。其一，系悬挂卧室壁上家慈手绣之花卉一幅，暨大姊慧莲亲绣（本人所写）'鹏飞万里，鳌戴三山'对联一副。其二，系海慈及予在翰墨林大学校舍前合影，各穿白绸衫黑绸褂。照片本身已属珍贵，而睹景思亲，更是感念万千。"

一九七三年大纽约区清华同学会照例举行校庆聚餐，海慈仍来吾寓，同往参加。一九七四年六月十八日得其自加拿大来笺，知发现肺癌，谓"所以几年来痰中有血，年高不便使用刀圭，故用X光治疗"。末云："然如有一年半载之愉快时光，弟愿足矣。"如此明达洒脱，固值钦佩，但我不免感觉凄酸。

罗隆基
(1896—1965)

字努生，江西安福县人。中国民主同盟创始人之一。1913年，入清华学校，1921年赴美留学，先后入威斯康辛大学和哥伦比亚大学攻读政治学，后赴伦敦政治经济学院，获得政治学博士学位。1949年后任民盟中央副主席、政务院委员、森林工业部部长、政协全国委员会常委、全国人大常委等职。

（2）罗隆基（努生）兄

"九载清华，三赶校长。"此是努生引以自豪的口供。当然，努生有其学识，具其口才，弄其手腕，但至多是一位自觉得意的政客，而非一位真正的政治家。在水木清华读书到辛酉那年春季，有一次彼此率直相互较量性格，并预卜前途。努生说过这句："逖生，你有你的才识，但只是一个书生，不够现实。除非你改变作风，恐你成为一位政治理论家而非政治实行家。"予答以"保留书生本色，实在甘心情愿"。彼要我对他忠实地予以批评。我只好含蓄相告："努生，我只觉得你读'子'书（此指所谓诸子百家）多于'经'书，你喜欢'法家'甚于'儒家'。盼你将来官运亨通，但慎防宦海风波。"此番谈话，回想起来，具有相当意义！

在中等科上国文各课，常有作文及札记两种，由几位教师批阅。同班同学号称写作佳者，往往彼此调阅其所做文章与教师批语。当时以闻一多、罗努生、何浩若及笔者为侪辈所称道。就予当时认识，努生文字，最有波澜，最富曲折；而（沈）有乾与（钱）宗堡之文字则甚简洁老练。

在留学美国期间，努生与一多诸友曾组织大江会，鼓吹"族国主义"（英文所谓nationalism）。族国主义原本主旨在提倡与实行每一民族应成一独立国家。但英国学者，正因为当时大不列颠帝国包括许多民族许多地区（所谓"英旗无日落"），遂纷纷提倡数个民族而能共同建立一个国家，更能证明其具有内在的人权与自由。无论如何，此两种相异的"族国主义"却具有一个基本相同的要点，即一个国家，不论其由一民族或数民族所构成，必须维持其国家之独立自主，亦即主权完整。但是当时一般社会，于有意无意之中，误指误译为"国家主义"（英文作Statism，此实起源于法文etatism一字）。"国家主义"提倡国家有最高无上的权力，可经立法过程控制个人及团体任何方面，任何性质之权力。由此可见一出一入之间，失之毫厘，差以千里。大江会只出了一期的"大江"杂志，整个组织，只是昙花一现。

努生回国以后，教书生活为期极短，曾任天津《益世报》总主笔。先与一位富有家庭之华侨女生结婚，后卒仳离，而另与王右家女士结合。一九三六年春季，清华大学举行廿五周年校庆，予正在母校执教，邀请回校之辛酉级同学，有高长庚兄偕其长女，罗努生偕其女友王右家参加，是晚予妻佩玉与蔡旭岚（可选）兄之夫人张镇巽女士，在大礼堂各项游艺节目中，彩排梅龙镇，镇巽饰李凤姐，佩玉饰正德皇帝。此次是予与佩玉初次遇见右家。抗战期间努生与右家失和，势将破裂。右家坐在昆明停留片刻之飞机上，并未下机，而努生预知其行将到达，认为必定下机可在机场晤面，不料右家躲在飞机里面，始终未曾下来，遂使努生失之交臂。此一经过，系梅师母（韩咏华女士）亲口面告笔者与（王）化成。盖梅师母受努生之恳求，亲由昆明飞到重庆代向右家劝解，预先电知吾俩，故同到珊瑚坝机场迎接，随即送往嘉陵江对岸汪山附近之郭（泰祺）公馆。但事实已到无可挽回地步。嗣后，努生亦到重庆，不时聚餐晤谈。努生在参政会活动情形予在《八年抗战生涯随笔》中略有记载，兹不复赘。至其参与民主同盟及在大陆情形，知者甚多，不需赘述。

钱宗堡
(1899—1923)

字冷岩，江苏常熟人。1913年考入清华学校，1922年赴美留学，入芝加哥大学数学系，1923年病逝。

（3）钱宗堡（冷岩）兄

钱兄宗堡，江苏常熟籍，是予之小同乡。在塔前高等小学时，高予一班。毕业之年，伊与吴泽霖（雨苍）兄考入清华。宗堡之父南山世伯系前清秀才，思想维新，曾于其毕业班学生国文考试，以"三纲五常论"命题，大概门生之中，受其思想影响，在好几本考卷中，写出翻案文章，即有"君不足为臣纲，父不足为子纲，夫不足为妻纲"一类词句。老师却密点双圈，给予优越分数。当时各校毕业生考卷，例须汇解苏州学台衙门存查。当时毫无动静。不料继任之学台到署无事，调阅各地毕业生考卷，发现此事。呈报北京之结果，钱南山先生竟得革去秀才名号之处分，遂轰动一邑，声名鹊起。宗堡乃独子，有一妹，名雯，曾肄业南京第一女子师范学校，较予妻佩玉之班次为低，佩玉对其少年老成，词令利落，印象甚深。

予系于一九一四年夏与同乡同班刘聪强兄报考清华，均蒙录取，新秋入校。此后每年暑假南旋以及开学北上，我们吴、钱、刘、浦四位，总是约期同行。乘轮船由沪（坐统舱，席地而卧）赴津，再乘火车至北京，或坐火车（三等车）由沪至宁，渡江后再由浦口到天津在宿一晚，再乘火车，自天津至北京。有一次，在乘轮北上时，宗堡曾吟七绝一首，迄今犹记得其末联两句："船头有客凭栏望，不望燕都望故乡。"在清华中等科时，常与宗堡触景生情，相互出联作对，自觉乐趣。例如"风摇池底月，雨湿画中人"，"夕阳映照西山紫，晨曦吐露北池青"等等。（"西山"是专门名词，"北池"则系杜撰，指当初北院附近之一大池，冬季亦作滑冰之用，后来建筑图书馆，将此池填平。）当时吾俩之诗稿联吟，曾写在宣纸手卷上置自修室予之书桌内，不料竟告失窃，而抽屉钥匙依然无恙，懊恼万分亦无可如何。

宗堡天赋甚高，上课时专心致志详作笔记，故平素虽多酬戏，而各科月考，均列前茅。全校中文与英文演说比赛，伊均曾获得第一名。一九二一年暑假前，本应全体毕业之辛酉级，因为全校之学生会主持罢课，遂使吾一级同学发生对立，多数（三分之二）参与毕业考试，秋季留美，少数（三分之一）则自愿留级一年，迟至翌夏出洋。因此之故，宗堡后予一载，在一九二二年秋始行出洋。伊赴芝加哥大学攻读数学。到美之后彼此每月必通信一次。不料一九二三年春季宗堡染患肺病，进入肺病疗养院医治。在此期间，通信更勤，其信笺及信封，均须经过药剂之熏蒸。

是年夏，予自翰墨林大学毕业，约同级友陈华庚兄前往芝加哥大学暑校选读。曾与闻一多，罗隆基，刘聪强诸兄，乘坐火车，前往肺病疗养院访问宗堡，并于所在之小镇旅馆投宿一晚。当时宗堡神气尚佳，总形瘦弱。可惜当时尚未发现特效药剂。访问之时，心头上自然蒙上一层阴影，总觉前途可虑。但默祝转危为安。可是药石无灵，疗治无效。宗堡竟尔兰摧玉折，撒手尘寰。传闻计有两项，虽迹近迷信，不妨记载于此。其一，宗堡离乡出洋之前一晚，其卧床上发现一蛇。说者谓此系不吉预兆。其二，伊父南山世伯，本有每晚至寺前街章成兴酒店略喝几两绍兴酒之习惯。某一薄暮，伊入酒店之后，先往解手，旋赴其经常选坐之小桌，则见摆设两副酒杯竹筷与瓷碟。询问之下，酒保说是刚才明明看到身后另有一位少年。南山先生谓此必一时眼花，嘱即撤去一副。不料翌晨即接北京清华学校电报，谓根据美国华府清华留美监督处电讯，宗堡已逝世之恶耗。根据西方灵学专家之说法，人之灵魂必须依附实物（例如一木一石，飞信一笺），始能递传。究竟何若，殆无人亦无法能加断定。

另一位级友方来兄，性情温和诚挚，读书仔细用功，绘画甚佳，曾用炭笔描画一幅华盛顿半身像，教师司达女士将此画像悬挂于教室中，各级同学均加赞美。可惜留美不久，亦遭遇宗堡兄之同样命运，染上肺病终告不治。

闻一多
(1899—1946)

原名闻家骅，出生于湖北省蕲水县。著名诗人，学者，民主人士。1912年考入清华留美预备学校，1921年与梁实秋等人发起成立清华文学社，1922年赴美国芝加哥美术学院学习。次年转入科罗拉多大学美术系。1925年回国，先后于北京艺术专科学校、中央大学、武汉大学、清华大学、西南联大等任教。1945年担任中国民主同盟会委员兼云南省负责人，1946年被暗杀于云南昆明。有代表作诗集《红烛》《死水》等。

（4）闻一多兄（原名闻多）

昨日收到航寄"传记文学"总二二八号。阅读朱文长教授"闻一多是如何成为'民主斗士'的？"一文以及编者详细深刻按语后，予乃顿然澈底领悟，发生无限感慨。澈底领悟，因为在此之前，根本不懂为何中共竟称一多为同志，为英雄，同时，绝对未曾梦想，也决不会相信，伊竟曾加入共产党[1]。无限感慨，因为一多乃是吾当年清华学校同级友好，后来清华大学多年同事，素知其性格、信念与作风。尤其是约半年前，予曾草写几位已故清华级友，如段茂澜、罗隆基、何浩若、钱宗堡、萨本栋等，亦包括闻一多在内。文稿指出："一多富于情感，容易冲动，天真爽快，直言无隐，有时不免任性使气，喜欢反抗。伊在抗战初期，即曾高谈自由民主，反对独断专政；有时指摘现实，诋骂当局，其措词之喷激粗暴，殊越出一般教授学人之风度。"当时予既觉奇异，复为担忧，今兹回忆，则知一多之性格、信念与作风，确是容易受人利用，而遭遇牺牲。此殆亦可

---

1 据一般史料认为，闻一多参加中国共产党组织的西南文化研究会，并作为民主人士加入民盟，但未曾加入共产党。——编者注

谓为"君子可欺之以方"。兹愿将此段文稿抄录于下，单独提前发表。

"葱汤麦饭撑肠食，明月清风放胆眠。自是读书非习政，不妨避世学逃禅。"此是级友闻一多兄在六十五足年以前，亦即在一九一六年暑假，自其湖北家中复信所附之律诗一首，迄今只能记诵之四句。先是，予曾寄笺，钦佩其才华，并赠以夏夜寄怀一章。"才华洋溢孰能俦？窃喜同窗益友求！铁划银钩书法遒，金声玉振论文优。铅描水彩画图俏，谈笑风生意气流。夏夜乘凉星月皎，思君一日如三秋。"此为予肄业清华七年中惟独一次与同学之唱和，足征予对一多甚深仰慕。

一多，原是单名"闻多"，以聪慧见称。读书而外，从事各项课外活动，加之写字秀遒，作文华美，图画高明，口才卓越，是以被推担任级长，知名校内。吾级吴泽霖、方来、杨廷宝与本人，对绘画亦有兴趣，兼受美术教师司达女士之鼓励。惟一多铅笔与水彩画成绩特好，最受赏识，是为其留美学习绘画之根源。伊又喜欢编写剧本。最初几年，高中两科八级，每年辄写演短剧比赛；吾级多次之短幕戏剧均由他一手创作，演出之后，总能名列前茅。某年春季，清华为爱国运动募集款项，曾由一多与高班罗发组同学共编一部五幕新话剧，假座北京一大戏院演出，由庚申级陆梅僧担任女主角，扮演剧中之一位"姑姑"。演到悲伤最高潮处，声泪俱下，博得台下观众不少同情之泪，于是梅僧一多之名遍传遐迩。

一多与予，先后曾任清华周刊总编辑。予主持时，心血来潮，曾自绘紫白两色相间长条之封面。周刊经理沈镇南同学因节省时间，未将样本送予过目。刊发以后，一多认为色式两劣，大加批评，并当面向予指摘。予素知其个性，不以为忤，只谓吾清华校旗系紫白两色，用此乃是表示爱校，印刷厂所用紫色太深则有之，倘色泽浅淡，当较雅静。数周之后，予即自动改换封面，并另换新型图案。中等科毕业，吾级曾出版"辛酉镜"纪念册，一多总管编辑，予从旁襄助。

入高等科后，一多与本人几度研商，决定组织一个文艺团体。定名"美思丝"音义各半，盖本于希腊神话中所谓司理文学与艺术之九位女神（The Nine Muses）。参加之社友，计有吴泽霖、方来、杨廷宝、董大酉、梁实秋（原名治华）、梁思成、黄自等二十人左右。成立以后，虽开会数次，因经费不多，且无具体活动节目，亦未出版任何集稿，不免徒具虚名，昙花一现。

将届毕业之一学年（即辛酉年），予与一多同住高等科楼上宿舍一大房间。高等科一、二、三三个年级同学，均由学校分配，住入前后排列之中式宿舍，正中有长廊贯通，无数房间则在长廊左右胡同之内。准行将毕业之高四级，则可移住西式建筑之高等科入门右边楼上与楼下。每一房间装置暖气设备，一到冬季，户外尽可北风怒号，积雪冰冻，而室内则仍和暖如阳春。此外，另有西式浴室与抽水马子。寝室之中，每人使用大书桌、小书架各一。窗户宽大而光线充足。一多与予共住长方形之最大一间，各自觉得享受。

一九二一年（辛酉）六月初，吾级由钱宗堡与予共同主编之英文同学纪念册甫行刊出，正在准备毕业放洋，皆大欢喜之际，忽然北京城内发生六·三教潮之罢课运动，吾校响应支持，遂举行"同情罢课"。转瞬学期考试将届，校长坚决表示，如不参加考试即不能毕业而应留级一年。吾辛酉级因此问题突然分裂为二。一派主张与考，俾如期毕业出洋；另一派——大概是原来提倡"同情罢课"者及其友好——则坚决反对，宁愿留级。结果，全级开会，论辩半天，赞成参加考试者逾三分之二，反对者约三分之一。贵州籍之聂鸿迨，本属激烈分子，发起同情罢课，最后参加考试，有级友虚声恫吓，谓将饱以老拳。一多与（罗）隆基（何）浩若辈，素喜反抗权威，自然甘愿留级。予则认为随便罢课而留级，殊无意义，因而主张考试。因此之故，同一寝室之一多与予，连

音容宛在

日相对苦笑,默默无语。但既然各行其是,彼此自能谅解;临别握手,互道珍重。

一九三二年夏,予自翰墨林(Hamline University)大学毕业,决定将往哈佛大学研究,先入芝加哥大学之暑期学校,专攻欧洲近代政治史,集中于意大利与德意志之"族国主义"统一运动,特别阅读马志尼与俾斯麦两人之思想与政策。其时,一多正在芝加哥美术学院习画,(罗)隆基与(何)浩若亦来,多次聚谈,酝酿组织大江会[1],鼓吹"族国主义"(nationalism)而非"国家主义"(英文"Statism"系基于较早流行之法文étatisne)。级友常熟同乡钱宗堡早已发现肺病,入芝加哥附近市镇之疗养院。予曾约同吴泽霖、刘聪强(皆籍常熟)、闻一多、罗隆基、何浩若搭乘火车,访问宗堡。并曾在市镇旅馆过夜。新秋,予往哈佛,课程繁忙,与一多殊少通信,大江会只曾发行期刊一、二次,无疾而终。

清华游学制度,本以五年为期。一多留美只有三载(即自一九二二至一九二五年)即启程回国。予则留学满五载(自一九二一至一九二六年)始绕欧返沪旋里。嗣即游览南京,无意中在中央大学附近,途遇一多,相见甚欢,蒙坚邀至其家中午饭长谈。甫行数步。有其友走过当即介绍。知是罗志希(家伦)君。是午,承闻大嫂(高孝贞女士)亲自烹饪,菜肴丰富。此次赴宁,除一多外,又会晤及钱端升兄。承介绍其同事张奚若君相见略谈。

四年之后,予始再见一多。盖予于一九二八年秋,返清华母校(时已改为大学)执教;一多则于一九三一年回来,任中国文学系教授。在此以前,伊在七年之中历任北京艺专、上海吴淞政大、南京中大,以及

---

[1] 大江会:清华1921—1924级若干留美学生成立的一个提倡民族主义的小团体,主要成员有罗隆基、吴泽霖、何浩若、闻一多、浦薛凤、梁实秋、吴文藻、沈有乾、潘光旦、刘聪强等。参看198页《罗隆基(努生)兄》一文。——编者注

青岛大学、武汉大学各校教职，包括教授、教务长、训导长、主任、院长等职。微闻两次均因学潮而辞退。此一时期，彼此鱼雁鲜通。初返清华相见，一时过从甚密。知其早已从事文学研究，着重训诂考证。惟伊居西院，予住北院，平时上课，日期钟点不同，罕在教授休息室中相遇。周末或假期，予喜玩桥牌，与伊同系任教之朱自清（住北院）与俞平伯两兄却因玩桥牌而常见面。一多无此兴趣，且无运动（予则好打网球，常与蒋廷黻、萧叔玉、陈岱孙诸位在球场作战），以故，彼此除开会或应酬外，相见交谈机会反而较少。迄今回想，伊当时生活固已安定，但殊孤独寂寞。予因主编清华学报，有时专诚往访，请其择题写稿。伊对诗经确有特殊而深刻之研究。

对日抗战初期，北大、清华与南开，遵教部令，在长沙成立临时大学。长沙被炸，迁移昆明，改称西南联大。由于校舍教室不够，文法两院暂设于云南蒙自之海关旧址。一多系三、四位教师之一，曾陪同两百余名学生，自湘徒步至滇，为时稍迟，与予同在蒙自城外歌胪士洋行原址楼上教师宿舍居住。时予与（陈）寅恪同住分成两进之一大房间。（前进宽大，作为读书接客之用，后进狭小，相对置床。）一多所住，亦在楼上，相距极近。伊并与寅恪、（刘）叔雅、（周）先庚、（赵）凤喈及予，每日晨晚同桌三餐，故终日晤面。到达蒙自之日，一多满面胡须，状似可入画之老人，几几不复认识。长途跋涉之辛苦，可以想见。一多此次步行，自湘至滇，路上颇有收获。其一，积有沿途写生之人物与风景画数十幅，使用铅笔或墨炭，有粗有细，有简有繁。予曾嘱伊妥善保存，当可传之不朽。其二为搜集记录云贵各地民间流行之歌谣，都属男女相慕互悦之词。例如"廊前半夜鹦鹉叫，郎弹月琴妹吹箫"，颇为艳丽。

在蒙自一学期，一多固埋首研思，但正值抗战，自必谈及时事，总觉其理想太高，不切实际，而且过分崇尚所谓民主自由。予尝告以民主自由，不可一蹴而几，而且民主自由，有其得失长短，亦易发生流弊，尤其是遭遇内忧外患，即英、美先进国家亦必集权适应。伊大不以为然，往往批评时政激昂慷慨，一若深恶痛疾。旋文法学院，迁到昆明，彼此住处较远，殊少晤谈机会。及予飞渝从政，竟失去联络。

抗战胜利一年以后，亦即一九四六年七月十五日，一多在其昆明住宅附近遭受枪击，死于非命。予闻讯后，叹息不已。何以致此，迄今不明。无论如何，予深信一多之性格、信念与作风，殆亦为此中构成因素之一。一多富于情感，容易冲动，天真爽快，直言无隐，有时不免任性使气，喜欢反抗。伊在抗战初期，即曾高谈自由民主，反对独断专政；有时指摘现实，诋詈当局，其措词之愤激粗暴，殊越出一般教授学人之风度。随笔拉杂写来，略志雪泥鸿爪。

以上回忆一多之文稿，约半年前草写。今读"传记文学"朱文长教授一文以及编者按语，始知一多竟曾加入共产党，而当时国内国外只知其为"民主斗士"。唯实主义者为目的不择手段之现实政治，无所不用其极，姑无论矣，就一多自己而论，则殊合于予之人生观：即每一人之整个遭遇，同受先天身性，后天教养，以及时地环境所拼凑支配。

一九八一年五月二十日加州

时昭涵
(1899—1979)

湖北枝江市人。1912年入清华学校，1921年赴美留学，就读于美国麻省理工学院，获博士学位。返国后，曾任上海交大、广西大学化学系教授，1939年任资源委员会工业处专员，后专门从事化学研究，在化学理论方面有很高的造诣，是中国化学工程学会的发起人之一。

（5）时昭涵兄

吾辛酉级中有名之全能运动健将，厥为籍隶湖北之时昭涵兄。在中等科时，伊即得到幼年运动会各项田径赛节目之总分冠军。升入高等科后，年复一年，各项成绩蒸蒸日上，例如跳高、撑竿跳、跳远、百码赛、低栏与高栏跳跑、掷铁饼、掷标枪，几几无一不是冠军；即在华北运动会中，亦屡显身手，名闻遐迩，计曾获得五项及十项比赛之冠军。至于足球、篮球伊亦擅长，网球则未曾参加。此固由于先天之体格矫健，而亦有赖于专心致志，贯串练习。清华学校之优良运动员，饭食特别更好，亦即菜肴特别滋补。他们每日三餐，另有其房间，另有其伙食，称作"训练桌"（training table）。同学之中，只加艳羡，而无批评。

昭涵另有一项特长，即擅长音乐。清华学校当年，让学生自己选择课余操练一种，或是参加军训（穿制服，持木枪，每周操练一次）或是加入童子军（也有制服，手持木棍）。昭涵与予均属童子军中之笛鼓乐队，每次出园外练习或表演，二三十人组成之乐队，只闻吹笛打鼓，步伐声声。但此外，昭涵另行加入全校之军乐队。伊吹高音短笛（名piccolo），由一位菲律宾籍教师每周从北京城内来校两次认真指导。昭涵如何练习其高音短笛，级友均不知情，大概在体育馆中，或静僻教室中为之。总之，

音容宛在

有一次在罗斯福体育馆内举行军乐队演奏，节目甚多，内有昭涵之短笛独奏（当然有其他乐器及钢琴之细微声响伴和），吹来忽高忽低，忽徐忽疾，抑扬顿挫，曲折宛转，无不恰到好处，动人心弦，不免想起唐人诗句，如"枯桑老柏寒飕飗，九雏鸣凤乱啾啾，龙吟虎啸一时发，万籁百泉相与秋"，如"幽吾变调忽飘洒，长风吹林雨堕瓦"，又如"嘈嘈如急雨……切切如私语，……大珠小珠落玉盘……间关莺语花底滑，幽咽泉流水下滩"，虽不能确切形容，但大抵有些类似！第一谱吹毕，听众鼓掌响声如雷，大呼"再演，再演"（Encore! Encore!）。是晚连演达三次之多。

昭涵之练习胡琴则级友大家都知。因为方便起见，伊即在寝室中自"开荒田"起，日夜有暇即加练习。老实说，不论远近，听到咿呀咿呀错杂纷乱一遍又一遍的不堪入耳弦声，无不摇头摆手。可是数个月后，昭涵即可替唱京戏者拉其胡琴。当时予曾领会得一项切实教训：所谓"天下无难事，只怕有心人"。天资聪颖，固然学习容易，否则，亦可"人一己百，人一己千"，总可有志竟成。昭涵之运动与音乐，既靠天赋，更靠苦练。

昭涵攻习科学工程。返国后未尝晤及。闻在资源委员会长期工作，甚多贡献。时家有三位兄弟，同在清华。长兄昭泽，身体魁梧，举动粗野，留美后未返国。有一次他写信给级友吴峙之（国桢），信封上只写英文中国汉口吴市长。内容是请将其家中地址查明见告，俾可写信。此系峙之亲口告予，绝非诬妄。次为昭涵，性格与乃兄迥异。三为昭瀛，服务外交多年，亦有建树。

段茂澜
(1899—1980)

字观海,原籍安徽合肥,生于济南。段祺瑞之侄。1914年入清华学校,1921年赴美留学,先后就读于威斯康辛大学、纽约大学及哥伦比亚大学,获博士学位。后赴法国,在巴黎大学及法国文学院进修。精通英、法、德、西多国语言。1928年回国,任天津电话局局长兼南开大学教授。1936年入国民政府,多年担任外交职务,历任秘书兼交际科长、美洲司司长、驻英大使馆公使等。1965年后曾于台湾东吴大学、淡江文理学等处任教。1980年在台北病故。

(6) 段茂澜(观海)兄

观海是吾级之外交人才。伊入清华,乃自南开读书时考取插班,进入清华学校之高等科。当初令人发生深刻印象厥有两项。一为讲话速度极快,好像字字连珠,夺口而出。另一为对于英文以外之其他外文兴趣特别浓厚。予固修习德文与法文两种,而观海对此两门功课,用功非凡,成绩优异。留美期间,予在翰墨林大学得到演说竞赛第一名,观海曾专函道贺赞美,此种友谊迄今不忘。观海回国服务,曾遭遇一项有惊无险之意外事件,曾亲将当晚经过,详细面告,虽事隔多年,不免谈虎色变。伊由族叔段祺瑞氏之介绍,曾为徐树铮将军之秘书。一九二五年一月,段执政令派徐氏考察各国政治专使,观海曾随往法、英、瑞士、意、德、俄、波、捷、比、荷、美、日等国。是年十二月返国,由沪赴京谒段报告。是月廿九日离京乘坐津浦路火车南返,不料二十九日深夜,亦即三十日晨一时左右,车停廊坊车站,突有武装军士上头等车厢,将徐氏及其随从人员迫令下车。时值夜半,事出意外。观海即为随从之一,大家衣服不及穿好,

音容宛在

冷冻固然难熬，恐惧更加受罪。当时情景与心理，绝非言语或笔墨所能形容。每一分钟犹如一个时辰。终于闻到远处枪声；旋令所有随从，重复上车。此次盖系冯玉祥令其部将张之江将徐树铮捕杀。据云，徐树铮氏曾将陆建章擅自于花园加以枪毙。故事变发生之后，曾有陆承武通电，自称为其父陆建章报仇云云。观海服务外交界，屡任驻外大使，传记文学（总二一六号亦即一九八〇年五月份，页一四五）载有段茂澜小传，兹不赘及。一九七八年予在台北，曾蒙观海兄嫂（继室为"立法委员"王蔼芬女士）盛席款待，不期无几何时，观海与世长辞。

何浩若
(1899—1971)

字孟吾，湖南省湘潭县人。1913年入清华学校，1920年赴美国留学，先后就读于斯坦福大学、威斯康辛大学，获哲学博士学位，后又入诺威治军校习骑兵。1926年回国，任黄埔军校第四期教官。1928年任中央大学、金陵大学教授。后历任湖南省、河南省政府委员兼财政厅厅长。抗战时期在重庆曾任《中央日报》社社长、物资局局长、军事委员会外事局局长等职。1948年任国民党中央常务委员，随后任行政院政务委员。1949年由台赴美。著有《自由民主的经济制度》《民主主义与自由经济》等。1971年在台湾去世。

（7）何浩若（孟吾）兄

清华学校毕业生入美国军事学校者为数极少。如进西点军校，须经美国国会项目通过（例如王赓先生）。但留美而文武先后兼习，如吾辛酉级级友何孟吾兄，既得威斯康辛大学经济科博士学位，继又毕业于诺威治军校之骑兵科，则诚是独一无二之清华校友！

孟吾在中等科时，以国文优秀及口才出众，见称于侪辈，省籍虽异（隶籍湖南）却与（罗）努生（江西出生）日常来往。五四运动以后，罗何两位于校内校外渐露头角。清华迭次发生驱逐校长之风潮，两位均曾参加，故均曾拒绝参加最末学期之大考，自愿留级一年而于壬戌（一九二二年）夏末出洋。在留美期间曾会晤两次，有事始相互通信。

予在浙江大学执教一学期（一九二八年之上半年）。四月底某日，忽接孟吾电报，告以到达杭州郊外江干之日期与大约时刻，盼前往接晤。如期前往，约等候一小时许，果见数只帆船来到，孟吾身穿灰色军衣，脚有绑腿，虽任团长，装束似与小兵无异。相见之下，彼此拥抱。他第一句

音容宛在

话："老浦，你带我到浴堂去，我要好好洗个澡。"闻言之下我口中虽连称"好，好"，心内却是不知如何是好。盖在此以前，生平未尝进过公共浴室。杭州必有，但在何处，毫不知悉。相将走到马路旁边，总算急中生智，丝毫未露马脚。两人各即坐上黄包车一辆，予乃向车夫说："拉我们到城里最好的浴堂。"果然，两位车夫，一声不响，拔脚就跑。于是难题解决，并使我首次尝试公共浴室之擦背、扦脚、喝茶、吃面等滋味。自兹以后，彼此劳燕分飞，不相见面，且不通音信者盖足十有二年。重复聚首，乃是一九四〇年春在四川重庆。比及此时，同级友好咸知吾辛酉级同仁之中，有兴趣与能力搞实际政治者当推（罗）努生，（何）孟吾与（吴）峙之三位。

孟吾既兼治经济与军事，回国以后，确曾在两方面前后服务而有其贡献，此尤难能而可贵。在军事方面，伊归国后曾任黄埔军校第四期教官，北伐时任四十六军参谋长，及第十师第五十九团团长。北伐告成，伊自一九二八年起就聘南京中央大学及金陵大学教授。一九三四年担任湖南财政厅长，三载后，调任河南财政厅长。抗战时期，伊在重庆曾任物资局局长，其后就任军事委员会之外事局长，专与美国来华之将领接洽。在此时期，每日出入均穿戎装。

物资局职务繁多，责任重大。在此时期发生一段确实之笑话。此系孟吾亲口告吾侪每两期聚谈晚餐之清华友好。某次，伊将物资局最近半月业务情形口头报告，并解释诘责后，蒋委员长忽然声色俱厉，说声"不要强辩"。孟吾没有听到一个"不"字，而将"强辩"听成"枪毙"，遂立正行个敬礼并说："报告委员长，我有老母在堂，请允许我见母一面。"委员长及傍人均为之愕然。委员长旋嘱："报告既毕，汝可退下。"事后始知一时心慌听漏一字，听错两字，遂出此现成笑话。

迁台后，孟吾挈眷来台先在（孙）立人夫妇寓所暂住，不时晤谈。

后赴美国，曾在美国之声服务多年。最后回台定居，受聘为"国防研究院"讲座，并兼任文化学院，政大及台大教授。予曾邀伊往政治大学作公开讲演，比较美苏两国政经状况，口若悬河，措词诙谐，时时引起哄堂大笑与掌声，犹是少年才华。孟吾身体健硕，仍打网球。不意竟于一九七一年以心脏衰弱，猝然逝世，享年七十有三。

孙瑞璜
(1900—1980)

又名祖铭,崇明县(今隶属上海)人。1917年入清华学校,1921年赴美留学,先后在纽约大学和哥伦比亚大学攻读银行学,获硕士学位。1927年回国,任教于天津南开大学。1928年任国民政府建设委员会总稽核。1930年任该新华银行副经理,闻名于上海银行界,此后一直任职于金融及实务界。1952年后曾任中国人民银行上海市分行副行长等职。1980年病逝于上海。

(8)孙瑞璜兄

古人类有临别"赠言",大抵均出之于诗词歌赋,或函札瑶章,迄今尚为士子传诵。就予个人之经验,则一项口头之临别赠言,虽简单两句,确实为吾数十年来,尤其是留学归国,首次踏进社会,开始执教服务之后,甚而直到现在,不时忆起而自能发生安慰勉励之作用!此盖级友孙瑞璜兄所曾赠我者。

一九二六年夏,予决定将自纽约乘坐一艘不分等级种切平民化之轮船赴欧(先到英国)游览,另坐日本轮船由意大利出发,绕印度洋回沪。临行前一日,瑞璜在纽约之"月宫"中国餐馆楼上,为我饯行,陪客有(陈)华庚、(周)兹绪五六位。瑞璜忽然心血来潮,态度认真,向我说道:"逖生,让我今天给你两句临别赠言。这是两句英文格言,值得牢记而实践:Hope for the best! Prepare for the worst!"(希望着最好的!准备着最坏的!)当我听到此两句谚语,立即感觉其为立身处世之良箴,举起玻璃杯,以白水代替酒,向瑞璜道谢,并说,我一定牢记而实践;此两句真是无价之宝。自此以后,真不知有多少次数,种切场合,令我默默念着:"Hope for the best! Prepare for the worst!"每一念及,这两句格言,全不是口头禅，而确实引发安慰勉励之作用。

　　去年春季，经过足足三十载的隔绝，我与瑞璜开始航空通信。我第一封信中即曾提起五十三年以前他在纽约给我的两句临别赠言。邦儿敏媳去年随着美国仕女之游览团旅游，曾遵予嘱往谒上海孙伯伯，而"无巧不成书"在孙府上竟遇着我同乡级友吴泽霖（雨苍）伯伯。邦儿敏媳早亦遵予所嘱，往谒吴伯伯于北京（在民族研究所执教），孰料吴伯伯恰巧南返江苏常熟。瑞璜在纽约大学攻习经济学，得硕士。返国以后，终身在银行界服务主持新华储蓄银行数十年。为人洁身自守，严谨不苟，性情和蔼，待人诚挚。大陆政局改换，伊在沪滨仍受尊重而得优待，继续其银行经理职务。夫人王国秀女士曾与谢婉莹（冰心）谢文秋两位同时在韦尔斯理女校（Wellesley College）深造。不期今年（一九八一年）春季得伊哲嗣亦冲来函，惊悉瑞璜兄患病甚重，竟尔辞世。

周兹绪
(1900—？)

字在文，贵州人。1914年入清华学校，五四运动期间，与闻一多等人被选为清华学生代表团中文书记。1921年赴美留学攻读电气工程，回国后任职于上海电力公司。1945年至1949年为上海市政府顾问。

（9）周兹绪（在文）兄

在清华读书期间，予到北京城内度旧历大除夕，只有一次：即随同级友周在文，到其父亲所住之贵州会馆。贵州人喜欢吃辣。那晚的年夜饭，菜肴极丰盛。可是盘盘碟碟，都有辣味，连喝的汤也是如此。入夜以后，一直到天明，远远近近，高高低低，接续不断。全城都是鞭炮声响与火星。那天晚上，真是辗转反侧，不能成眠，最后蒙眬入睡，却已天将发白。此次始深悟皇城之大，居民之多，过年之盛。

在文运动颇好，善踢足球，在中等科时，即为幼年足球队队员，曾应总统府之邀，随同清华幼年足球队队员，前往三海与袁氏子弟为基本队伍的少年足球队，作友谊比赛。在文写得一手好字，笔画清秀，安排匀称。伊有一副大字苏帖曾借我临摹，顿得进步。予选编白话唐人七绝百首，并既得蔡元培严鹤龄两校长作序之后，始请在文写一短跋。其时予与伊同住四人一屋之卧室。事前伊丝毫未悉予在选编唐诗之迹象，故笑我善保机密。

留美期间，彼此甚少通信，盖伊选习电气工程，治学兴趣互异。返国以后，彼在上海任职（服务电力公司），予在北京执教，故鱼雁仍属疏稀。及抗战期中，予从重庆飞港赴沪，等待佩玉与儿女从北平南下前后短暂住沪，乃不时前往访晤。伊夫人为彭望筌女士，籍苏州，在留美前，毕业于苏州第二女师。佩玉与伊，一见如故。

萨本栋
(1902—1949)

字亚栋，福建闽侯人。物理学家、电机工程专家、教育家。1914年入清华学校，1922年赴美留学先后就读于斯坦福大学、麻省伍斯特工学院，获博士学位。1928年至1937年任清华大学物理学教授，1937年到1945年任厦门大学第一任校长。1945年至1948年任中央研究院总干事，兼任物理研究所所长。1948年当选为中央研究院院士。1949年病逝于美国加州。1930年代出版的《普通物理学》被当时的大学广泛采用，对清华大学物理系和厦门大学的建设有重要贡献。

（10）萨本栋（亚栋）兄

初到清华，予在中等科插班一年。每晚自修两小时，适与同乡钱宗堡同一课堂。上自修班时犹需摆队。某晚，宗堡指着另一队将入另一课堂之一位级友，向予耳语："此是福建人萨本栋，聪明而用功。"后来介绍认识，渐次熟悉。伊之胞兄本铁，高我们一级，善足球与网球。当时本栋似未练习网球。及予回到母校（已改大学）任教，发现本栋同时受聘执教物理系，同住北院。北院有网球场两个，专供教师们使用。一天下午，看到本栋也穿着短裤，手持球拍，前来参加。予惊呀一声，"你也打球？"不料傍边（陈）岱孙笑道，"他不但也打球，而且打得极好。"果然如此！

本栋修习物理学，造诣颇深。曾撰写物理学大学课本风行一时。一九三七年七月十三日午后，予与（陈）岱孙（张）奚若等临时搭坐津浦车南下（转往庐山谈话会），本栋亦曾乘此班火车，盖是应聘为厦门大学校长，前往就任。后经予门人邹景苏（文海）（曾任厦大教务长）相告，

音容宛在

萨校长在抗战时期主持厦大，尽心竭力，不避艰危，极为师生所敬重。

胜利还都，本栋适任中央研究院总干事兼物理研究所所长，予在行政院襄助张院长岳公。本栋一家与（吴）正之（有训）同住一所房子，一在楼上，一在楼下。彼此公忙，平常殊少接触。有一次为接待美国某一大公司代表来华接洽公务，行政院召开会议，由予主席，不知如何（具体事由，不复记忆），本栋忽然突发愤语，说了一句："这是官僚作风！"予生平最恨官僚作风，猝闻此评，不免无名火三丈，几欲发作而强勉自制，回说一句："我最惧官僚作风。但规定所在，不能为美国一大商家而破例。"幸好旁边有人劝本栋勿再发言。散会后予有意走至面前与本栋握手寒暄，彼亦释然。予之所以率直记述此段，有其原因。不到两月，本栋赴美，在加州大学医院，医治胃癌。卒告不治，享年四十有七。予及当时与会诸友好，感觉本栋当时已经身染重病，诚恐不知不觉中，情绪不甚稳定，使得态度反常。本栋夫人黄淑慎女士（清华同学黄人杰之胞妹），后曾来美攻读数学，执教于美国东部某大学甚久，至可钦佩！

蒋韶九 | 早年留学日本，1916年任苏州中学校长，1917年当选国会议员，并任福建省教育厅厅长。

寄父蒋韶九（凤梧）先生

蒋韶九（凤梧）先生乃常熟品学才识兼优之绅士，世居虹桥下塘。在前清中秀才后，曾留学日本。民初当选为国会议员，会任江苏道尹。一度奉命为福建教育厅长，殆因政局关系，未曾就任。嗣后返归故乡，专心办理教育，怡然自得。晚岁，喜欢佛学。大陆政局改换，蒋丈竟自沉于附近方河沿之荷池中。

家君雪珊公（讳光薛）自少即与韶九先生相友善，将予作为蒋家之寄名儿子；寄哥名公鲁（小名福宝），寄弟名宗鲁（小名鹤宝）。童稚时，每年元旦家君必携予前往虹桥下塘蒋府拜年，实行叩跪。蒋宅宽大，计有五进，最后一进，建有转侧楼房。大门终年洞开，随时可漫步长驱直入，由陪弄走到最后一进，楼下呼叫通报即可上楼。此可证明当年当地治安之良好。另有寄叔寄姊两家，自然亦必拜年。拜贺礼毕，寄娘除以新年果盘相饷外，必然拿出予最喜剥食之"毛头箕干"让予大嚼一顿。此景此情，迄今不忘。寄父并无赴茶肆"吃茶"之习惯。家君则每值新正，不时带予前往，偶尔亦曾遇见寄父，但绝无仅有。

予考入北京清华学校时，知寄父时为国会议员，只身住在烂熳胡同常昭会馆。初到第一年（一九一四年）之国庆节，予曾坐早班火车，由清华园车站坐到西直门下车。旋即翻阅携带之北京详细地图，沿着大街曲曲

音容宛在

折折走到烂熳胡同常昭会馆。事真凑巧，寄父恰未外出。谈话未久，寄父嘱馆中侍役，吩咐厨司烧了一大碗火腿丝面充饥。其后，寄父曾亲到清华园中看我，亦是未曾预约。每年暑假南归返里，自必往谒寄娘一两次。

一九一九年暑假，予照例回到家乡。数日之后，塔前小学同学（班级较低）陶君天民特来相约，谓明日午后，常熟学生联合会将于县图书馆中开成立大会，叮嘱务必参加。届时前往，则到者踊跃，一室挤满。临时主席，系塔前同学低予一班之徐君传霖。开会报告筹备经过之余，旋即有人建议，请由北京回乡之浦君报告京中五四运动情形。主席乃请予致词。予于鼓掌声中，不得不登台说话。嗣后提名选举结果，予竟被选为会长，传霖为副会长。予既无意向，亦无兴趣，曾再三请辞，与会者不肯答应。旋临时主席宣布谓请到一位刚才到场之"特别来宾""前辈长者"训话。登台之后始发现此前辈长者即是吾寄父蒋韶九先生，即曾起立趋前鞠躬致敬。此系首次听到寄父讲演：话语中肯，长短适度。听者无不动容。会毕，予步行送伊回府。

及予留美返国，前往昆明东陆大学执教之第一年中，寄父曾有意为予作媒，向其胞妹顾冠玉太太屡次劝说，将其女儿顾小姐许字于予。但顾家踌躇再四，未曾答应。故予父母在致予训谕之中始终未提只字。及予结婚之后，予之三位胞姊，曾先后分别相告，始知概况。予与佩玉系在常熟鸿运楼结婚，时在一九二九年一月廿八日，证婚人即系吾寄父蒋韶九先生。一九三三年。予在清华大学执教已满五年，依照规定，拟具计划，赴德休假一年，由学校通过接受。是夏予偕佩玉与儿女回里居住。寄父母曾邀予及佩玉携昌儿琳女，并约其胞妹与其小姐坐船前往西门外"看杨梅"，并参观其在山间所筑之小楼一座，有时前往小住。予赴德国，佩玉与儿女则留居常熟，侍养翁姑。在此一年之中，佩玉不时前往吾寄父寄娘处，增进许多认识与感情。抗战时期，予在昆明重庆，佩玉由北平移住

寄父蒋韶九（凤梧）先生

常熟代予侍养。在此期间，佩玉更常往蒋府。寄父对于佩玉之为人治家处事，极加赞许。寄兄蒋公鲁之妻亦与佩玉友好。

抗战胜利还都，予偕佩玉回乡迎养家母时，曾偕谒寄父母，蒙设宴款待。当行政院决定改组，寄父韶九曾来函询问去处，原书如下：

"逖生贤契足下：政院改组，岳公坚决辞退，可为知几。秘书长联带去职亦属当然。足下辛劳已久，得此小休亦复大佳。惟时局正值需材之际，而足下又当强仕之年，长久赋闲，恐非所许。政学多门，不知此后服务，将何途之是从？倘有决定，尚希示及。愚故我依然，乏善可告。惟顽躯尚健耳。冶余（即指佩玉）近来意兴何若。久不见面，念念。老太太（指予家母）身体想好。大昌兄弟求学，谅有进步。均念。率泐即颂俪祉。韶九再拜。六、二。"

随手写来字体秀逎可爱，关爱情深跃然纸上。当时予即复禀，谓辞退之翌日，即蒙中央大学与政治大学两位校长亲来聘任，自下学期起前往授课。迨到台湾以后，曾屡邀寄父母到台游览小住，并表示愿负担旅费。可惜未曾先将川资汇去。不料寄父因政局即将剧变，遽尔投池自尽。每一念及，遗憾无穷。

音容宛在

逖生贤契足下 政院改组 岳公膺选 器重可属知矣 秘书长联带去职 尚属意料 足下幸劳已久 润泽此休 大陆惟时局正值需材之际 而足下又富强仕之年 长久赋闲恐亦可许 政学多门不知去 滚服务择何途 之是深仰有决定尚希示及 匪故我侪萦念之意 可告慰 惟顽躯为健 耳 治余近集意兴 阙如久不见面念念 老太之身体超好 大昌兄弟求学谅有进步 均念 辛勒所以

儴祉

郭文再拜 六、二

蒋韶九墨迹

翁忍华（慎甫）世伯

"当年原具飞腾志，金口三山驾怒涛。"此为我今日能够背诵翁忍华（慎甫）伯伯少年时坐船赴南京乡试的一联诗句。另外，我还记得翁伯伯念给吾听的昔人诗句："凡所难求皆绝好，一经如愿便平常"，至于只此两句，究系何人所吟，却已完全忘掉。回忆我当初听到上述几句诗时，只有十二三岁。翁伯伯家住南门大街转弯进去一条狭弄，称税务弄，（俗称摸奶奶弄）；弄底即是阔墩，可见城墙及城内之护城河。我独自走到翁府不知有多少次，迄今一转一折，犹历历在目。

忍华伯伯与家君为至交，住所相距极近，常常来家中坐谈。彼喜吟咏。曾获古铜牌一块，赋诗一章，阖邑诗人似均步韵奉和，并写上宣纸，裱成手卷；时予约只十龄。伊家中制有诗牌一副，大小与雀牌相同，但数目似较多，约有两倍，每张刻有一个平常习用之平声及仄声字，可以选用。每次约有十余人参加。予则看见过集会两三次。时予年少不甚明了诗牌之如何使用。大抵系每人分发若干张，然后或则在桌上依次摸牌，或则相互交换。

翁伯伯另有一个嗜好，即喜欢收集写有名人字画之折扇。扇骨以竹质为最多，间有用精细象牙制成者。每值夏季，不啻每日另换一把，辄以丝质手巾包柄，携在手中，每至茶肆，熟客竞索观看，欣赏墨宝与佳画。

凡有余暇，伊总喜以扇柄两面，置其左右鼻颊间，轻轻上下抽擦，渐次收吸汗气，使得竹片或牙片，日久更加光滑，更加脂润。及予考入清华读书，伊家已从税务弄区之阔墩，迁至小东门外某街之大宅中。暑假回到常熟，大约旬日一次，前往访谒。斯时伊因予年龄增进，辄将最近所吟诗章稿本相示，有时自己高声朗诵，有时嘱予代为宣吟。所作之诗，以七古最多，五古次之，七绝不少，七律则绝无仅有。又曾取出所藏珍贵之折扇字画，让予大开眼界。盖此时所集，为数增加，特制木柜两具，薄屉层层，每层可置折扇十余把。

住税务弄时，翁婆婆及翁伯母均尚健全，且通诗文，和蔼慈祥待予如自己小辈。翁伯伯因无子女，曾将租住吾家房屋一位王家之侍女巧玲纳娶为妾。嗣后，吾家姊弟均改口称她为巧姑娘，似曾生育。住小东门外时，则婆婆、伯母与巧姑娘均已先后辞世，而翁伯伯亦已另娶继室。予出洋之夏日，犹曾亲至其府拜辞。及予返国执教清华大学，则翁氏已人琴俱亡。今日回忆，则仍觉音容宛在。予之第三位胞姊慧英曾是翁伯伯之寄女。

言调甫(家鼐)世伯

另有一位前辈,身体魁梧,嗓音宏亮,谈吐幽默,出口成章,而态度和蔼,情意诚挚者,厥为家住书院弄,系言子游(偃)之嫡裔,言调甫(家鼐)伯伯。言子游,春秋时代吴人,为孔子及门弟子,仕鲁为武城宰,特习于礼而尤长于文学,其坟墓在常熟城内之虞山北麓。"十里青山半入城"此一诗句描写虞山一部分实在城内。邑人无不知有"言子墓"。

调甫伯伯亦为家严知友之一,日常来往。髫龄时期,每随父亲到玉壶春或忱石轩茶肆,辄同坐一桌。予父吸长嘴水烟筒,茶肆中有专人伺候,茶客轮流取筒呼吸。但言伯伯则无此习惯。及家君在九万圩翁府之园坐馆,携予随读之数年中,每隔几天,辄于放学后偕予绕道前往书院弄言府坐谈片刻。言伯母亦必出来与我谈话。

言先生有子二,长者乳名科宝,长予三四岁,性亦静默,每次相见,大抵彼此微笑而已。但文笔甚好,其父不时将其文格纸上所写之正楷字,取出相示,并亦有时索看我书包中之作文簿,类必称赞鼓励。事出无心,而对我却于不知不觉之中,引发一种竞争上进心理;由是对于清晨早起练习在宣纸上用松烟墨书写小楷,益事奋勉,日有进步。前清光绪末年,调甫先生只身往北京小住一年,一则参与一项恩科会试,再则同时应聘为家庭教师,坐馆教读。曾有几次信札致家父,予看到龙头邮票取下保

音容宛在

存。回乡之次日，即来吾家长谈，首次听到皇宫殿宇之如何庄严伟大。

有两项情事值得略记。其一，为一九一○年夏天彗星之发现，一连大概十几天，每当夕阳西下之际，有一长星——大家称它为扫帚星——光芒数丈横亘天空，立在吾家庭院之中，抬头即可望见，景象自为奇特。一般人众均知扫帚星出现大不吉利，主有凶危。家父即朗诵"长星劝汝一杯酒，安有万年太子耶。"并为我讲解历史故事，时露叹息。言伯伯曾因彗星发现，偕友来寓和家父谈天。越数日，调甫伯伯伴着两三位长者又来，在吾家书斋内燃点香烛，恭恭敬敬，由一位外省口音（常熟习惯说是具有"野声气"）的前辈，从事占卜易卦，予从门外观望，只看到许多束干枯草茎，用手移来移去，反复清点数目。所占何卦，卦象如何，当时未曾听悉，亦不敢置问。但我心中明白，此必占问彗星出现，主何吉凶。其二，辛亥革命发生，除看报得些消息外，余均不知，但人心惶惶，则彼此感觉。父执辈如翁伯伯与言伯伯几位不时来到寓所，好像有所商谈。予迄今犹记得言伯伯有一天重复说了几遍"所谓小乱居城，大乱居乡，我相信有其道理。"总之，辛亥革命两三个月中间，吾家始则搬居城外沿着河塘一家刘姓宅内，借住其楼上。一家老小七人（父、母、外婆、三位胞姊及我自己）占住他们楼上两小间，自甚拥挤。小住几天，即回城寓。隔旬日后，我们一家又携带些箱笼，雇船摇到无锡之荡口镇上本家（浦云瞻伯伯）宅中借住约半月。

嗣后，予入本城塔前高等小学读书，毕业后负笈北京清华学校，每年暑假返里，在此前后足足十年之中，予尚时有谒见调甫老伯之机会。殆予赴美留学返国，执教他省，究竟从何年起，予与翁言两老伯失去联系，则今已茫然。常熟有几位知名之乡绅，如邵松年先生（住邵家巷门）与陆云孙（懋宗）先生（住西言子巷），偶在石梅忧石轩茶室雅座之中，得瞻丰仪而聆高论。如翁忍华与言调甫两先生，迄今回想，殊可代表当时的传统社会中读书明理慎言谨行之标准读书士子。

蒋志为老师

在辛亥革命以前（即至一九二年年底止）予所接受者大抵皆系家庭教育（先后只有几个月曾就读塾师）。学校教育则自民国元年予入常熟县立塔前高等小学方才开始。当时高小本系四年级，但予因中途插入二年级，故读完一学期，即升入三年级。计实际共修习两年有半，即告毕业。塔前高小之学校教育，对予影响颇大，关系殊深。盖从此始有团体生活，朋友来往，师生问答，体操运动，唱歌、图画、手工各课，以及远足旅行。当年主要教师当为逐年级任，教授国文、作文兼习字三课之蒋志为先生。

入校之前，予之国文具有相当根底，故作文成绩，就分数而论，辄为全班之冠。蒋师认为特优之作文，辄批"存堂"二字，此指自己誊写一份以后，须将原文缴呈老师由其存在学堂之中，备来宾有时参阅之用。予之习字亦蒙赞许。蒋师自己书法，在常熟殊有声名，常为友好挥笔写对联或条幅。伊曾书赠家君条幅四帧，抗战以前，尚挂在老宅一室壁上。在二年级时，蒋师上国文课，喜欢临时点名，呼学生某某起立朗诵当时所讲解之选读文章（每次油印分发学生）。记得全班之中，声音响亮，抑扬顿挫，高低徐疾，朗诵得回阳荡气，当推丁彦邦君。予此时尚能回忆其朗诵清廷逊位诏书，如"予何忍以一姓之尊荣，拂万人之好恶……"一段之身段（摇摆姿势）与腔调，确实好像百读不厌，百听不倦。

大抵因为蒋师在教室中，不时对予作文加以赞许，因而传至许多同学之家长，也许有时兴之所至，在茶肆啜茗之际为予吹嘘，遂致予在一邑之中略有微名。三年级时校长钱君门先生嘱全校学生们每周办一墙报，有社论、有插画、有记事、有丛谈（笔记）。众竟选予为总编辑，固辞不获。幸而同级如蔡德恭（树滋）、缪廷梁、朱廷栋、陈映霞（应镛）诸位，答应竭力帮助。盖每星期天总须费大半天时间将各种文稿，用正楷誊写；连同一张小幅图画，嵌入特制约三尺高两尺宽之玻璃框内，挂在师生必经之墙壁上，以供大家阅览。

自离开塔前高小后，每年暑假从北京清华回乡，以及留美回国执教，每次回到虞山故里，总在石梅恭肆中，能遇到蒋师。迄今回忆，辄抱一项遗憾，即予未曾亲到其住所拜谒过一次，实则伊家究在何区何巷，当时从未知悉，推究其故，实因当时尚无拜谒老师之风气——也可说是民国以后，不知不觉中，丧失吾国传统拜谒老师之习惯。

郑桐荪
(1887—1963)

名之蕃，号桐荪，早年肄业于上海震旦大学，1908年赴美留学，毕业于康奈尔大学数学系。1911年回国，先后任教于马尾海军学校、上海南洋公学、清华大学、上海震旦女子文理学院等。抗战胜利后，又任教于清华大学至1952年退休。他是清华大学原算学系创办人之一，著有《四元开方释要》《微分方程初步》和数学史专著《墨经中的数理思想》，参与编纂《数学名词》。退休后对人文、地理学科亦有广泛研究与著述，有《禹贡地理新释》《元明两代京城之南面城墙》《吴梅村诗笺释》《宋词简评》等存世，对于国画、书法亦有研究，1963年病逝。

忆郑桐荪丈

予在清华学校中等科读书时，所修数学一门系由梅月涵（贻琦）老师执教。另有一位也授数学课程，那是郑桐荪先生，常穿中装，长袍背心，貌甚和蔼慈祥。及予回到母校担任教授，时已发展成为清华大学，乃开始来往，尤其是结婚以后，佩玉与郑夫人曹纯和女士一见如故，更加觉得亲切。吾俩敬重长辈，执礼甚恭。

家君与家慈曾到清华园小住。在此期间，两老的新朋友，殆只有郑师夫妇。犹忆桐荪先生曾将吴永（渔川）所著《庚子西狩丛谈》一部借与家父阅读。此书记载慈禧太后偕光绪皇帝微服出奔，怀来县令吴永尽力供应，遂得升官随扈种切事实。家严不特欣赏细阅，而且用红文格纸，逐日抄写，竟成七万余字全部录出，装订成册。因此，桐荪先生速成家君在清华园中之唯一友好，盖方言既通，兴趣亦近。家慈偶亦与郑夫人作竹林之游。

抗战初期，予应征召，将离昆明而赴重庆担任国防最高委员会参事，曾赋诗七绝四首。（一）"即景因名忆旧京，春风几许故园情。三清阁上回头望，来路崎岖太不平。"（游西山三清阁）（二）"有酒不妨随客醉，无心恰好遂云游。中宵惆怅缘何事，猿鹤虫沙任去留。"（除夕偶书）（三）"万里南天尺蠖身，无端又值岁更新。桃花似解人间事，一树红霞慰晓春。"（花旦见桃花盛开）（四）"尽望河山涕泪连，夜来星斗挂天边。阴晴盈缺岂人力，好待元宵月自圆。"（雨后新月）

桐荪先生立即吟就"和逖生赠别之作"四绝兹录如下。（一）"五华山色拟燕京，处处风光动客情。清绝滇池三百里，夕阳影里晚波平。"（二）"率土已嗟非吾有，避兵姑学作长游。梳妆台畔余黉舍，侥幸书生得暂留。"（三）"万方多难百忧身，剩有穷途白发新。冻雀檐前自守冷，桃红柳绿各骄春。"（四）"寄昆华断复连，剧怜雁侣满天边。十年旧好今分手，孤负中宵月渐圆。"

庚申新岁予在重庆，曾步韵答（萧）公权。"栗六无端又岁新，浮图关上度元晨。百年身世繁迷梦，万里乾坤待转春。入夜主宾寻笑谑，逢场歌舞激精神。为此欢集散何早？为念王师太苦辛。"录寄桐荪先生，蒙复和一律："百感又随岁月新，长安弥忆旧昏晨。荒江幸未归残劫，花木依然媚早春。千里颂诗劳挚友，一灯裁答费凝神。羽书昨夜催仍急，壮士何年免苦辛！"

抗战期间，予曾由渝飞港，乘轮赴沪，迎接佩玉与儿女由北平南下后，予独自冒险先回沦陷区中家乡常熟拜省双亲。在沪时佩玉与予，承李周丹凤女士款待，与桐荪先生夫妇晤聚畅谈，此为最后一次见面。嗣后大陆变色，音讯渺无。最后得悉桐荪先生一家移住清华园附近之成府村落中，所幸平安无事，不久即归道山。

陆佩玉
(1904—1977)

原名冶余，江苏常熟人。浦薛凤之妻。1917年入南京第一女子师范学校，后数年从教职。1949年后随夫迁台，曾担任台北市妇联分会主任委员等职务。1977年病逝于美国。

尽职家庭、服务社会：忆述吾妻陆佩玉（冶余）

"千呼万唤竟仙游，笑貌歌声忆梦求。服务勤劳无愧怍，相夫教子备温柔。悲欢离合尝滋味，贫贱荣华视水流。倘有天堂祈永聚，来生愿再结鸾俦。"此系一九七七年九月三日吾妻佩玉辞世后，予所赋之悼亡诗。时光如驶，计幽明暌隔，瞬将六载；兹愿就佩玉与予结褵四十有九年中之生活经历，择要简述。

一、命定良缘　友好作伐

一九二八年阴历端阳节日，清华级友薛望笙（祖康）兄夫妇，约予前往午餐，预告另请陆梅僧兄之胞妹冶余参加，为我介绍认识。饭后，主、客四位同游西湖，巧逢两对新婚之清华同学：朱世民与谢文秋，汪泰经与王国新。其时，冶余正在杭州女中教书，予则授课于浙江大学。此次薛府约宴，实受我挚友，亦即冶余胞兄梅僧之托。自后予与冶余通信，发现其文词雅洁，字迹秀丽，又曾邀游六和塔。兹录当时先后诌占两首。"端节偕游西湖"一绝："愿牵红线意轻松，两对鸳鸯恰巧逢。湖上风光倍秀丽，端阳佳节喜情浓。"另一首"偕佩玉登六和塔"："秀丽之江曲折流，白云红日绿田畴。六和塔顶默祈愿，比翼同心福慧修。"

端阳初晤冶余时，予早已接受母校清华（时已成为大学）聘书，将于下一学年（即秋季上学期）前往北京。暑假来临，经双方家长同意，吾俩遂举行文定之礼。予曾写"文定佳期寄赠佩玉"一诗："小楷簪花文笔优，笙、箫、琶、笛、曲、歌修，锦心绣口兼容德，窈窕才华君子逑。"

阳历一九二九年一月廿八日，亦即阴历戊辰年十二月十八日，予与冶余在我家乡江苏常熟鸿运楼礼堂结婚，由我寄父蒋韶九（凤梧）丈证婚，介绍人坤造是薛祖康，乾造是陈华庚；两位均是清华学校级友。时值寒假，予先期由北京返里。冶余则由伊家长及亲戚，雇坐大船，由汽轮拖驶，自宜兴和桥镇经无锡而到常熟。婚期翌日，吾双亲陪同吾岳父陆宗俊先生、岳母史氏及其亲戚几位，乘坐敞轿（称作"爬山虎"），遍游虞山"兴福""维摩""三峰"诸古寺，以及祖师山上相传吴王夫差之试剑石壁。冶余与我，当然随侍追陪。当天情景，迄今历历在目。

佩玉系于一九一七年考入南京省立第一女子师范学校读书，年仅十三岁，全班最幼，先后曾受吕碧城与张默君两位校长器重。预科一年，本科四年，五经寒暑，方告毕业。经蒙学校派赴北京香山熊希龄氏所创办之慈幼院执教一年，继即返南京母校附小授课一载；旋由如皋女子师范学校慕名聘请担任校长，数年后，因喜爱西湖，转至杭垣女中任教。

二、持家抚育　水木清华

"水木清华"，系吾母校工字厅后轩面临荷花大池之一块横匾题字。毕业同学，辄喜用此"水木清华"为清华园及清华学府之代名词。予在母校执教，十足九载；冶余随我来此居住，生活美满而宁静，环境清幽而宽敞；同仁们努力教读之外，又复从事研究与写作；迄今回忆，可谓为黄金时代。此处首应画龙点睛者，乃为"冶余"如何而改名"佩玉"。初到清华某晚，予翻阅伊肄业南京女师时之作文簿及笔记本，分别写有"冶余"与"野渔"名号。予戏谓"冶余"已像男子名称，"野渔"则更是男子别号。伊突微笑，请代改名，俾一望而知为女性。经伊坚持，予乃拟题"佩玉"。伊立即赞同。嗣后，初则"冶余"与"佩玉"并用，继则只用"佩玉"。

自佩玉到清华北院四号居住，每月所发薪金支票，予即交给佩玉，一切开支，由伊经管记账。每月初将薪金存入园内银行时，伊必立即汇寄翁姑赡养甘旨一百元。佩玉于归吾家时，携带两名丫鬟，一名春兰，一名冬兰。春兰留在常熟，冬兰随来清华。另雇赵妈做饭菜；其后怀孕待产，添雇高妈，专门侍带孩儿。清华园内各院教职员住宅，日常所需饮食肉类菜蔬，购用至属方便，盖如牛乳，园中有厂供给，定货后每日清晨送到；余如鸡蛋、水果、螃蟹等等，时常有人持篮挑担，挨户兜售。至如猪牛肉、火腿、皮蛋、酱油，种切生熟食物，北京城内有一两家店铺，专诚每周一次，到清华与燕京两大学各住户询问，可将所需物品开列，翌日即可送到，可谓便利无比。予家后院，除灶间及储藏室外，复有下房两间，供佣仆居住。后院庭场殊广，可供洗衣晒晾之用。以言清华教职员主妇之日常生活，实属便利安适。

多年中佩玉时常相与来往者：长辈有郑桐荪师夫人曹纯如、王文显师夫人施凤珠、何林一师夫人张惠珍、梅校长月涵师夫人韩咏华；平辈则有李冈兄夫人周丹凤（周寄梅校长之女）、蔡可选兄夫人张镇巽、赵人俊兄夫人杨秀鹤、萧公权兄夫人薛织英、蒋廷黻夫人唐玉瑞、朱自清兄夫人陈竹隐、王化成兄夫人蔡美玻、吴正之兄夫人王丽芬，以及邻近燕京大学之吴文藻兄夫人谢婉莹（冰心）诸位。佩玉与丹凤、镇巽及秀鹤，偶作竹林之游，略事消遣；予则与廷黻、（陈）岱孙、自清诸位只玩桥牌，并仅于周末晚间为之。佩玉本喜昆曲，到清华后与俞平伯夫人及朱自清夫人，请得城内一位有名笛师，每周到清华园一次，擪笛拍曲；此在三家寓所轮流为之。其后数年，佩玉与镇巽诸位，曾延揽城内一位旗籍精京剧者，每周一次来校说戏教唱。清华廿五周年校庆，镇巽饰李凤姐，佩玉饰正德皇帝，曾在大礼堂中演唱梅龙镇（亦称游龙戏凤）。

佩玉身体康健，每次怀孕分娩，先经北京著名医院诊检，种切顺利。头胎长儿大昌，一九三〇年三月十六日出生。次女丽琳之生日，系一九三二年九月十九日。二儿大邦诞辰为一九三五年四月廿五日。幼儿大祥生于一九三七年六月廿七日。三男一女，先后均由佩玉自己喂乳，每四小时一次。提携负抱，高妈帮助最力。

家父（讳光薛，字雪珊）与家母（华氏，讳爱贞）曾于孙儿大昌出生后，到清华园小住约半年。佩玉与我曾多次陪侍双亲，游览北京城郊名胜，例如故宫、三海、天坛、颐和园、西山；并曾预定包厢，听看杨小楼与梅兰芳合演之"霸王别姬"。佩玉（冶余）胞姊冶侬亦曾前来清华园盘桓数月。并同赏览各处。惟佩玉之双亲，却未北上。予未能坚邀岳父母北游，迄今引为遗憾。佩玉随予游览之处，不胜缕述，惟长城古迹，从未见过。回忆每年，春秋两季，校中师生，常有结团游览长城，每次提及，佩玉总说，下次再去；屡屡拖延，卒未参加。

三、八年抗战　离合悲欢

卢沟桥七七事变后，蒋委员长约集各界人士，举行庐山会议，予亦忝在其列。时京津铁路交通，已时断时续。本人自庐山回京，侥幸乘坐由津到京之末班火车（当然，事后始知是末班火车！）。回到清华园家中，

尽职家庭、服务社会：忆述吾妻陆佩玉（冶余）

系在（一九三七年）七月廿四日午后。原拟应友好（蔡）可选（张）镇巽兄嫂之坚邀，偕佩玉及儿女，前往南京他俩寓所暂住。不料廿八日黎明，忽被轰炸巨响惊醒。不久，即知吾方西苑军营受炸，北京城门已闭。廿九日始得全家入城，居住吴士选倪亮兄嫂住所。（伊俩已南下，行前承赐电话，谓遇必要时可进城往住。）八月中旬，予另租屋，迁住送安伯胡同；十月初旬，又移居受璧胡同。赵妈与冬兰跟随服务。十月十四日，予与清华数同事及一老师计共八位，离平赴湘，参加清华、北大、南开合组之临时大学。由此时起，八年抗战之中，除却一次为期数月之团聚外，予与佩玉享受过人世间不易忍受之离别相思滋味。

临时大学所在地长沙，不久遭受日机轰炸。教育部改名为西南联合大学，迁往云南之昆明。予先赴香港暂住，数度与佩玉函商：是否偕儿女来港，全家赴滇，抑或暂仍留居北平。此中理由因素繁多，例如费用、行李、空袭、安全，彼此老家之照顾等等。商量结果：佩玉暨儿女留住北平，俟后从长计议。兹录在九龙所写"寄佩玉"七绝一首，表示当时情绪："每修尺素问平安，欲诉相思着笔难；春到南天寂寞甚，万人行里觉孤单。"除思念佩玉与儿女外，予对于常熟老宅之双亲以及三位胞姊各家，自亦极端关切，时常禀函来往。所幸抗战期间，邮政尚通，只是费时较久。

西南联大校址是昆明，但初因校舍讲堂，不够分配，故文法学院，暂在蒙自上课，嗣后并移昆明。每到一地，予将逐月薪金，除留极小部分作自己零用外，余皆邮汇佩玉；常熟老家，则因积存多年汇款，无复需要，遵嘱不复另汇。

一九三九年三月，予应张秘书长岳公之邀，由滇飞渝，担任甫经成立之国防最高委员会参事。此后常熟双亲及北平佩玉来信，均由居住歌乐山之友好吴文藻、谢婉莹（冰心）兄嫂收转。重庆为战时首都，特别遭受敌机之日夜轰炸。佩玉见到报载，自感不安；予却去函安慰。翌年秋季，予请数月长假，万里探亲。先自重庆飞香港，再由香港乘轮到上海，居住内兄陆梅僧家中。佩玉偕同一女三儿，由北平至天津，搭乘轮船抵沪，在愚园路某弄堂内，租得楼上公寓（三间房屋）。予独自一人，冒险乘坐公共汽车，由上海回到常熟，拜谒双亲，小住五晚。旋返沪滨，商量决定佩玉携儿女回到常熟陪侍翁姑，予则只身返重庆。兹录赋诗两律。其一，"回里拜见双亲五日拜别"："只身万里冒艰危，欢拜双亲愁别离。名位区微甘唾掷，江山摇撼愿扶持。合家骨肉平安庆，到处烽烟离乱悲。儿去媳妇代侍养，天恩祖德两无疑。"其二，"沪滨与佩玉暨诸儿女聚而复别"："湘滇独赴复飞川，异地相思缱绻怜。沪渎聚欢转喜悦，乾坤混沌待回旋。匡扶邦国愧才绌，侍养翁姑感慧贤。卿去虞山吾返蜀，夕阳西落会团圆。"

美国参加第二次欧战以后，东西两场战争合而为一，称第二次世界大战，全球局面因而大变。一九四四年八月，予奉命参加华府举行之顿巴顿橡树园会议，亦即筹草联合国宪章草案会议，自重庆乘坐美军飞机，抵达美国。十月中旬得到重庆来电，嘱予留驻华京，继续研究战后集体安全机构。翌年春季，美、英、苏、中四强发动之"金山会议"，在美国加州举行，议订联合国宪章，予又奉命参加吾国之代表团。是年九月始飞回重庆。其时我对日抗战，早获胜利。在旅美期间，家中来往函件仍由文藻、婉莹转递。

回渝不久，予转任行政院善后救济总署副署长，协助署长（蒋）廷黻。中央政府各部会署，机构繁多，轮舟与飞机不多，故还都陆续，殊费时日。予乃函电佩玉，由沪飞渝，与予团聚。公余有暇，辄同游附近名胜。一九四六年五月初，予始偕佩玉飞抵南京，及时参加吾政府于五月五日在中山陵举行之隆重胜利还都典礼。

尽职家庭、服务社会：忆述吾妻陆佩玉（冶余）

作者全家合影，前排为浦薛凤伉俪，后排左起依次为：（浦）大祥、丽琳、大昌、大邦

四、胜利还都台瀛服务

予偕佩玉飞回南京，重新享受"江南春"之风光与美景。参加胜利还都典礼后不久，予偕佩玉，回到家乡常熟，迎接老母至南京颐和路五号官邸；儿女大昌、丽琳、大邦及大祥，亦先后前来。久别重逢，倍觉全家团聚之快乐。所不幸者，家君雪珊公，早在一九四二年八月十二日辞世，享年七十有七。旋"行总"改组，予应聘中央大学执教，只因张岳公组阁，坚邀襄助，遂转任行政院副秘书长。翌年，政院改组，予鉴于通货膨胀，时局不宁，民心丕变，乃毅然婉谢其它职位，而接受魏主席伯聪先生之电邀，担任台湾省政府秘书长。

音容宛在

佩玉对予重返仕途，实不喜欢。予由宁赴沪，在南京车站送行之亲友不亚三十人，有见佩玉面带愁容，眼有泪痕，私问何故；予答以并无它意，只是不赞成我重作冯妇。事后证明，幸而我全家早到台瀛！不第如此，到达台北以后，佩玉无意之中，表现其服务社会、报效国家之热心与才华。计予在台湾，从政执教共十五寒暑，盖连任魏道明、陈诚、吴国桢与俞鸿钧四位主席之秘书长六年，后又出任梅校长月涵（贻琦）师兼任"教育部长"时之"政务次长"三年，另又先后担任政治大学教务长、政治研究所主任及教授，共有六载。在此十五寒暑之中，吾妻佩玉确实另有其助人服务之天地。予任省府秘书长时，住在南京西路十二号官邸，房屋宽敞，园林幽雅，且一进铁栏大门左侧另有"麻雀虽小，五脏俱全"之寓所一幢。六年中来台亲友好几家曾先后住入；佩玉均尽力招待。

台湾省妇女会之主任委员，原由魏主席夫人郑毓秀博士担任。予偕佩玉到台不久，郑博士力嘱佩玉代伊继任，佩玉固辞不获，勉强应允。后来由省妇女会改为台北市妇女会，再后则因蒋宋美龄夫人创办主持中华妇女联合会，台北市妇女会遂改称为台北市妇联分会。名义虽屡改易，成员与活动，大抵一贯如旧。会址系在中山堂对面；除几间办公室，与可作讲堂或会议厅一大间外，复有妇女宿舍若干间。佩玉系台北分会主任委员，同时兼任"全国妇联总会"常务委员；每日上下午，按时必到分会办公。就予记忆所及，当时经常前往分会，共同办公者，计有下列，或系委员或称组长，或称干事：谈代表（"国大"代表）社英、胡代表魁生、吕锦花女士（陈尚文夫人）、钟贤瀞女士（李万居夫人）、潘毓萱女士（朱虚白夫人）、吕润碧（刘长宁夫人）、汤丽华女士。当时最初服务活动，似为设立各种补习班，对于妇女有不平之事，或有急需，到会中请求零星援助者，设法予以援助。犹忆好几位公务员住所，发生问题，有前往恳乞解决者，佩玉许多次亲往台北市政府主管处所，代为疏通，时或亲与市长商量，圆满解决。佩玉助人之精神，于此可见一斑。

其后，台北市妇联分会办得有声有色，声名昭著，好多年台北各报纸，时常登载新闻消息者，莫若一年四季，大大小小的四处劳军活动。劳军经费系由主委及委员们经常分别向大公司大行号随时募捐，按期公开报告捐款来源及款额。犹忆佩玉曾亲向盛世才先生募捐，伊筹思良久，始允捐助旧地毯一块，佩玉收下，由会中职员拍卖得款。当时报纸曾载此新闻。

首次台湾民间团体代表，亲往金门，携带慰劳物品者，当推台北市妇联分会。兹节录"中央社讯"登载一九五二年五月廿二日台湾各报之新闻如下："由中华妇联会台北市分会主任委员浦陆佩玉女士率领的端阳节劳军团，将于端节前赶往金门前线，慰劳官兵。该团赠送金门官兵的慰劳品，定于廿二日以专轮装运金门，将在端节以前分赠将士。慰劳品包括香烟、火柴、茶叶、肥皂、酱菜、军便服、针线包、足球、篮球、铺板、毛巾、背心、练习簿、杂志等项。……"慰劳团团员曾有多项娱乐表演。佩玉亲自擫笛及唱戏（老生），傍有拍昆曲，拉胡琴；留有照片。此次乘军用飞机前往金门慰劳，回程时适遇大风，飞机震荡颇甚，几位女代表不见惊惶哭泣，佩玉曾大声祷告，劝大家镇静。

正因为历年劳军成绩经军友社向上层逐级报告，佩玉以其主任委员身份曾于一九五九年五月得到王叔铭参谋总长赠送之"爱国敬军"银框一座，同时，台北市妇联分会曾得到蒋"总统"颁发之"陆海空军褒状"。当时各报刊载新闻与照相。

佩玉又曾当选为台湾省临时省议会议员，且为当时——唯一无二外省籍贯的代表。时在一九五一年十一月廿五日。任期两年。期满时，台北公论报载有关于佩玉一篇报导，节录如下："浦陆议员因出身师范学校，又在教育界服务多年，所以当选省议员后，都注重教育方面的提案和询问。第一次大会时，她就提出：加强各级学校德育之训导与奖励案。……因为这一案的提出，省教育厅通令各学校组织校外生活指导委员会，学校风气为之转变。第二次大会时，浦陆佩玉更具体提出高中学生应自第二年起分文理两科课程案……第四次大会她认为对私立学校应增加补助。"新闻评论六十五期（一九五四年一月）载有一文，题为"府会之间的桥梁之——浦陆佩玉"。大旨是说：我是省府秘书长，她是省议员，文中赞我"赋性廉洁，才能连续襄赞四位主席……而被称为不倒翁"。此外，佩玉又曾主持复兴幼儿园，以及担任复兴小学之董事长，两校之校长为方志平女士。对于台北之幼小教育不无相当贡献。

至于对于私人之补助，佩玉量力所及，不一而足。在予日记中载记甚详。或则赋诗道谢，或则专函表感。流行训语有之："助人为快乐之本"，佩玉与我，确曾因为愿能助人而且略能助人，内心感觉愉快。

关于出洋留学，依照当时"教育部"规定，凡高中毕业，获得国外大学四年奖学金，而经部办考试及格者，均得留学海外。因此之故，吾俩四位儿女，大昌与丽琳（均于一九五〇年），大邦（一九五三年）及大祥（一九五六年）均得分别留学美国，大昌不幸，于一九五四年一月廿三日晚（时在普渡大学读书）乘坐华籍同学汽车，竟罹车祸。兰摧玉折，伤痛曷极！

五、伴我讲学　旅美游欧

一九六二年秋，予应聘赴美讲学，本以一学年为期。予以偕眷参加在伦敦举行之世界国际法学会之名义，始得援例申请夫妇一同出国之护照。上学期在印州之汉诺佛学院；下学期在康州之桥港大学。不料桥港大学于予授课不到一月，竟敦请长期留住，由客座教授改聘为"卓越教授"。

因此，桥港大学为吾俩申请，获得"绿卡"。当时旅美之儿、女、媳、婿——女丽琳，婿（杨）超凡，儿大邦（尚未结婚），大祥，媳（张）立讷——闻讯之余，欢欣之至，盖虽远近散处，从此尽可时常会聚。

佩玉初到美国，诸需适应。例如：用英文讲话；每日三餐须自己料理，购置食品，洗烘衣件，有时不论阴晴风雪，需推手车往返，等等。但不久即皆习惯。予之美籍同事夫人，甚多自动乐助。汉诺佛学院校长、教务长及同仁好几对夫妇，时有酬应。

由汉诺佛到桥港，系邦儿自加州开车来寓，然后风雪载途，驰驶东岸，沿途访问亲友。一到桥港大学，即遇张庆齐与张向若，以及钮因迈与高漱芳两对夫妇，照拂甚多，桥港到纽约，只有火车一小时又半之距离，来往迅便。大邦与（包）以敏于一九六三年九月七日在纽约结婚。此后，吾俩与同住纽约之包可永、蔡蔼存，及张海平、管芝瑞两对亲家兄嫂，时常来往。一九六四年夏，祥儿讷媳，轮流驾车，陪侍吾俩畅游黄石公园与大峡谷。其后，祥儿全家移居芝加哥，每年暑假或寒假，必前往小住与出游。

一九六八年夏，吾俩回国访问亲友，住外甥、媳——徐振源、钱玮文家中，计三阅月。承李建兴先生好意，坚持将其德制汽车连同司机，借我晨夕应用。台北夏季湿热，出入有此汽车，自甚舒适。九十天中，亲友、故旧、门生，酬应盘桓，殊无虚日。

年届七秩，照一般大学规定，必须退休。圣若望大学无此限制，聘予继续执教，时在一九七一年夏。予乘此暑假机会，偕同佩玉参加欧洲游览团。计到英、丹、荷、德、瑞士、奥、义、法八国，若连瑞典边城及另一世界最小国家计入则共游十国京都与附近名胜。此次偕游欧洲，了一心愿。在予为旧游之地，在佩玉则系首次观光。

在纽约圣若望大学亚洲研究中心讲学时，吾俩寓所，距沈有乾、周湄云及薛光前、董传全两对兄嫂住家极近，尽可缓步往返，所以时相过从。张亲家母及其两妹所租公寓以及黄日光、伍志文住所较远，但乘地道车往返，亦殊迅速。一九七三年夏，佩玉不适，发现肠瘤，入医院割治。翌年九月，徇琳女之恳请，吾俩移住西岸洛杉矶。佩玉曾著《相夫教子鸿爪雪泥》一文，曾分别登载"我们的故乡宜兴"专册及"传记文学"廿七卷六期。

六、移居西岸　病魔纠缠

予在东岸执教十二年中，每次到华府及它处演讲或参与学术会议时，总偕佩玉同往；及移居西岸，不知不觉中停止此项活动。洛杉矶一带，旧友绝少。在予固仍照旧撰写文稿，诌占诗句，在佩玉方面，生活殊较单调。吾俩儿女媳婿都在大学中分别担任教授或从事专门工作。琳女与邦儿均在附近；只有祥儿居住东岸，但每年至少前来西岸省亲一次。

吾俩租住之公寓，在洛县之南巴睢婷娜市菊丛大道，地段幽静，环境清洁，惟搭乘巴士，略有距离。每值周末，琳女超婿偕外孙女凌丹，或邦儿讷媳携娣珊、娣安两孙前来陪侍，出外用膳。由婿媳儿女陪同，时或前往墨西哥边市游览，偶尔有兴，同到环球知名之赌城盘桓。一般生活，甚觉愉快。每逢马戏团或杰出之滑冰表演，辄约外孙女与两孙女等同往欣赏。

所不幸者，病魔纠缠，与时俱进。一九七三年曾在纽约割治之肠瘤，实系癌症。病虽痊愈，佩玉总觉胁下不时发酸。来西岸后，仍然有此现象；一九七五年春，发酸次数增加，并时觉微痛。十一月中旬，由癌症专家用验血、照肠检查，亦无所得。至一九七六年八月，另请癌科名医师使用镜窥方法，侦察肝部，遂发现团块，认系肝癌；但谓年高不宜割治或电疗，而化学药品治疗则至多阻止恶化，不能根绝，同时副作用甚多，感觉受苦或不如听任自然，以享余年，如愿运用化学治疗，则应当告诉病人，由其自己决定。当时予与儿女仔细商量，诚恐明白告知，反生心理刺激而加重病况，是以踌躇莫决。一九七七年二月初，佩玉左右胁下酸痛次数加增，又另请一位有名专医，仔细侦察，同意不必明告佩玉，开始施用化药治疗。果然副作用渐次发现，例如落发、减食、疲劳、水肿、泻肚、口腔内生长白点。佩玉又曾在卧室内仆地，病况更增剧。此一漫长时期，往返诊治，均由超凡婿开车服侍。六月初起，小便次数特多，每隔三分或五分钟即须小解，昼夜如此。邦儿曾购置一架医院专用，可以摇动曲折三段之钢丝床，置于客厅，予则坐卧于旁侧之帆布床上，俾易照料。后曾雇请一位女生，每天下午协助照料四小时。琳女每天下班后，来寓服侍。邦儿敏媳周末必来，祥儿与讷媳亦曾分别自东岸飞来。佩玉终以体弱不支，卒于一九七七年九月三日下午三时病逝医院中。所堪安慰者，佩玉虽患肝癌，却未感觉痛楚。是夜予未能成眠，日记本上"天将黎明时写"，有"惧吾伤心，卿终忍泪！思卿痛哭，吾欲断肠！"

丧礼于九月十日下午一时半，在格伦德尔市林草纪念墓园内"退引"教堂内举行，亲友群集，由张继忠牧师主持，请钱蔡镇华女士报告佩玉生平，旋即举行火葬。墓园广大，幽静无比。佩玉之骨灰安息匣，安置于墓园内"自由庭"之大理石厅堂中。台北方面，陆氏姻亲得生、元琦与锦标三位连同政大政研所毕业诸同学，曾于九月十八在十普寺诵经追悼；前往致奠者约二百位。予曾索得名单，自美寄笺，一一道谢。

回忆佩玉神情爽朗，击音响亮，每逢交际酬应，动辄谈笑风生。其难能而可贵者，端在两项。以言内：佩玉孝侍翁姑，训育儿女；勤俭持家，和睦亲族。以言外：佩玉服务社会，劳军助人；选登议坛，论辩公正。数载以前，政治大学政研所及门弟子多位，今皆知名于政教两界，原拟为予八秩祝寿而撰写论文专集，另为纪念浦陆佩玉师母而合著个别回忆；秘密进行甚久，不使予知。最后，予获消息，力主"本百无禁忌之精神，合幽明一体之信仰""认为与其分别付梓，不如合并刊行"，并以"祝嘏与慕思"作为总名。最后，商务印书馆王董事长云五先生决定：印赠本人与执笔同学《祝嘏与慕思》各一百册，俾各分赠亲友，另由商务印书馆出版《政治论文集》，扉页另行标明"谨以本书恭祝浦薛凤教授八秩华诞"。在"慕思"各篇诗文中，可见政大当日门生如邱创焕、陈水逢、朱坚章、徐有守、周道济、马起华、雷飞龙等十八位，对于浦师母之如何敬佩与怀思。

浦大昌
(1930—1954)

浦薛凤长子，出生于北京。1954年留学美国期间遇车祸身亡。

不可思议之心灵预感经验：追念长儿大昌

"灵学"与"心灵力量"

"道通天地有形外，思入风云变幻中"。宋程明道先生此联诗句，予最喜爱。自知书法浅陋，但常有亲友索书，曾多次以此联写赠。大抵宇宙间种切人物现象，无一不有其原理，亦即无一不有其道。就各项所谓迷信而言，殆亦各有其道。

数十年来西方盛行一种研究。称作"超心理学"（Parapsychology）亦有译为"灵学"。予对于此项研究发生兴趣，系在抗战时期陪都重庆，深受王院长亮畴（宠惠）先生之影响。伊喜读此项书籍，家藏甚多，予曾一一借阅。一九四四年八月予因公飞美，翌年十月始飞返重庆。旅美期间又广览超心理学书册杂志。计至一九五二年底，大抵所读，此类著作逾一百多本。

此外，予所具之心灵力量（所谓Psychic power）恐较常人为高。根据超心理学家或灵学家之反复测验，每人具有若干心灵力量，但或高或低，程度不一，即就同一人而言，亦有其高低不同时期。予自清华执教时起即喜玩桥牌，故手边常有纸牌几副，到台北后亦复如是，每值饭后茶余，辄与诸儿女作一种猜牌之试验游戏。其步骤方法有如下述。先由予洗牌，次由任何儿女切牌之后，复叠置桌上，然后予乃紧闭双目，突然掀翻一张，朝向对坐之儿女，依次试作颜色、类别与数字三项猜测。颜色只有红白两种，猜准猜错，机会各半。红色只有红心与方块之别，黑色亦仅分黑桃或黑梅。关于颜色与类别，予猜准次数约在百分之七十至八十。第三关猜测数字，因自幺点到老K共有十三个，自最难猜中，但不知如何，偶而猜对，为数亦不在少。在台北某一晚上，恰好有六七位友好到予所住南京西路十二号（省政府官邸）盘桓。座中吴志廉兄（时任"司法院"会计长）忽然心血来潮，当众宣称："逖生猜牌本事高强，不妨表现一番。"既经诸友怂恿之后，予亦不得拒绝，但强调声明：此系游戏试验，毫无秘诀，惟根据经验，绝对不能思索考虑，不论颜色、类别或数字，首先想到什么，就立刻猜是什么。是晚，接二连三，计共三次，竟然将颜色、类别及数字，完全猜对，连我自己觉得毛骨悚然！以统计而论，连续九次猜中（尤其是三次数字），恐是几百万分之一机会。予今日追记此一琐事奇迹，只是表示予之"心灵力量"大抵超过常人。美国杜克大学（Duke University）超心理学专家莱茵博士（Dr. J. B. Rhine）曾测验几万人之心理力量，其方法即用扑克牌数百张令人猜测其颜色与类别，每人反复数十次，视其平均准错次数分别判定其心理力量之高低。

予写此文，主旨有二：一为表示人世间确有不可思议之心灵预感；愿就个人经验率直记录，以供研究参考。二为纪念长儿大昌，伊留美三载，辛勤攻读，不幸兰摧玉折，有志未酬，佩玉与予，舐犊情深，终身引为遗憾。将近三十年来，屡欲握管记述，所以迟迟未果者，要因丧明之痛，不愿多提，而凶祥预感，斥谓迷信，解作偶合，信为真实，均无不可。

出事前的特别感应

自一九五三年十一月中旬起以至一九五四年一月，足足两月有余，不知何故，白昼夜晚，只要不在办公，不在思索，予之脑际即盘旋着形形色色的各种车祸（汽车出事）景象；愈想排除，愈受袭击。予又不愿告知吾妻佩玉，诚恐引起不必要之疑惧。犹忆有一次佩玉因公赴基隆，临行时予特别叮嘱陈司机，开车务必谨慎。陈司机笑称："秘书长，请放心，我一向谨慎，今天又不下雨。"直到薄暮佩玉回家予始心安。由此可见予当时确实遭受心理预感之威胁。

一九五四年一月廿四日（星期天），亦即在接到吾女丽琳自美长途电话禀告大昌噩耗之前一日，更有一项不可思议之心理预感经验。迄今回忆，犹有遗悸。是日午后三时参加富律师钢侯兄为其先太夫人举行之追思会（在贵阳街中信局礼堂），四时赴中山堂杨克天先生之女儿出嫁婚礼。佩玉另有应酬，故两处均由予单独前往。在午后三时追思会中，陈维屏老牧师一再强调基督徒上往天堂，乃是一桩可喜可贺之事，不应视作悲伤。予听聆之下，不禁默自思忖：此固与庄子齐死生之论类似，但人孰无情，万一自己骨肉——以吾昌儿为例——倘若突然发生车祸意外，自必悲痛万分。一念至此，不觉泪珠潸潸。时王亮畴夫人朱学勤女士适坐傍座，见我取巾拭泪，遂低声相问，"浦秘书长，你怎样？"此系千真万确之刹那转念，真是不可思议！

翌晨（即一九五四年一月廿五日晨）七时，予已起身，闻电话铃响，邱副官仲书报告，系自美国打来长途电话，予不期然而然地立即感觉不妙。果然，琳琳以颤泣音声，谓大哥（大昌）已于（美国时间）一月廿三日（星期六）晚上，搭乘一位中国同学之汽车遭祸，当场罹难。予闻此

音容宛在

恶耗，诚如日记所载："真如晴天霹雳，悲痛欲绝。"佩玉闻之自然号啕大哭。吾俩心情之悲痛当可想象。

计昌儿罹难，系在美国时间一月廿三日晚，亦即系台北时间一月廿四日中午左右。故予在廿四日下午三时富府追思会中忽然发生奇怪不祥之转念，实在昌儿已曾遭遇车祸之后。予遂以最近两月有余之心灵预感——车祸——与前一日在富家追思会中奇怪之不祥设想，以及前年梦见白驹绕驰三匝忽而随风化骨升天之景状，告知佩玉。前此约一年，予曾做过一梦，醒来天未破晓，颇觉疲倦，好像做梦极费精神，而且预感着此梦不吉。兹述梦境所见。予立草场之中，一匹白驹，绕驰三匝，忽然阵风起处，白驹蓦地腾空，仍再绕驰一周，但是倏忽之间，无复皮毛血肉，只剩骨格架，随风升天，化为乌有，醒来顿悟大昌属马，何故有此梦境。思之又思之，不愿告知佩玉。今乃追忆前梦，亦据实相告。佩玉闻后，责我当初不应隐瞒，早宜说破，或可逢凶化吉。恶耗传来，当日即遍闻台北。连日蒙尊长亲友，政界同仁，或则亲临劝解，或则函电唁慰。有一位原属美籍之戴师母（Mrs. Twinnem，曾任蒋夫人之秘书多年）来至南京西路十二号官邸，满面笑容，大声道贺，谓大昌上归天堂乃是喜事，不应悲伤。予与佩玉不禁瞠目结舌，不知如何措词回答。此殆一种矫枉过正之立场。

约一周后，陆续收读琳女及亲友来信，始知是晚（一九五四年一月廿三日）昌儿因大考甫毕，结伴搭坐友人新车，原拟聚餐并进城观赏电影，作为消遣，不幸车主驾驶经验不多，技术欠佳，加之晚饭后天黑路滑，竟撞在一辆装载钢铁之卡车后面。当场罹难者有浦大昌、高承仁（系高信兄之公子）及曾傅两君，另有一位白先德（系白崇禧先生之公子）则重伤获救。兹将琳女及几位亲友之来信择要记录于后。

昌儿遗物中的谶语

琳女来信曾云"哥哥出事之晚，一无预感"，是晚学完提琴后，去一美国女同学家晚饭。"翌午十二时许，接邦邦长途电话，始知恶耗，当时六神无主，不知如何是好。""是晚（一月廿四日）打了电话给您们后，立刻定了机票，整理行李。"廿五日晨"由提琴师的太太驾车送至飞机场'新罕布什尔州之曼彻斯特城'，因天气恶劣，不能前往目的地降落，乃改降于芝加哥，在芝加哥火车站等候少许时候，进入车厢，刚欲坐下，突见邦邦亦在车中（邦邦系自明尼苏达州圣堡耳城来此）。当晚住在詹家"。"朱舅母亦于是晚抵达那边。"

二月五日琳女回到校中所写家信有此一段："去哥哥房中归理东西时，看到哥哥书桌前贴着这一页祈祷歌词，我取了下来，现在寄给您们保存。……哥哥的一切美德将闪着光辉，抚慰你们。很多认得哥哥的人都叹着说，哥哥是'too good and pure for this world'。"这张印就的祈祷歌词背面写着几行英文，意为"浦大昌惠存。劳登（Olive Lawton）送赠。北卡州，脊顶（Ridgecrest, N. C）一九五三年四月四日"。分明是在普渡大学读书时之美国朋友所赠。兹将此诗意译如下：

愿上帝在予头脑中，
同时也在予了解中；
愿上帝在予眼目中，
同时也在予顾盼中；
愿上帝在予口舌中，
同时也在予说话中；
愿上帝在予心怀中，

同时也在予思想中；

愿上帝在予终结中，

同时也在予离去中。

末两句"愿上帝在予终结中，同时也在予离去中"。显然是不吉利之兆。劳登少年，何故以此种赞美歌词相赠？昌儿也太天真，何故以此张歌词粘贴书桌封面墙上？车祸之后，见者莫不震惊悲痛。

亲友故人唁慰言事

当时在普渡大学担任交换教授之倪超博士曾有航简致予，称呼甚太客气。兹将原文附录如下：

> 薛凤秘书长讲座道席：此次普渡大学中国同学不幸发生意外之车祸，大昌兄不幸罹难，至为悲痛。超系阳明山十九期研究员，台南工学院土木系主任，去年八月因与普大交换教授而来美。到普大以后，在土木系工作，朝夕与大昌兄相遇。他是非常用功的一位同学，教授与同学均称赞而爱护。上学期考完，亦为学期结束，正是星期六。学生生活，考完后往往精神要松快一些，晚饭是几位中国同学在一起吃好，饭后乘车出游，未料遇着一辆拖载钢铁之大货车在前，又为下坡路，后面小汽车转超不及，致与前面货车相撞，而意外之事亦由此发生，这也是命也运也，非人力之可挽回。当时夜间虽闻广播，而姓名不知。第二日早，学校即与超等在普渡担任教授数人，同学数人，再加之超等在此交换教授数人，共同商议善后，先行电话通知各生在美亲属，随即驱车至出事地点，及殡仪馆视察。第三日大昌之妹（丽琳）与弟（大邦）赶

来，已奉亲命，嘱即火葬。第四日与殡仪馆洽商，第五日举行祭奠，当即火葬。另外高、曾二同学遗体亦均分别由其亲戚或亲属领去安葬。中国同学会特为三同学开会追悼。此地教授与同学无不对此事表示特别悲悼。尤其大昌兄给予此地之教授与同学所留印象太深。惟事已至此，亦无办法，请先生勿过伤感，珍重福躬。专肃敬致唁慰，恭请教安。受业倪超拜上。一九五四年，二月五日。

予得信后曾专函复谢。

陈恭藩兄是予清华学校之学长，其夫人施文耀女士与佩玉时相过从，成为好友，并为昌儿之干妈。其来信唁慰，有如下述：

遯生兄嫂：恶耗传来，心神为惊。前些日子，大昌曾来信谓今夏可能来西岸，私衷为之欣慰，谁知竟成谶语。信内又附五彩照三张，观彼面部丰满，神情自若，即与小女谓'大昌似乎长得高而胖'。孰料此数帧照片即为彼之遗影。怎能令人不伤心，更不知用何言词来安慰你俩，并安慰我自己。彼之逝世是我心灵中一大悲痛，而你俩的悲哀，更不言可喻！惟死者已矣，生者宜格外节哀为要。我恨不能插翅前来相慰，无如条件手续太多，不克如愿为憾。今晚八点三刻接令嫒电报后，即打电话到两家航空公司讯问起飞时刻。据云因气候恶劣（下雪）今晚不飞。故即打一电报请令嫒打电话来。不到一小时即闻令嫒声音，谓普渡大学教授与同学等热诚帮办丧事，另有一位朱舅母亦由费城赶到，故不需我前去，何时大殓须待明日决定。兹定于明晨往银行电汇令嫒丽琳百元，作为我送大昌最后一份礼，并请她代购鲜花供祭灵前……心烦意乱，书不成文，尚祈鉴谅是幸。文耀草书廿五夜十二时

勾划赞美诗中文句

朱友渔主教是予之姻亲，因佩玉胞兄（陆）梅僧（清华学校庚申级即一九二〇年毕业留美）娶朱主教之胞妹兰贞。友渔老大哥及其夫人（Carrie）曾先后分别来函唁慰。因大昌丽琳与大邦曾应邀到过朱舅舅及朱舅妈家中住过，故极熟悉。此次分别来函曾夸赞昌儿之品德。朱舅妈除提到上述诗词外，又曾发现昌儿曾在其自己圣经赞美诗篇第廿三篇及一百篇特别用笔标记出来。按第廿三篇中有此一段："我虽然行过死阴的幽谷，也不怕遭害，因为你与我同在。你的杖，你的竿，都安慰我。"第一百篇则有赞美耶和华词句如下："当称谢进入他的门，当赞美进入他的院，当感谢他，称颂他的名。"

一月廿五日朱主教友渔姻兄所寄打字英文邮简，意译如下："亲爱的逖生兄与佩玉妹：昨晚吾俩接得令嫒丽琳长途电话，惊悉大昌不幸突罹车祸，但详情未知，特此驰函唁慰。对于你俩之莫大伤痛与悲哀，吾俩实亦共同分担。大昌乃是一位具意志且怀抱负之少年，聪颖活泼，乐于服务，前途原属无量。去年九月间，大昌、丽琳与大邦，兄、妹、弟三位曾应邀来舍小住盘桓，吾俩对于大昌之印象，良好深刻，历历如在目前，不信竟尔遭遇意外，兰摧玉折，内人凯莉（Carrie）已于今晨飞往（印州省会）印第安纳波里，转赴普渡大学，参加丧礼，并对于丽琳与大邦，至少总有若干协助。他俩离家旅外，吾俩视若自己儿女。予因职务关系不克偕往，予妻亦代表予自己。伊到达拉法埃脱（普渡大学所在城市）后，当将情形专函奉告。愿上帝安慰你俩之心怀！谨此问候并问大祥好。友渔谨启。"（此信发自宾州之阿勃銮市。607 Hartranft.,Ave,Ambler,Pa,USA）

赴美留学前的回忆

大昌到台北，高中毕业后曾往台南工学院（即今成功大学之前身）肄业。一九五〇年夏，丽琳于台北一女中毕业。当时政府决定凡高中毕业生而已得到美国大学或学院四年奖学金者可报名参加"教育部"举行之留学考试，一经及格可准赴美读书。昌儿琳女幸蒙毛神父振翔博士帮助，设法获得两校奖学金，遂分别报名投考。八月十九日予之日记有此一段："教部正式通知，昌与琳已经考取；但到'教育部'则云暂缓办理手续。证实外间所传高级官员子弟考取奖学金留学，尚有问题。"不到一周，问题解决，但一切手续甚费时间。丽琳本拟坐轮船至香港，旋因由港驶美之戈登轮提早启碇，送于十月十二日改乘飞机赴香港，并曾电请在港之清华级友（王）群伯（吴）美英兄嫂照料。是日"早晨八时，同佩玉亲送琳琳至飞机场，同行者有卓、胡、向三位小姐，均系同样奖学金考取留美。送行者甚多。……九时正，民航机起飞。临别时琳琳及向小姐均不觉流泪，盖年轻出远门不禁惜别。佩玉亦情不自禁顿觉黯然。予谓儿女长大。各有前途，加以安慰"。

次日（亦即十月十三日）午饭后，偕同佩玉亲送昌儿赴基隆，登安利轮。省府交际科钟科长陪往。送行者有胡代表魁生女士、冯绍素女士、（陆）丽华、（孙）光裕、（蒋）大珍夫妇、（陆）得生、（曹）振鋆、（萧）品超、（谢）咏絮夫妇、谢郑葆真（谢惠夫人）、（蒋）友林，以及大昌同学约十人。二时抵达基隆，三时上船，见船长，知赴美国加州洛杉矶之长堤市。原定今日五时启碇，知因上货改于明晨开行，乃于六时许与昌儿话别。十四日上午得悉安利轮又改于午后五时起航，遂偕佩玉携大邦大祥两儿再往基隆。安利轮系八千吨货船，所备客舱可容十二人。大昌与徐仁安君（一位修士）及金斌君三人同一房舱，舱内有浴盆及抽水马

音容宛在

子。同行者有美籍教士多人，佩玉请其照料指导。其实，安利轮迟至十月十五日晨始离基隆。

安利轮开行十七天，于十一月一日到达美国加州之长堤市。江总领事易生兄偕同林副领事亲自开车相接，招待大昌并略事游览。翌日复蒙送到洛杉矶车站。中途须在芝加哥换车。直到第三天清晨七时半始安抵维兰诺服学院。此系大昌抵校后在十一月二日所写第一封家禀航空邮简。第二次信是同月九日所发两封邮简，蝇头小楷，写得密密层层。报告种切详细情形。昌儿通信处为该校邮箱五十六号。

三年的苦读与生活

综计昌儿留美，实足三载又三个月（即自一九五〇年十一月以迄一九五四年一月）。因为只有获得奖学金之高中毕业生始能报考留美，因为毛神父辛苦努力接洽得到从而分配给与国内高中毕业之男女生奖学金，均系私立之教会学院，大抵规模较小之天主教会学院。而且必须每星期工作若干小时，故大昌初到，感觉不甚习惯。予则囿于经济力量，无法为昌儿另觅转校之出路。因此之故，在昌儿最后选入印第安纳州有名之普渡大学以前，曾先后在两个私立教育学院工读攻习，即宾州之维兰诺佛学院（Villanova College, Villanova, Pa.）与惠莱特学院（Wayland College, Plainview Texas）。兹分别扼要叙述。

昌儿初到美邦，校中虽有几位中国同学，总觉人地生疏，思家心切。对于西餐亦不欣赏。最感麻烦困难者，莫若英文程度不够应用。听讲笔记甚至阅读课本与参考书籍，均甚吃力。予乃嘱可写简单英文家信，以资练习，予亦得机测知其进步程度。大学一年级有若干必修与选修学分，只因英文关系，深觉负担殊重，但努力奋斗，勇气十足。来信曾提及大一数学殊甚浅易。予曾定寄《中央日报》按期寄去，俾知国内情形。

是年感恩节，大昌曾经由费城前往纽约，住青年会，曾遇祝绍周与盛世才两先生之公子。圣诞节假期承同学萨苏君（Paul Sasso）邀往纽约家中小住，其父母招待甚周到，屡曾开车接送大昌，大昌曾以绣花一幅赠送其母。其时丽琳亦到纽约度假，住（卓）源来小姐之哥哥牟来（予清华学生）家中。故大昌与丽琳先后承蒋廷黻伯伯与张平群伯母（康彰女士，亦即黛莉萨）之邀请，前往午饭，张伯母并曾偕观看电影。假期结束前昌儿与琳女分别返校。一九五一年一月廿七日承李苞均（干）伯伯与伯母（黄孝贞女士）亲往维兰诺佛访晤，并偕往费城游览。第二学期所选读功课计有十七学分，每周上堂廿一小时，殊甚忙碌。

陈恭藩（清华同学，高予一班）太太即施文耀女士系昌儿之干妈。时住加州之奥克兰市，坚嘱暑假期中前往居住，并乘便报名暑期学校，专修英文，俾有长足进步，同时考虑秋季容霓是否回到原校肄业，抑另转校。予与佩玉仔细商量，赞成此项计划。以故，昌儿遂于六月四日晚搭乘灰狗长途汽车，经芝加哥等地，屡次换车，终于六月八日上午十点钟到达奥克兰市。暑假上课，每周五天集中学习英文，进步自速。至于秋季转学，初曾考虑西雅图市之华盛顿大学，予曾与在校讲学之萧公权兄往返通信商量。终则因贪图奖学金，决定嘱大昌转往德州平景市之惠莱特学院（Wayland College, Hainview, Texas）。此因院长马绍尔（Dr. Marshall）到台北访问时，予曾接洽，蒙允奖学金。

大昌九月五日晚八时自金山动身，翌晨抵洛杉矶，换车东行，九月七日清晨到达平景市，旋往惠莱特学院报到。城区甚小，居民仅一万多名。学院规模不大，中国学生亦只三四人，其中一位陈耳君原系台湾大学助教，年龄较长，对大昌极为友善。但所谓奖学金，系以工作交换。例如前往附近乡镇讲演，报导台湾状况，亦可作为工作时间。大昌系派在学院总务处办理杂务，得些经验虽亦有益，但对于上课及自修不无影响。予屡接昌儿家禀，知对此次转校不甚满意。乃恳切去函安慰并表示决心，下一学年可由其自己选择一个以工程学科著名之大学，不再以奖学金为条件。第二学期陈耳君转往普渡大学深造，其各工程学系，驰名美国。接洽结果，大昌获得普渡大学之转学许可书，并承认其在两校所修之廿九学分，时在五月下旬，速决定一俟学年结束，即前往普渡入暑期学校选读土木工程。昌儿在惠莱特学院时曾遗失手表，又发现其储存地下室之铁箱中被窃去绣花数幅、檀香木扇子、拖鞋、手套等件，感觉不愉快，佩玉曾驰书安慰。

勤劳节俭　志行纯长

一九五二年五月三十日，大昌由德州启程，经一日又半，抵达印第安纳州之西拉法埃脱城市。经陈耳君陪同，住入格兰特南街一五八号(158 S. Grant St., West Lafayette, Indiana）。月租美金二十元，其后房东太太要加成每月廿五元，适陈耳君之太太钟世铭女士将由台北赴美，陈君将迁入楼上房间，其原住楼下一间，可由大昌搬入，月租仍是二十元。所以昌儿于九月初迁住同街之二一八号。华寿嵩兄之公子亦住在此处。普渡大学暑期学校系于六月九日开始，选课上课一切顺利。昌儿自转入普渡以后，精神愉快。攻读益加发奋。因为转学普渡所需学费等等增加，予与佩玉曾先后将款项恳托（蒋）廷黻与（李）芑均（干）代为保管，由昌儿于需要时函请蒋伯伯或李伯伯写支票汇寄。约一年后，知昌儿种切熟悉乃将存款转至伊处，省却麻烦。

昌儿在普渡大学修读土木工程，除上课外，朝夕在图书馆阅读用功，学业方面可谓突飞猛进。兹略录家禀数段可见一斑。"功课忙得不亦乐乎。不过顶有兴趣。像工程力学，天天有课，题目亦得天天做,……反而精神十足。"(一九五三年二月七日信。)"工程力学最近考试考了个九十分。"(二月十三日信。)"此次考热力学,自以为考得很差,谁知发还考卷,竟得一百分。工程力学自信考得满意,不料搞错一个符号只拿了九十五分。"(五月廿九日信。)是年暑假也入暑期学校并出外实习。"今日来到测量营,所住房子两层楼破旧不堪。伙食不坏。每天要上课,课后出去实习测量与计算。""每天得晒上几个小时太阳,和爬上爬下几个山头,皮肤发酱红色。……希望能找出一段时间,去一下游泳池,泡在水里也是好的。"(六月一日与七日信。)"昨天是七月四日,美国国庆节,我们并未放假,照旧上课。"(七月五日。)计此次测量营共有八周上课与实习。

大昌在留美期间一切节俭。所用打字机,所乘脚踏车,都是旧货。每次购买新书及对象总将价格报告。例如:"前几天买了一把计算尺是最好的,廿七元,因陈耳是职员,由他出面去买,打了折扣,省去三块钱。"(一九五三年一月卅一日信。)"我的破脚踏车,因年龄太老,车胎磨破,早已搁置不用。到天气暖和些。再去修理一下。"(二月十一日信。)诸如此类不一而足。

因为节省,所以到普渡大学以后,每有机会总是找些工作,有些收入。此固美国少年人普遍习惯。例如上述暑假测量营完毕返校,大昌即禀告如下。"先经校中外籍学生顾问,办理暑期工作之许可证。七月廿日上午即在校中觅到一项工作。当天下午开始。惟不合理想,酬报亦低,惟聊胜于无。计算每周可得工资六十八元。……预备工作到九月四日为止,然后将赴琳琳处,团聚游览若干日,再和邦邦分别返校。"(八月四日信。)根据九月中旬航简,知大昌与大邦分别先往曼彻斯特会晤丽琳、承琴师翟拉胥夫妇(George and Sophia Gera and Sorphia Gerasi)招待并偕游白山。琳女、昌儿与邦儿三位,曾联合灌音,主要内容系琳女演奏提琴。灌音片寄到后,曾反复

音容宛在

开听恍如对晤一室。旋兄、妹、弟三人结伴应朱舅舅与朱舅妈（朱主教友渔及其夫人）之一再坚邀，前往宾州阿勃銮市朱宅小住畅叙，甚为欢乐。

孝思不匮　几许音书

遍阅昌儿遗信，深感伊对家人关切备至。例如：不时提及我办公太忙，盼期多事休息，多出游览；又知母亲每月亦仍到妇女会主持种切，不时劳军，请勿过劳累；得悉邦邦考取留美，行将启程，屡嘱赴美途中及到校以后诸须谨慎小心；又，每阅报载台北地震或台风消息，必定询问曾否受惊。

昌儿家信甚勤。兹择录其一九五三年十月十七日所写邮简一封。

"亲爱的爸爸妈妈：每天总是一早起身，早餐，上课，下课，进图书馆，读功课，做习题等等，天天都是一样！尤其这学期，功课很紧。所以我每天的时间，除了睡眠，吃饭外，都是花在功课上面。有些中国同学看见我老是在图书馆，都说我很用功，其实是功课逼得紧。不得已也。不然的话，谁不想偷空玩呵。今天校中有足球赛，我把门票借给另一个同学，因为星期一有考试，还是以预备功课为佳。

星期四是感恩节。有一对中国同学夫妇，请吃中饭，虽无烤火鸡，却有红烧栗子鸡与冻肉等美味，不禁引起无限乡思。

昨晨十时搭车赴伊利诺伊州之乌尔班拿市（Urbanna），参加一位同学结婚典礼。晚九时起开回，到达拉非埃脱，已是深夜，幸好路上无雪。归到寓所，立下大雪，雪路上开车是很危险的。圣诞节假期今已开始。学生们都走光了，冷静不少。

饭店在这几天都关了门，吃饭真成问题。幸好有位同学白先德（白崇禧之子）租住地方有厨房，而他本人则去纽约度假。我们几个未离开的同学，就借他地方聚在一起，自己烧烧弄弄，胃口转佳。今晚罗教授（联大清华毕业在此教航空）请我们吃晚饭，菜肴丰富。后来还有馄饨当作半夜点心。肃此叩请金安。儿大昌叩十一月廿九日"

大昌生性纯长，对父母孝顺，对妹妹弟弟友善谦让，对师长尊敬，对朋友忠实。自幼至长，每次分食糖果等品，往往喜欢分成数份，由妹、弟各自选择，自取剩余一份，回想起来，似从未因任何事由，曾与弟妹争吵过。犹忆在清华园中青草地上，摇摇摆摆开始学步光景，佩玉与予则蹲在地上，或随在背后，欢笑鼓励，历历情形，迄今犹在目前。大昌在留美期间每值予与佩玉之生日必寄祝寿贺卡。兹将昌儿在一九五三年，亦即阴历癸未年，先后寄到台北之祝寿卡上所写的词句照录如下作为纪念。

其一，昌儿祝我寿辰贺卡上写着：

亲爱的爸爸妈妈：第三周从今天开始，明天又有考试（工程画）。刚从图书馆中回来，今天又下雪，殊出人意料之外。肃此叩祝

生日快乐　　儿大昌叩上二月十六日

其二，此为昌儿祝母亲寿诞贺卡上所写几行：

亲爱的爸爸妈妈：希望这张卡片能在妈妈生日之前到达台湾，儿在这儿恭祝您们身体健康，万事如意！

音容宛在

今天此时大概邦邦已抵达旧金山了，不知道他会不会来此，不写了，肃此，叩问安好
并祝
生日快乐
儿大昌叩上三月十九日

人世一切，不论战乱忧患，安乐升平；不论寿命修短，遭遇吉凶；不论电光石火，地久天长；不论为幻为真，循环起伏，大抵均有其机缘，均有其道理。信笔至此，不免回想到开始所引两句："道通天地有形外，思入风云变幻中。"

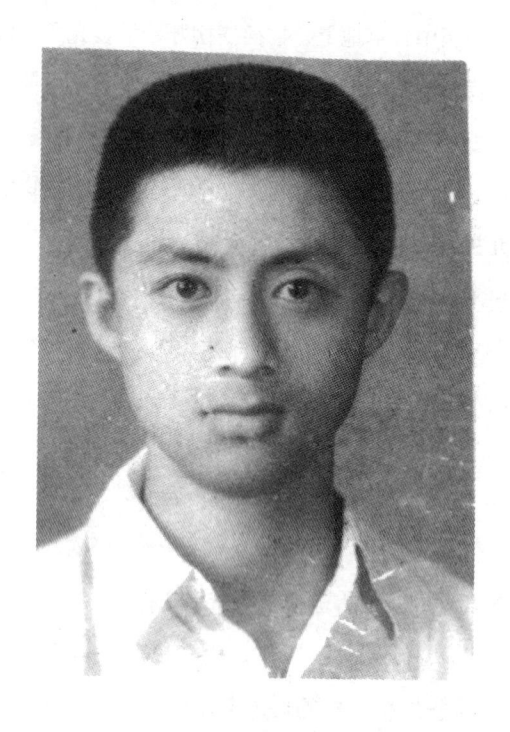

浦大昌留影

追念英文出版《旅华如居家》之著者美籍海斯女士

海斯女士（Miss Esther Frayne Hayes）系美国第十九任总统海斯（Rutheroeford Birchard Hayes）之侄孙女。予与佩玉及儿大祥媳（张）立讷在一九七一年一月廿七日晚在纽约清华同学会同乐会中，遇见海斯女士时，伊已九十多岁并自称将近百岁。晤谈甚久，一见如故。其所著英文本《旅华如居家》，乃在四十年前出版，当时只剩两本。伊知予系清华毕业，留学美国，曾在哈佛攻读，现任康州桥港大学"卓越教授"，竟愿将手中所携一册见赠。予仅允持归拜读。后来得伊同意，寄赠台湾新竹清华大学图书馆珍藏。在此之前，予曾撰写一文，标题甚长，分排两行："欣读海斯女士昔著《旅华如居家——"水木清华"》，重温旧梦"。此文曾刊登是年之"清华校友通讯"。兹将全文录下付刊，表示予对海斯女士之追念。

夏历今年辛亥元旦（即公历一九七一年一月廿七日）晚上，纽约清华同学会假座"东方淑女"号轮船大餐厅举行新岁同乐会。予偕佩玉偕同儿大祥及媳立讷自康州桥港远道前往参加。遇见旧雨新知，如同级（沈）有乾兄嫂、（王）德郅兄父子，同乡（刘）聪强兄嫂以及海斯女士（Miss Esther Frayne Hayes）诸位，谈笑甚欢。

海斯女士坐于邻桌，满头银发，颜色红润，经德郅及（鲁）潼平两兄先后介绍，知曾居住清华园中并曾教授音乐，对于清华之醇厚人情暨幽丽风景，迄今犹念念不忘。晚餐之后，海斯女士与内人佩玉被邀主持对号给奖节目。旋由卓会长牟来请海斯女士致词。伊谓自己并非美国第十九任总统之孙女而系其侄孙女，今已年将近百，希望仍能重游清华云云。

是晚海斯女士曾携带其四十年前所著之《旅华如居家》游览笔记一本（*At Home in China, published by walter Neale, New York*, 1931）。攀谈不久，伊即出此相示。当场略加翻阅，则见有关清华园中以及北京城内外风景名胜古迹照片甚多，几乎不忍释手。海斯女士谓可携归浏览，因伊家中尚有其它一本，此可奉赠。予略加思索，谓甚愿仔细阅读，并写一短篇介绍，投登清华通讯，原著则当邮寄奉赵。

据笔者开卷所述，伊之所以前往清华小住十月者，乃因其父亲友好赍瑞叔叔（Uncle Larry）应聘为清华学校交换教授，邀请伊全家结伴同往俾便游览。当初在旧金山乘轮出发，经横滨东京上岸观光而达上海，换坐海轮，略游烟台天津而到清华园者，计共五位：即赍瑞叔叔、玛萨婶婶（Aunt Martha）与他们幼女加罗尔小妹（Little Sister Carol）以及海斯女士自己暨其母亲。海斯女士之父亲迟至翌年三月初始告到达；母女两人曾亲往横滨相接，顺便绕道高丽，转往北京。

《旅华如居家》一书，计共十九章，分别叙述：①经过日本及吾国各城市上岸走马看花所得见闻印象；②居住清华园内各处建筑各季景色之记载，以及与中外人士交游接触之情形；暨③游览北京城郊内外及明陵长城等名胜之记事与感想。此书出版，系在一九三一年。但著者究于何年前往清华，则遍觅全书未有说明；惟追记游踪则显在旅华回美多年以后。以一位素未出国之美国女子，一旦束装，就道游览中华，则凡耳目口鼻所接触者，诸如衣服式色，言语音调，建筑形状，街道规模，与夫饮食香味，自然无一不是新颖奇异，无一不呈深刻印象。此在吾人今

追念英文出版《旅华如居家》之著者美籍海斯女士

日读之，极富兴趣。

书中祈述自系全部事实。例如月食之夜，不特女佣告警，谓天狗吞食月亮，而且清华园四周各处撞钟敲锣，图以畏吓天狗，俾即吐出已经吞进之月亮。即此一端亦足令吾人回忆儿童时代之风俗习惯。不过书中若干部分难免失实。例如所云曾经食过保存五百年的松花蛋（页一三二），若非受绐，即系误会。推想起来，必系误将戏言当真。

此书所刊大幅照相共有四十二页，弥足珍贵，均系海斯女士亲自拍摄。兹略举数例：两姓六人之"合家欢"，清华园北院第八号住宅（在东方淑女号轮船上初次翻阅时，予误为即是我家当年租住之北院四号房屋。及携归细视，发现侧边毗邻另有住所而不是草地；最后细读乃知指明为北院八号，亦即为后来刘崇鋐兄之住宅），工字厅后之荷花池，清华园围墙及马路，海淀店肆，万寿山长廊与殿宇，西山远景，天坛石级，三海景象，大钟寺正殿，以及明陵翁仲，长城堡塞等等。

予对书中各页照相，反复翻阅，尽情玩味者，正不知若干次，初亦莫明其所以然，后来发现：因为我自己原有的清华园各项相片，抗战后荡然无存。总而言之，现今每见清华园林风景，亭台花木，或见故宫殿廷乃至骆驼成群等相片，触景生情，缅怀往昔，尤其是憧憬着当年负笈清华之黄金时代。因而读到书中文笔生动活跃描写之清华园中月色钟声，花香鸟语，时或黄沙满室，白雪纷飞，以及清华园外之西山在望，清溪入耳，琐琐细细，种种切切，无一不引起共鸣，导吾神游。两种相反的感觉交错盘旋：一则是凡此种切，历历在目，不啻是昨日事；再则是回首前尘，恍如隔世，不知何日始能旧地重游再温旧梦。深信吾清华同学，倘读此书，必有同感。

走笔至此，忽生一念：即拟与海斯女士通信商量，请让我将此书寄赠台湾新竹清华大学图书馆珍藏，以供同好。一俟获得结果，当即执行此

音容宛在

项计划。海斯女士又曾述及旅居清华时，因校医赖福斯夫妇两位（Dr. & Mrs. La Force）坚邀，曾担任指导清华学生歌唱团。他们全家三位系于翌年四月离开清华；原拟游览汉口，因当时军事情形，取消此一行程。在归途中曾绕游香港、广州、新加坡、仰光、加尔各答、德里、马赛、巴黎，而回抵纽约。（一九七一年三月三日写于康州桥港大学）

附海斯女士旋于是年三月六日复本人一信，同意寄赠此书与新竹母校图书馆。来信，诗情画意，热诚洋溢，并载如下。

  March 6, 1971

  Dear Dr. Poe:

  Your March 4th letter is a delight.Thank you for it.

  First, I wish to join you and your wife, Mrs. Poe for mutually enjoying the Tsing Hua nostalgia.

  For me Tsing Hua's remembrances are now like a fairy tale, out of this world. Its air, so clear, possessed a certain licidity, caused, could it be, because of past centuries'more leisurely life-movement; its sunshine so clean, its stars so parkingly bright. My memories of it are more delightful than many of Hans Christian Anderson's fairy tales. And I do like fairy tales.

  How shall I thank you for so painstakingly studying my book AT HOME IN CHINA and writing your article about it? I hope to read your article.

  Indeed, I shall deem it almost more than an honor to present my book AT HOME IN CHINA to the Tsing Hua University Library, Hsin Chu, Taiwan, Republic of China.

  My hear rejoices that my book then, will outlive my own earthly

追念英文出版《旅华如居家》之著者美籍海斯女士

life, and to its readers make alive that now vanished world.

Again, dear Dr. Poe, how greatly I thank you for your most gracious interest.

Indeed, We shall meet again.

With my sincere thoughts for you, Mrs. Poe, and all your family.

(signed)

Esther Frayne Hayes

美国挚友许明德先生

驻台之美援总机构中，有一单位经管教育方面之美援，其主持人为许明德先生（Mr. Harry Scmid），在美国中西部明尼苏达州（Minnesota State）圣堡尔市（St. Paul City）生长。其时予任"教育部政务次长"，协助吾师梅月涵（贻琦）部长，故在业务方面以及公私交际酬应，与此许先生时有来往。伊知悉予曾在翰墨林大学（位于明州之圣堡尔市）毕业，更觉亲切。某次，宴会两桌，饭后余兴，每人要贡献项目！或讲笑话！或唱歌谣。轮到我时，勉强低声哼了几十年前在清华学校读书时所喜爱的一曲 Bye Killarney 名歌；此乃描写与颂扬爱耳兰驰名世界之一个山明水秀，风光旖旎的区域。不料美籍男女宾客，特别是许明德夫人，极加欣赏，竟来握手赞美，正因为她是爱耳兰籍。自此以后，他俩即称吾与佩玉为 Dison 与 Julia，而吾俩亦称呼他们为 Harry 与 Pat（Patricia 之简称）。正因如此，直到现在，每年逢到圣巴特瑞克节日，我必先期邮赠一张绿颜色的节日贺卡。（巴特瑞克是爱耳兰的护圣。）

不知如何，许明德夫妇对于梅部长一开始就特别尊敬而亲近。梅氏确亦喜欢他俩。所以许、梅、浦三家经常来往，便饭小吃，友谊甚深。美国"驻华大使"蓝钦夫妇亦与我们熟悉，偶亦参加。

予之来美讲学，实由许明德君发动。时在一九六二年二月初。事前并未预先告我，或征求同意，在其教育组中提出我的名字，经一致通过，而经大使赞同。及许明德来寓，请我在一个窗体上签字，我发现两点。其一，此只是一张申请单。其二，东亚各国如印度、日本、韩国等，各由其美援机构，提名申请，所以中选机会不多。予遂谓"容予考虑"。约旬日后，许明德君电话催办。三天后亲来询问何以迟迟不即填表签名。予告以故（即上述两点）。伊默然良久，旋即笑容满面，低声语我："逖生，恕我直言无隐。此是所谓一种'false pride'（错误的骄傲），恐怕东方传统如此；在我们美国，申请试试机会，甚是平常，无伤体面。"予闻言之下，立即取笔签名。到了四月三日，有一名女博士（Dr. Elizabath Lam）自美到台北，显系东来与印度、日本、韩国等所提名候选人亲访面谈。予应邀赴酒会，与此位特派员周旋谈话彼此不露任何痕迹。五月八日，予得确实消息，已被选中为"访问学人"将受聘赴美讲学两校，为期一年。

在此时期，梅师仍卧病台大医院，闻我获选，含笑伸手紧握道贺。五月十九日，梅师竟继胡适之先生而辞世。兹将获选结果情形略述。予赴美讲学一年薪金，系由美国私人团体，即韦德尼基金会（The John Hay Whitney Foundation）供给，而往返川资，则由美国联邦政府依据其"傅尔布莱德法案"（The Fulbright Act）支付。此一法案规定：美国政府可由其在他国出售剩余物资而收得之款项中，用作聘请他国知名学人赴美讲学，或资送美国学界人士出国进修深造，而所需之来回路费。予之获选讲学，只限一年；嗣又延长一载。康州桥港大学鉴于予之讲学受到各课学生之热烈欢迎，遂多方设法，经过其两位参议员以及多名众议员等之努力，遂得由国务院及司法部等三个机构特准，而继续留美讲学。盖依照一般规定，凡所谓"交换教授"或"交换学人"期满以后，必须离美一年以后，始得再到美国执教。如要破例而免除此项离美一年之规定（此所谓"waiver"）则必需三个联邦机构，一一特准。无论如何"饮水思源"，予之能偕佩玉来美长期讲学，此一机会乃由许明德先生之所赐。每一念

音容宛在

及,自深感谢。

一九六二年八月下旬,予偕佩玉飞美,抵达旧金山时,恰好许明德先生夫妇也在,相晤拥抱,宴聚欢笑。嗣后吾俩曾先后两次前往明州之姊妹城市(St. Paul & Minneapolis, Minnesota)开会,遂各有机会与许明德先生夫妇畅叙。吾家后来迁居西岸加州洛杉矶,他俩因有姻亲在加州,故多次西来欢晤。

许明德先生是于一九○四年十一月十一日诞生,长习教育,着重职业与技能方面的教育,曾得硕士学位。伊与欧康诺女士(Mary Patricia O'Connor),于一九二八年六月十二日结婚,有一子(名Connor)两孙(名Patrick, Brian)。综其一生,实与职技教育有不解缘。曾任各处职技教育之指导与底特律群湖区域科技学院院长(Director, Detroit Lakes Area Vocational Technical Institute)多年,颇有声名。一九八三年四月廿五日,许明德先生与世长辞,享寿七十八岁(照西方计岁方式)。其夫人迄今健全,与笔者每年互通音讯两三次。

作者生平简介

浦薛凤（1900—1997），号逖生。出生于江苏常熟书香门第。5岁起习字。

1912年　就读于塔前小学高小部。

1914年　考入北京清华学校初等科。[1]

1919年　五四运动爆发，返乡组织常熟旅外学生联合会，被推举为会长。入清华高等科，并担任清华周刊总编辑。

1921年　自清华毕业；秋，公费赴美留学，入翰墨林大学攻读政治学，获学士学位。

1923年　夏季赴芝加哥大学读暑期学校；8月入哈佛大学攻读政治学，获硕士学位。

1926年　5月自美国登船绕行欧洲，游历英、比、法、德、瑞士、意等十国后回国。接受云南东陆大学聘任，赴昆明任教职。

1928年　年初转任浙江大学教职。5月接清华大学聘书，8月抵京，入清华园。至1937年，执教清华近十载，历任政治系教授兼系主任，《清华学报》编辑。

1929年　1月，与陆佩玉结婚。

1933年　赴德国柏林大学进修一年。

1937年　10月，赴长沙临时大学。

1938年　经香港转赴云南，赴西南联合大学任教。

1　时清华为留美预备学校，分为初等科与高等科。

1939年　3月，由昆明飞抵重庆，入国防最高委员会担任参事，直至1946年。

1944年　8月，赴美国参加橡树园会议及翌年金山会议。10月，得翰墨林大学授予名誉法学博士学位。

1946年　5月，自重庆返回南京，初任救济总署副署长，后转入中央大学任教。

1948年　7月，由上海赴台湾，就任台湾省政府秘书长，并连任四届秘书长。

1954年　任政治大学教务长兼政治研究所所长，至1958年。

1958年　任台湾"教育部"政务次长，至1962年。

1962年　年初，回政治大学任教，8月，赴美国桥港大学任访问教授，初定一年。后转为长期留任，获美永久居留身份。

1969年　转入圣若望大学亚洲研究中心执教。

1977年　其妻陆佩玉于美国病故。年末受王云五邀请飞返台湾，任台湾商务印书馆总编辑一年。1979年卸任返美，至1997年病逝于美国。

著有《西洋近代政治思潮》《现代西洋政治思潮》《政治论丛》《政治文集》《万里家山一梦中》《八年抗战生涯随笔》等。浦薛凤先生是研究西方近现代政治思想史的权威，曾创立"政治五因素论"，用于阐释和研究政治现象；其专著《西洋近代政治思潮》曾被列入商务印书馆"大学丛书"，在学术界具有持久的影响力。